Bertrand Russells Philosophie der Mathematik als Ursprung des Logischen Atomismus

von

Holger Leerhoff

Tectum Verlag
Marburg 2004

Leerhoff, Holger:
Bertrand Russells Philosophie der Mathematik
als Ursprung des Logischen Atomismus
/ von Holger Leerhoff
- Marburg : Tectum Verlag, 2004
ISBN 978-3-8288-8707-7

© Tectum Verlag

Tectum Verlag
Marburg 2004

Für Johann Düselder

Longa via est! respondit hospes, nisi plurimum esset negoti— Enimvero ait peregrinus a nasorum promontorio redij, et nasum speciosissimum, egregiosissimumque quem unquam quisquam sortitus est, acquisivi!
— HAFEN SLAWKENBERGIUS, *De Nasis*.

I define a nose, as follows,——intreating only beforehand, and beseeching my readers, both male and female, of what age, complexion, and condition soever, for the love of God and their own souls, to guard against the temptations and suggestions of the devil, and suffer him by no art or wile to put any other ideas into their minds, than what I put into my definition.——For by the word *Nose*, throughout all this long chapter of noses, and in every other part of my work, where the word *Nose* occurs,—I declare, by that word I mean a Nose, and nothing more, or less.
— LAURENCE STERNE, *The Life and Opinions of Tristram Shandy, Gentleman*.

Inhaltsverzeichnis

Einleitung   ix

Verzeichnis der Sigeln xiii

1 Leitprinzipien von Russells Philosophie   1

2 Russells Philosophie der Mathematik   11
- 2.1 Relationen und die Abkehr vom Idealismus 20
- 2.2 Die logische Definition der Kardinalzahlen 25
- 2.3 Die Kennzeichnungstheorie 33
- 2.4 Die Keine-Mengen-Theorie 42
- 2.5 Russells Paradoxon und die Typentheorie 49
- 2.6 Ist der Logizismus gescheitert? 63
- 2.7 Zusammenfassung und Bewertung 66

3 Russells Logischer Atomismus   71
- 3.1 Erkenntnis und Wissen von Dingen 76
  - 3.1.1 Wissen durch Bekanntschaft 78
  - 3.1.2 Wissen durch Beschreibung 84
- 3.2 Logische Atome 90
  - 3.2.1 Individuen und singuläre Termini 91
  - 3.2.2 Relationen und Universalien 100
- 3.3 Fakten und Aussagen 108
- 3.4 Sinnesdatentheorie und Außenwelt 120

3.5 Zusammenfassung und Bewertung 137

4 Fazit und Ausblick **143**

A Formal-logische Aspekte **155**
    A.1 Die logische Zahlendefinition 155
    A.2 Die Eindeutigkeitsbedingung in der Kennzeichnungstheorie . . 157

Literatur **161**

Einleitung

Wollte man BERTRAND RUSSELLS Philosophie kurz und prägnant charakterisieren, stünde man vor einem Problem. RUSSELL war Idealist, Realist, Logischer Atomist, Neutraler Monist. Dennoch wäre es unangemessen, aus der Vielzahl der von ihm verfochtenen Standpunkte darauf zu schließen, daß er in seinen Ansichten übermäßig sprunghaft gewesen wäre. So sagt RUSSELL 1959 retrospektiv in *My Philosophical Development*, daß er seine Philosophie seit der Abkehr vom Neo-Hegelianismus in den letzten Jahren des 19. Jahrhunderts als eine laufende Weiterentwicklung begreift, die nicht von revolutionären Umbrüchen geprägt ist:

> There is one major division in my philosophical work: in the years 1899–1900 I adopted the philosophy of logical atomism and the technique of Peano in mathematical logic. This was so great a revolution as to make my previous work, except such as was purely mathematical, irrelevant to everything I did later. The change in these years was a revolution; subsequent changes have been of the nature of an evolution.
> — [MPD], S. 11.

Im Zusammenhang mit seiner radikalen philosophischen Neuorientierung um die Jahrhundertwende verwendet RUSSELL hier sogar schon den Begriff ‚logical atomism', obgleich sich die gemeinhin mit dieser Bezeichnung verbundene genuin philosophische Theorie – im Gegensatz zu den hier wohl von RUSSELL gemeinten logisch-mathematischen Elementen – erst ein gutes Jahrzehnt später herausbilden sollte. Diese Wortwahl RUSSELLS ist mit seiner Hervorhebung der Rolle der Logik für jede Philosophie zu erklären: Wie ich noch zeigen werde, hält er die den verschiedenen philosophischen Systemen zugrundeliegenden Auffassungen von Logik für deren entscheidendste Merkmale, denn die Logik spiegelt in vielen Bereichen andere Aspekte der jeweiligen Philosophie wider oder, anders herum, bedingt eine korrespondierende Struktur in den jeweiligen Systemen.

EINLEITUNG

In RUSSELLS Fall bildete die ‚neue Logik', welche er sich um die Jahrhundertwende erschlossen und deutlich erweitert hatte, auch das Fundament seiner später entwickelten philosophischen Systeme. Die von ihm vertretene Logik hat, wie sich noch zeigen wird, gewichtige metaphysische Implikationen; daher rührt auch der von RUSSELL im letzten Zitat verwandte Begriff ‚Atomismus'. Diese metaphysischen Implikationen sind entsprechend ebenfalls als Grundvoraussetzungen seiner späteren philosophischen Systeme zu betrachten, da sie mit seiner Logik untrennbar verbunden sind. Unbestreitbar hat RUSSELL auch dieses Fundament aus Logik und Metaphysik immer wieder modifiziert, speziell im Rahmen seines logizistischen Projekts und des Logischen Atomismus als System, und der Logik immer wieder neue Anwendungsmöglichkeiten erschlossen. Dennoch ist der Kern dieser Logik für ihn unumstößlich geblieben – und genau das ist es, was RUSSELL im obigen Zitat mit ‚the philosophy of logical atomism' meint.

Im ersten Kapitel werde ich die von mir in dieser Arbeit verteidigte These dahingehend präzisieren, daß ich zwei Leitprinzipien in RUSSELLS Philosophie ausmachen werde: Erstens die Methode der Analyse und zweitens das gemeinhin unter dem Stichwort *Ockham's Razor* bekannte Prinzip der ontologischen Sparsamkeit. Beide Prinzipien hat RUSSELL während seiner Arbeit an den Grundlagen der Mathematik mehrfach und mit einer für die damalige Zeit geradezu revolutionären Konsequenz angewandt. Allgemeinere Aspekte dieser Prinzipien werde ich ebenfalls im ersten Kapitel besprechen.

Das zweite Kapitel besteht aus einer Darlegung von RUSSELLS Philosophie der Mathematik, wobei ich schwerpunktmäßig auf die eher allgemein philosophischen Aspekte eingehen werde. Dabei wird sich auch zeigen, daß der von RUSSELL vertretene Logizismus geradezu als Verkörperung der beiden Leitprinzipien angesehen werden kann.

Im dritten Kapitel werde ich RUSSELLS Philosophie von 1911 bis circa 1919 beschreiben, also jene Phase, in welcher nach Abfassung der *Principia Mathematica* mit WHITEHEAD die logisch-mathematischen Aspekte eher in den Hintergrund getreten sind und RUSSELL den vornehmlich epistemologisch und ontologisch orientierten *Logischen Atomismus* entwickelte. Bei der Darlegung werde ich einerseits bemüht sein, ein stimmiges Bild des Gesamtkonzepts zu entwickeln, da erst so das volle Ausmaß von RUSSELLS Orientierung an den Leitprinzipien deutlich wird; andererseits werde ich jene Elemente des Systems besonders ausführlich besprechen, bei welchen die Anwendung dieser Prinzipien in Details offenkundig hervortritt und signifikante Parallelen zu seiner Philosophie der Mathematik auszumachen sind.

Im vierten Kapitel werde ich die beiden in den vorigen Kapiteln beschriebenen philosophischen Systeme zusammenführen und auf dieser Grundlage untersuchen, inwiefern die These dieser Arbeit als bewiesen angesehen werden kann. Das Kapitel schließt mit einem Ausblick auf RUSSELLS Wandel zum Neutralen Monismus, mit dem 1921 die Periode des Logischen Atomismus im engeren Sinne für RUSSELLS Philosophie als abgeschlossen angesehen werden muß.

Um die Lesbarkeit des Textes zu erleichtern, habe ich zwei eher spezielle Passagen der Arbeit in den Anhang ausgegliedert; es handelt sich dabei um logische Details der Definition der Kardinalzahlen bei RUSSELL und FREGE sowie einen Beweis aus dem Kontext der Kennzeichnungstheorie. Beide sind für die in dieser Arbeit verteidigte These nicht von zentraler Bedeutung, weshalb ihr Fehlen im Hauptteil zu verschmerzen ist; ich habe mich dennoch entschlossen, diese zumindest in Form eines Anhanges in die Arbeit zu integrieren, da sie zwei der meines Erachtens interessantesten und wichtigsten Elemente von RUSSELLS Philosophie der Mathematik zu verstehen helfen.

In der Arbeit werde ich die von RUSSELL und WHITEHEAD in der *Principia Mathematica* eingeführte, von FREGE, SCHRÖDER und vor allen Dingen PEANO beeinflußte logische Notation verwenden. Abweichen davon werde ich in der Verwendung von Buchstaben für Variablen und Konstanten: Individuen werde ich gemeinhin mit kleinen lateinischen Buchstaben symbolisieren, wobei Buchstaben vom Anfang des Alphabets Individuenkonstanten, solche vom Ende Individuenvariablen darstellen. Einen Sonderfall bilden die Buchstaben p, q und r, welche für Sätze stehen. Lateinische Großbuchstaben stehen für mehrstellige Relationen, griechische Kleinbuchstaben für Eigenschaften. Im Zuge der Typentheorie wird es notwendig sein, von Eigenschaften unterschiedlicher Typen zu sprechen: dort werde ich Eigenschaften eines variablen Typs n mit griechischen Kleinbuchstaben, solche des Typs $n+1$ mit griechischen Großbuchstaben symbolisieren. Statt des in der *Principia Mathematica* verwendeten Zeichens ‚ϵ' für die Bezeichnung der Zugehörigkeit zu einer Menge verwende ich das heute gebräuchliche ‚$\in$'; statt des um 180 Grad gedrehten ‚ι' verwende ich aus typographischen Gründen den Buchstaben in seiner normalen Form. Wenn ich von diesen Regeln abweiche, wird dies von mir, insofern die Art der Abweichung nicht offenkundig ist, im jeweiligen Kontext erläutert.

Verweise auf Literatur nehme ich im Normalfall über die Eintragsnummern des Literaturverzeichnisses vor, wobei ich, sollte dies aus dem Kontext nicht eindeutig hervorgehen, noch zusätzlich den Autorennamen angebe. Abweichend davon habe ich die Werke RUSSELLS, auf die ich mich häufiger beziehe, mit Sigeln versehen. Ein Verzeichnis der von mir verwendeten Sigeln findet sich im Anschluß an diese Einleitung. Hervorhebungen in Zitaten sind generell aus dem jeweiligen Original übernommen; eigene Kommentare in Zitaten sind durch die Verwendung eckiger Klammern kenntlich gemacht.

Bei der Abfassung der Arbeit wurde mir eine hervorragende Betreuung durch Klaus Rehkämper zuteil. Inga Janßen hat mir durch kritische Anmerkungen geholfen, den metaphorischen roten Faden für den Leser nicht aus den Augen zu verlieren und mich immer wieder zum Schreiben motiviert. Kristin Junga schließlich hat durch ihre Kommentare nicht unwesentlich zur stilistischen Glättung des Textes für die Veröffentlichung beigetragen: Ihnen gebührt mein herzlichster Dank.

Holger Leerhoff

Verzeichnis der Sigeln

POM	The Principles of Mathematics	1903
OD	On Denoting	1905
MLT	Mathematical Logic as based on the Theory of Types	1908
PM	Principia Mathematica	1910–1913
KAKD	Knowledge by Acquaintance and Knowledge by Description	1911
PIML	The Philosophical Implications of Mathematical Logic	1911 (1913)
POP	The Problems of Philosophy	1912
NSD	The Nature of Sense-Data	1913
OKEW	Our Knowledge of the External World	1914
ONA	On the Nature of Acquaintance	1914
RSDP	The Relation of Sense-data to Physics	1914
UCP	The Ultimate Constituents of Matter	1915
PLA	The Philosophy of Logical Atomism	1918–1919
IMP	Introduction to Mathematical Philosophy	1919
AMi	The Analysis of Mind	1921
LA	Logical Atomism	1924
OOP	An Outline of Philosophy	1927
MD	My Mental Development	1944
HWP	History of Western Philosophy	1946
MPD	My Philosophical Development	1959
TABR	The Autobiography of Bertrand Russell	1967–1969

Kapitel 1

Leitprinzipien von Russells Philosophie

Daß BERTRAND RUSSELLS Philosophie sehr vielschichtig und flexibel ist, wird wohl jeder Kenner der Materie freimütig einräumen; in der Tat muß man RUSSELL als einen Denker verstehen, dem Wahrheit und Aufrichtigkeit wichtiger waren als ein dogmatisches Beharren auf Theorien, wie es viele andere Philosophen auszeichnet. So zögerte er nicht, neue Standpunkte einzunehmen und zu verteidigen, auch wenn diese mit seinen früheren Überzeugungen nicht in Einklang zu bringen waren. Daß dies schon zu leicht spöttischen Äußerungen Anlaß gab, macht folgende, wohl eher humoristisch gemeinte Bemerkung von C. D. BROAD deutlich:

> As we all know, Mr. Russell produces a different system of philosophy every few years, and Dr. Moore never produces one at all. "Si Russell savait, si Moore pouvait" seems the only adequate comment on the situation [...]
>
> — BROAD in [4].

Unbestreitbar ist, daß es auch nach RUSSELLS in der Einleitung schon angesprochenem ‚revolutionären' Wandel vom Idealismus zum Realismus[1] noch signifikante Änderungen seiner philosophischen Überzeugungen gegeben hat, von denen auch etliche – wahrscheinlich sogar die gravierendsten – in das im Rahmen dieser Arbeit betrachtete Zeitfenster von grob 1900 bis 1920 fallen. Wichtig ist jedoch die Feststellung, daß diese Modifikationen von RUSSELLS

---

[1] Auf RUSSELLS und MOORES wechselseitigen Einfluß in dieser Phase werde ich in dieser Arbeit nicht näher eingehen; eine detaillierte Analyse dieser Thematik findet sich jedoch beispielsweise bei GRIFFIN in [15], Abschnitt 7.2.

Seite her nicht unstrukturiert oder beliebig erfolgten, sondern daß diese in gewisser Weise die Anwendung zweier den Systemen übergeordneter Prinzipien darstellten; damit können diese Prinzipien auch als vereinigende Elemente dieser augenscheinlich unterschiedlichen Philosophien betrachtet werden. Bei diesen Prinzipien handelt es sich einerseits um die Methode der Analyse und andererseits, wenn auch grundsätzlich mit der Analyse einhergehend, um die Anwendung von *Ockham's Razor*[2] auf verschiedenen Ebenen. In diesem Abschnitt werde ich die Analyse als Methode in RUSSELLS Philosophie vorstellen und zeigen, daß Ockham's Razor als RUSSELLS wichtigstes Kriterium für die Anwendung der Analyse angesehen werden kann.

RUSSELL geht verschiedentlich auf die Analyse als Methode ein, ohne dabei jedoch deutlich zwischen verschiedenen Anwendungsbereichen dieser Methode zu unterscheiden. Es ist daher nicht leicht, ein prägnantes und doch umfassendes Bild der Analyse bei RUSSELL zu zeichnen, welches den vielfältigen Anwendungsfällen auch nur annähernd gerecht wird. Eine relativ kompakte und doch gut verständliche Charakterisierung der Analyse gibt er 1914 in *Our Knowledge of the External World*:

> The nature of philosophic analysis [...] can now be stated in general terms. We start from a body of general knowledge, which constitutes our data. On examination, the data are found to be complex, rather vague, and largely interdependent logically. By analysis we reduce them to propositions which are as nearly as possible simple and precise, and we arrange them in deductive chains, in which a certain number of initial propositions form a logical guarantee for all the rest. These initial propositions are *premisses* for the body of knowledge in question. Premisses are thus quite different from data—they are simpler, more precise, and less infected with logical redundancy. If the work of analysis has been performed completely, they will be wholly free from logical redundancy, wholly precise, and as simple as is logically compatible with their leading to the given body of knowledge. The discovery of these premisses belongs to philosophy; but the work of deducing the body of common knowledge from them belongs to mathematics, if "mathematics" is interpreted in a somewhat liberal sense.
>
> — [OKEW], S. 214.

Hier macht RUSSELL einen wichtigen Punkt deutlich: die Analyse ist nicht Selbstzweck, sondern an diese schließt sich wieder eine Synthese an, wobei

---

[2]Auch oft mit *Ockhams Rasiermesserprinzip* übersetzt; im weiteren Verlauf dieser Arbeit bleibe ich jedoch bei der englischen Bezeichnung.

RUSSELL diese weniger der Philosophie als der Mathematik – wie er sagt: in einem weiten Sinne – zuordnet. (Siehe dazu auch [LA], S. 341.) In der Tat ist eine Konstruktion von komplexen Objekten auf der Grundlage eines exakten und möglichst einfachen Prämissensystems ein ideales Anwendungsgebiet für die formale Logik, die ja nach RUSSELL direkt in die Mathematik übergeht. Wie RUSSELL im Anschluß an dieses Zitat ausführt, geht der Nutzen der Analyse jedoch über den hier beschriebenen insofern hinaus, als die einzelnen durch die Analyse explizit gemachten Prämissen eines derartigen Aussagen- bzw. Wissenssystems damit auch einer Bewertung hinsichtlich der Grade ihrer Selbst-Evidenz zugänglich sind. (Siehe [OKEW], S. 215.)

Das Paradebeispiel für den Einsatz der Analyse und Synthese dürfte die Mathematik sein, da diese den deutlichen Vorzug hat, daß die Strukturen dieser Wissenschaft sehr genau beschrieben sind. So schreibt RUSSELL 1919 in seiner *Introduction to Mathematical Philosophy*:

> Mathematics is a study which, when we start from its most familiar points, may be pursued in either of two opposite directions. The more familiar direction is constructive, towards gradually increasing complexity: from integers to fractions, real numbers, complex numbers; from addition and multiplication to differentiation and integration, and to higher mathematics. The other direction, which is less familiar, proceeds, by analysing, to greater and greater abstractness and logical simplicity; instead of asking what can be defined and deduced from what is assumed to begin with, we ask instead what more general ideas and principles can be found, in terms of which what was our starting-point can be defined or deduced.
> — [IMP], S. 1.

Diesen zweiten Weg schlägt RUSSELL mit seinem logizistischen Programm ein; ausgehend von der klassischen Mathematik stößt er durch sukzessive Analyse zu deren Kern vor, zu ihren einfachsten Begriffen und Grundvoraussetzungen. Daran schließt sich dann die Synthese oder Konstruktion an, die zeigt, wie die zuvor analysierten Entitäten – oder neue Entitäten mit vergleichbaren Eigenschaften – sich auf der Grundlage dieser einfachsten Begriffe und Grundvoraussetzungen neu bilden oder konstruieren lassen.

Allgemeiner betrachtet kommt der Analyse bei RUSSELL eine doppelte Funktion zu: Auf der einen Seite dient sie der Explikation und damit auch der Sicherung – bezüglich der Konsistenz, der Selbst-Evidenz und der, wie sich noch zeigen wird, metaphysischen Voraussetzungen – einer Theorie; andererseits ist es mit einer derart analysierten Basis möglich, die entsprechende Theorie in einfacherer bzw. klarerer Form neu zu formulieren – dies ist die

4   KAPITEL 1. LEITPRINZIPIEN VON RUSSELLS PHILOSOPHIE

auf die Analyse folgende Synthese – und gegebenenfalls auch neue Strukturen und Aspekte in ihr zu erkennen, wie RUSSELL hier wieder an der Mathematik verdeutlicht:

> We shall find that by analysing our ordinary mathematical notions we acquire fresh insight, new powers, and the means of reaching whole new mathematical subjects by adopting fresh lines of advance after our backward journey.
> — [IMP], S. 2.

Wie bereits angesprochen, beschränkt sich die Anwendung der Analyse als Methode jedoch keineswegs auf die Mathematik; auch andere Bereiche wie unser Alltagswissen oder die durch das Wissen der einzelnen Naturwissenschaften gebildeten Aussagensysteme stehen im Blickpunkt von RUSSELLS Interesse. Es ist nicht verwunderlich, daß die Analyseprozesse innerhalb so verschiedenartiger Systeme sich hinsichtlich verschiedener Kriterien klassifizieren lassen. WEITZ macht in *Analysis and the Unity of Russells Philosophy* [69] den interessanten Vorschlag, bei RUSSELL vier derartige Bereiche der Analyse zu unterscheiden. Dies sind die ontologische Analyse, die formale Analyse, die Logistik und schließlich die Auflösung unvollständiger Symbole:

1. Die *ontologische Analyse* beschäftigt sich mit einer Beschreibung des ‚Rohmaterials' der Welt: Im Rahmen der in dieser Arbeit betrachteten Thematik fallen darunter RUSSELLS bis 1898/1899 vertretener Monismus, sein Pluralismus und Substanz-Dualismus hinsichtlich der Unterscheidung von mentalen und physikalischen Individuen sowie sein Dualismus in Bezug auf die Existenz bzw. Subsistenz von Individuen und Universalien.

   Auf Elemente der ontologischen Analyse werde ich in dieser Arbeit speziell in Abschnitt 2.1 zu sprechen kommen, in welchem ich auf RUSSELLS Ablehnung des Monismus eingehen werde; auch Teile des dritten Kapitels sind hinsichtlich des Dualismus von Individuen und Universalien diesem Bereich zuzuordnen. Sein Wandel zum Neutralen Monismus gehört ebenfalls in den Bereich der ontologischen Analyse, wird im Rahmen dieser Arbeit jedoch nur im letzten Kapitel kurz angerissen.

2. Die *formale Analyse* beschäftigt sich mit der Kategorisierung der Formen oder, allgemeiner ausgedrückt, mit den Strukturen der durch die ontologische Analyse beschriebenen Realität und den Möglichkeiten, ob der von RUSSELL vorausgesetzten strukturellen Übereinstimmung von

Sprache und Welt sprachlich auf Elemente der Welt zu referieren; sie bildet nach RUSSELLS Auffassung den philosophischen Teil der Logik.

Der größte Teil des dritten Kapitels beschäftigt sich mit dieser Thematik, wobei jedoch der Abschnitt 3.3 hinsichtlich der formalen Analyse am wichtigsten ist. Neben den dort beschriebenen Überlegungen zu Fakten und Aussagen sind auch die Individuen und Universalien mit den jeweils auf diese verweisenden sprachlichen Formen als der formalen Analyse zugehörig zu betrachten; auf diese werde ich in Abschnitt 3.2 detailliert eingehen.

3. Die *Logistik* ist für RUSSELL der nicht-philosophische Teil der Logik, welcher durch die formale Logik im engerem Sinne sowie die daraus im Rahmen des Logizismus ableitbare Mathematik gebildet wird.

   Mit dem Logizismus werde ich mich im zweiten Kapitel, vorrangig in der Einführung sowie in Abschnitt 2.6, auseinandersetzen.

4. Die Analyse als *Auflösung unvollständiger Symbole* bezieht sich immer auf linguistische Probleme – auch wenn es oft nicht so scheint – und besteht, sehr allgemein ausgedrückt, im Ersetzen von problematischen Symbolen oder Symbolgruppen durch weniger problematische Symbole oder Symbolgruppen. Typische Beispiele dafür sind RUSSELLS Kennzeichnungstheorie, seine Keine-Mengen-Theorie sowie die von ihm angeregte (Re-)Konstruktion elementarer Konzepte aus Mathematik und Physik.

   RUSSELLS Kennzeichnungstheorie werde ich in Abschnitt 2.3 behandeln, die Keine-Mengen-Theorie in Abschnitt 2.4. Die Auseinandersetzung mit den Möglichkeiten zur Konstruktion von Elementen der Physik und der Außenwelt unseres *common sense* ist Teil des Abschnittes 3.4. Auf die Konstruktion der Kardinalzahlen – die ich in diesem Kapitel noch kurz anreißen werde – gehe ich ausführlich in Abschnitt 2.2 ein.

Der vierte Bereich der Analyse ist für die in dieser Arbeit behandelte Thematik der wohl wichtigste, da die Auflösung unvollständiger Symbole gemeinhin mit der Anwendung des zweiten oben angesprochenen Prinzips von RUSSELLS Philosophie, *Ockham's Razor*, einhergeht. Dieses werde ich nun zunächst vorstellen und anhand eines einfachen Beispiels verdeutlichen.

Mit Ockham's Razor wird das methodologische Prinzip bezeichnet, bei der wissenschaftlichen Theorienbildung auf möglichst einfache Strukturen hinzuarbeiten; generell ist diesem Prinzip nach von zwei Theorien gleicher

Aussagekraft diejenige zu bevorzugen, die mit geringeren Voraussetzungen auskommt.

Die Bezeichnung dieses Prinzips bezieht sich auf den englischen Franziskanermönch WILHELM VON OCKHAM (ca. 1280–1349), der als einer der wichtigsten Logiker des Mittelalters gilt. Die von ihm vertretene Metaphysik war als erste von einer höchst konsequenten Anwendung dieser (im Kern übrigens bis auf ARISTOTELES zurückgehenden) Doktrin geprägt, was ihm auch die Beinamen *Venerabilis Inceptor* und *Doctor Invincibilis* einbrachte: OCKHAM gilt als einer der frühesten und wichtigsten Verfechter des Nominalismus. Kurioserweise findet sich die wohl bekannteste und ihm zunächst zugeschriebene Formulierung des Prinzips – *entia non sunt multiplicanda, præter necessitatem* – nicht in seinem Werk, allerdings, neben einigen anderen, die praktisch gleichbedeutende und heute nicht weniger oft zitierte Version *pluralitas non est ponenda sine necessitate*.[3]

RUSSELL schreibt in seiner *History of Western Philosophy* über Ockham's Razor:

> This maxim says: 'Entities are not to be multiplied without necessity.' [...] That is to say, if everything in some science can be interpreted without assuming this or that hypothetical entity, there is no ground for assuming it. I have myself found this a most fruitful principle in logical analysis.
> — [HWP], S. 463.

Was nun an die Stelle derartiger Entitäten treten soll, präzisiert RUSSELL in *The Relation of Sense-data to Physics*:

> The supreme maxim in scientific philosophizing is this: *Whenever possible, logical constructions are to be substituted for inferred entities.*
> — [RSDP], S. 115.

Nach der heutigen Auffassung von Ockham's Razor sollte das Fundament einer Theorie im Idealfall aus der kleinsten, zu ihrer vollständigen Herleitung notwendigen Menge an Typen von Entitäten und einem minimalen Axiomensystem bestehen. Die zu Beginn des 20. Jahrhunderts noch neue logische Notation PEANOS erwies sich als das ideale Werkzeug, um Theoreme und auch ganze Aussagensysteme hinreichend zu präzisieren und auf dieser Grundlage ihre Voraussetzungen zu analysieren. Auch das Aufstellen

---

[3]Weitere interessante Informationen zum Ursprung von Ockham's Razor finden sich bei THORBURN in [67].

präziser Axiomensysteme ließ sich mit den neuen Methoden und Möglichkeiten der symbolischen Logik bewerkstelligen. So ist es auch nicht überraschend, daß RUSSELLS erste Anwendung von Ockham's Razor – auf die ich gleich zu sprechen kommen werde – auf dem Gebiet der Mathematik zu finden ist, in welcher die Theoreme und Strukturen von vornherein schon über einen vergleichsweise hohen Grad an Exaktheit verfügen und damit für eine Übertragung in eine logische Form beinahe prädestiniert sind.

In dem zuletzt zitierten Essay geht RUSSELL auch noch auf die Methode ein, mit welcher eine solche Simplifizierung einer Theorie in Bezug auf die von ihr vorausgesetzten Entitäten erreicht werden kann:

> Given a set of propositions nominally dealing with the supposed inferred entities, we observe the properties which are required of the supposed entities in order to make these propositions true. By dint of a little logical ingenuity, we then construct some logical function of less hypothetical entities which has the required properties. This constructed function we substitute for the supposed inferred entities, and thereby obtain a new and less doubtful interpretation of the body of propositions in question.
> — [RSDP], S. 115f.

Auf diesen Vorteil geht RUSSELL in folgendem Zitat aus *Logical Atomism* noch näher ein:

> This is an economy, because entities with neat logical properties are always inferred, and if the proposition in which they occur can be interpreted without making this inference, the ground for the inference fails, and our body of propositions is secured against the need of a doubtful step. The principle can be stated in the form: 'Wherever possible, substitute constructions out of known entities for inferences to unknown entities.'
> — [LA], S. 326.

AYER führt in *Russell and Moore – The Analytical Heritage* drei plausible Gründe an, möglichen Entitäten in dieser Weise eine unabhängige Existenz abzusprechen – oder besser: von einer solchen nicht auszugehen – und diese statt dessen durch logische Konstrukte zu ersetzen. Dies sind erstens ein unklarer *ontologischer* Status der Entitäten wie bei Zahlen sowie Raum- und Zeitpunkten, zweitens *logisch* problematische Entitäten wie ‚das runde Quadrat' und drittens Entitäten, deren *erkenntnistheoretischer* Status unklar oder problematisch ist; typische Beispiele sind hier die Existenz der physikalischen Welt oder auch die Existenz anderer Personen. (Siehe [1], S. 20.)

8 KAPITEL 1. LEITPRINZIPIEN VON RUSSELLS PHILOSOPHIE

Zur Illustration der hier beschriebenen Methode möchte ich ein einfaches Beispiel der Anwendung von Ockham's Razor herausgreifen, welches ich im weiteren Verlauf dieser Arbeit noch vertiefen werde: Die Kardinalzahlen wurden zu Beginn des 20. Jahrhunderts noch, wie schon bei PLATO und auch bei FREGE, als tatsächlich existierende Objekte angesehen, jede Zahl existierte also im platonischen Sinne als unabhängige Entität. Das Gebäude der Mathematik ruhte zu einem großen Teil auf dem Fundament dieser Kardinalzahlen. RUSSELL analysierte in den *Principles of Mathematics*[4] als Teil seines logizistischen Programms die von den Sätzen der Mathematik vorausgesetzten Eigenschaften der Kardinalzahlen und stellte fest, daß diese Voraussetzungen auch von logischen Konstrukten aus Mengen erfüllt werden können; Ockham's Razor folgend ersetzte er die Kardinalzahlen im Unterbau seines neuen mathematischen Systems durch diese logischen Mengenkonstrukte. Damit war es fortan nicht mehr notwendig, sich bei der Auseinandersetzung mit den metaphysischen Grundlagen der Mathematik mit dem problematischen ontologischen Status der Kardinalzahlen zu befassen. Durch die Anwendung von Ockham's Razor konnten die Kardinalzahlen als mathematische Entitäten also ersetzt werden durch logische Konstrukte aus einfacheren Bestandteilen – Mengen –, die so konstruiert waren, daß sie die von der Mathematik vorausgesetzten Eigenschaften der ursprünglichen Entitäten hatten. Die Aussagekraft der so modifizierten mathematischen Systeme wurde durch diese Ersetzung in keiner Weise eingeschränkt.

Ockham's Razor darf jedoch nicht als ein Beweis der Nichtexistenz der substituierten Entitäten aufgefaßt werden, denn damit, daß eine mögliche Entität auch als logisches Konstrukt aus anderen Entitäten aufgefaßt werden kann, ist schließlich nichts über ihren ontologischen Status gesagt. So ist es, um auf das Beispiel mit den Kardinalzahlen zurückzukommen, keineswegs als sicher anzusehen, daß es diese Kardinalzahlen als ontologisch eigenständige Entitäten nicht doch gibt. Der entscheidende Vorteil des Prinzips liegt darin, daß die unter dessen Anwendung konstruierten Systeme ohne die möglicherweise belastende Voraussetzung auskommen, daß die durch Anwendungen von Ockham's Razor ersetzten Entitäten existieren *müssen*. Bei Ockham's Razor handelt es sich also im Grunde genommen gar nicht um ein metaphysisches bzw. ontologisches Prinzip, da es letztendlich ausschließlich auf der Ebene der symbolischen oder linguistischen Repräsentation eines Systems Anwendung findet und keine Aussagen über die Welt impliziert. RUSSELL schreibt dazu in *My Mental Development*:

---

[4]Im weiteren Verlauf dieser Arbeit werde ich dieses Werk auch mit der allgemein gebräuchlichen Kurzform *Principles* bezeichnen.

> Occam's razor, in its original form, was metaphysical: it was a principle of parsimony as regards "entities." I still thought of it in this way while *Principia Mathematica* was being written. In Plato, cardinal integers are timeless entities; they are equally so in Frege's *Grundgesetze der Arithmetik*. The definition of cardinals as classes of classes, and the discovery that class-symbols could be "incomplete symbols," persuaded me that cardinals as entities are unnecessary. But what had really been demonstrated was something quite independent of metaphysics, which is best stated in terms of "minimum vocabularies."
>
> — [MD], S. 14.

Daß Ockham's Razor, wie hier von RUSSELL und in der Aufstellung der Bereiche von WEITZ ab Seite 4 beschrieben, vorrangig als ein linguistisches Prinzip zu verstehen ist, ist unbenommen. Daraus darf man jedoch nicht ableiten, daß die vordergründig auf die Symbolebene beschränkten Anwendungen von Ockham's Razor auch nur auf den vierten oben beschriebenen Bereich der Analyse, also die Auflösung unvollständiger Symbole, Auswirkungen haben.[5] Vielmehr sind alle oben von WEITZ beschriebenen Bereiche der Analyse bei RUSSELL durch Anwendungen von Ockham's Razor stark beeinflußt worden.

Dabei stellt sich jedoch die Frage, wie ein rein linguistisches Prinzip überhaupt irgendeinen Einfluß auf außerhalb der Sprache liegende Bereiche der Philosophie haben kann. Um dies zu verstehen, muß man sich verdeutlichen, welcher Stellenwert der Sprache in RUSSELLS Philosophie zukommt. RUSSELLS philosophische Überlegungen gehen so gut wie immer von der Sprache aus und versuchen, den Zusammenhang von Welt und deren Repräsentation in der Sprache zu konkretisieren; dies wird im weiteren Verlauf dieser Arbeit immer wieder deutlich werden. Eine der fundamentalsten Voraussetzungen in RUSSELLS Philosophie ist dabei die, daß es einen *Isomorphismus zwischen Sprache und Welt* gibt, Sprache – wobei hier eine ideale Sprache gemeint ist – und Welt also strukturell übereinstimmen. Dies hat, wie sich immer wieder herausstellen wird, weitreichende Konsequenzen – wenn sich beispielsweise Elemente der Sprache als verzichtbar respektive durch andere Spracheelemente ersetzbar herausstellen, ist es nach RUSSELL letztlich unnötig, auf der ontologischen Ebene die Existenz entsprechender Entitäten in der Welt vorauszusetzen. Ist dies in seiner extrem realistischen Phase von der Jahrhundertwende bis etwa 1912 noch eher zweitrangig, rückt diese Möglichkeit zur Konstruktion eines philosophischen Systems mit minimalen metaphysischen

---

[5]Eine andere Bezeichnung für Ockham's Razor ist schließlich auch das *Prinzip der ontologischen* (und nicht etwa *linguistischen*) *Sparsamkeit*.

Voraussetzungen bei seinem Wandel zum Logischen Atomismus immer mehr in der Vordergrund. Ihren Höhepunkt erreicht diese Entwicklung schließlich knappe zehn Jahre später mit RUSSELLS Neutralem Monismus, von dem er sich auch später nicht mehr distanziert hat.

Die beiden folgenden Kapitel über RUSSELLS Philosophie der Mathematik respektive seine Philosophie des Logischen Atomismus sollen nicht ausschließlich der Untermauerung der in diesem Kapitel vertieften These dieser Arbeit dienen: Ein einfaches Herausgreifen und Diskutieren der direkt themenrelevanten Aspekte aus den Kontexten der jeweiligen Systeme könnte unweigerlich nur Zerrbilder der beiden Systeme produzieren. Vielmehr halte ich es für wichtig, über die Grundthematik hinaus ein – soweit im Rahmen dieser Arbeit möglich – umfassenderes und geschlossenes Bild der beiden philosophischen Systeme zu skizzieren, da nur so das Ergebnis der reduktiven Analyse als RUSSELLS primärer Arbeitsmethode sinnvoll verdeutlicht werden kann. Weiterhin wird sich durch diese weiter gefaßte Perspektive herausstellen, daß der Erfolg der in diesem Kapitel vorgestellten Prinzipien bei der Konstruktion des Logizismus RUSSELL zu der weiteren Anwendung ebendieser Prinzipien auch auf anderen Gebieten der Philosophie animiert hat. Gerade bei der Betrachtung des Logischen Atomismus auf einer globaleren Ebene – wie ich sie im dritten Kapitel anstellen werde – treten dessen Parallelen mit der Philosophie der Mathematik besonders deutlich zutage.

Kapitel 2

Russells Philosophie der Mathematik

RUSSELLS Schaffen in der ersten Dekade des 20. Jahrhunderts war vor allen Dingen von dem Streben geprägt, die Mathematik auf eine erkenntnistheoretisch sichere Grundlage zu stellen und KANTS Auffassung, daß die Mathematik *synthetisch a priori* sei, zu widerlegen. Dies suchte er durch den Nachweis zu erreichen, daß sich die Begriffe und Theoreme der Mathematik vollständig auf logische Begriffe und Konzepte reduzieren bzw. sich aus diesen herleiten lassen, womit der Status der Mathematik als *analytisch a priori* einzustufen wäre:

> The primary aim of *Principia Mathematica* was to show that all pure mathematics follows from purely logical premisses and uses only concepts definable in logical terms.
> — [MPD], S. 74.

Noch präziser gibt CARNAP 1922 in *Die Logizistische Grundlegung der Mathematik* ([5], S. 91f.) folgende zwei Teilthesen als eigentliche Essenz des Logizismus an:

1. Die mathematischen *Begriffe* sind definitorisch aus den logischen Begriffen ableitbar.

2. Die mathematischen *Theoreme* (*Sätze*) sind rein deduktiv aus den logischen Axiomen ableitbar.

Im Vorwort seiner *Principia Mathematica* führt RUSSELL aus, wie man sich das Vorgehen bei einer derart radikalen Neuinterpretation der Grundlagen der Mathematik vorzustellen hat:

12 KAPITEL 2. RUSSELLS PHILOSOPHIE DER MATHEMATIK

> In constructing a deductive system such as that contained in the present work, there are two opposite tasks which have to be concurrently performed. On the one hand, we have to analyse existing mathematics, with a view to discovering what premisses are employed, whether these premisses are mutually consistent, and whether they are capable of reduction to more fundamental premisses. On the other hand, when we have decided upon our premisses, we have to build up again as much as may seem necessary of the data previously analysed, and as many other consequences of our premisses as are of sufficient general interest as to deserve statement. The preliminary labour of analysis does not appear in the final presentation, which merely sets forth the outcome of the analysis in certain undefined ideas and undemonstrated propositions.
>
> — [PM], S. v–vi.

Am Ende der erfolgreichen Umsetzung dieses Vorhabens stünde damit die Erkenntnis, daß die Mathematik als Teil der Logik aufgefaßt werden kann, oder, wie RUSSELL es formulierte, daß Logik und Mathematik eins sind und damit keine Grenze zwischen ihnen gezogen werden kann. (Siehe [IMP], S. 194f.) Diese Grundauffassung ist bezeichnend für den Logizismus; neben diesem gab es jedoch zu Beginn des 20. Jahrhunderts noch zwei weitere (und wesentlich einflußreichere) Schulen innerhalb der Philosophie der Mathematik: Den *Intuitionismus* und den *Formalismus*.

Die *Intuitionisten* um BROUWER und später WEYL vertraten eine extrem empirisch orientierte Auffassung der Mathematik und stuften Aussagen, deren Wahrheitswert nicht eindeutig durch Verifikation oder Falsifikation feststellbar ist, als sinnlos ein; damit stellten sie sich gegen das *tertium non datur* in der Mathematik. Eine der markantesten Folgen davon war, daß einige der Theoreme über die Unendlichkeit von ihnen nicht akzeptiert wurden und sich damit größere Bereiche der Mathematik als nicht herleitbar erwiesen. Mit dem Intuitionismus geht auch die Theorie des *Finitismus* einher, welche – ebenfalls wegen des Problems der Verifikation – alle Aussagen über unendliche Mengen oder Folgen in Frage stellt; dagegen wendet RUSSELL ein, daß auch einige Eigenschaften von endlichen Mengen, wie beispielsweise Aussagen über die Menschheit, nicht praktisch verifizierbar sind. Eine strikte Anwendung solcher Theorien würde jede Wissenschaft unmöglich machen.

Die *Formalisten* um HILBERT betrachteten die Mathematik lediglich als eine Menge von Zeichen und Regeln zur Zeichenmanipulation, mit denen verschiedenste Formeln erstellt werden konnten; einen darüber hinausgehenden Bezug zur Welt leugneten diese. Zahlen bleiben im Formalismus undefinierte Objekte, die lediglich die in den Axiomen beschriebenen Eigenschaften erfüllen. Entsprechend ist für die Formalisten zwar das Kriterium der logischen Konsistenz wichtig, die Frage der empirischen Rechtfertigung wird von ihnen jedoch ignoriert.

RUSSELL konnte sich mit beiden Auffassungen nicht anfreunden: Den Intuitionismus lehnte er ab, da das strenge Kriterium der Verifizierbarkeit, logisch konsequent angewendet, die ganze Mathematik und Naturwissenschaft zu Fall bringen würde. Der Formalismus andererseits erschien ihm problematisch, da dieser beispielsweise nicht geeignet ist, die alltägliche Verwendung von Zahlen angemessen zu erklären. (Siehe [POM], S. vi–vii.) Dennoch sind beide Systeme durchaus konsistent und in sich schlüssig. Wie WEITZ in *Analysis and the Unity of Russell's Philosophy* bemerkt, ist der durch die Arbeiten FREGES und RUSSELLS repräsentierte Logizismus in gewisser Hinsicht als ein Kompromiß zwischen dem strengen Empirismus der Intuitionisten und dem strengen Rationalismus der Formalisten anzusehen: Der Logizismus versucht, eine streng logische Interpretation der Sätze der (nicht durch das Kriterium der Verifizierbarkeit eingeschränkten) Mathematik zu geben, die dennoch mit der *common sense*-Auffassung von Zahlen und der Mathematik vereinbar ist. (Siehe [69], S. 91f.)

RUSSELLS Arbeiten zur Rückführung der Mathematik auf die Logik wurden durch zwei Faktoren wesentlich begünstigt: Auf der technischen Seite durch seine Übernahme und Erweiterung einer mächtigen logischen Notation, auf der inhaltlichen Seite durch die umfangreichen Vorarbeiten in der Mathematik. Beide Faktoren werde ich nun genauer darstellen.

RUSSELL hatte auf dem 1900 anläßlich der Weltausstellung in Paris stattfindenden philosophischen Kongreß die Arbeiten PEANOS kennengelernt:

> The most important year in my intellectual life was the year 1900, and the most important event in this year was my visit to the International Congress of Philosophy in Paris. Ever since I had begun Euclid at the age of eleven, I had been troubled about the foundations of mathematics; when, later, I came to read philosophy, I found Kant and the empiricists equally unsatisfactory. I did not like the synthetic *a priori*, but yet arithmetic did not seem to consist of empirical generalizations. In Paris in 1900, I was impressed by the fact that, in all discussions, Peano and his pupils had a precision which was not possessed by others. I therefore asked him to give me his works, which he did. As soon as I had mastered his notation, I saw that it extended the region of mathematical precision backwards towards regions which had been given over to philosophical vagueness.
> — [MD], S. 12.

14   KAPITEL 2. RUSSELLS PHILOSOPHIE DER MATHEMATIK

RUSSELL beschäftigte sich in den folgenden Monaten intensiv mit PEANOS Arbeiten und dessen logischer Notation und steuerte auch eigene Ideen, speziell zur Formalisierung von Relationen, bei.[1] Gerade die Behandlung der Relationen markiert einen entscheidenden Wendepunkt in RUSSELLS philosophischer Entwicklung, da diese mit seinem Wandel vom Neo-Hegelianismus und dem damit verbundenen Monismus zum Pluralismus einhergingen bzw. diesen Wandel argumentativ unterstützten. Weiterhin bildet die um die Behandlung von Relationen erweiterte Logik PEANOS die Grundlage für RUSSELLS logizistische Arbeiten, welche das auf den Kongreß folgende Jahrzehnt beinahe vollständig beanspruchen sollten.

Zu den Innovationen PEANOS gehörte unter anderem seine Analyse bzw. Formalisierung von All- und Existenzaussagen mittels der logischen Quantoren: In der traditionellen Logik wurden entsprechende Sätze noch mit den durch die Syllogismen vorgegebenen festen (und unzureichenden) Schemata behandelt, in denen Satzelemente wie ‚alle Griechen' hinsichtlich ihrer Funktion und logischen Eigenschaften nicht von solchen wie ‚Sokrates' unterschieden wurden. PEANO erkannte, daß in solchen Sätzen keine Aussagen über ein durch alle Griechen gebildetes Objekt gemacht werden, sondern daß es sich vielmehr um eine Verknüpfung von zwei Eigenschaften handelt, deren Gültigkeitsbereich sich auf alle Individuen des Universums erstreckt. Eine solche Aussage bezieht sich also nicht auf irgendein vages Objekt, sondern drückt über den Umweg der Allgemeingültigkeit Relationen zwischen Eigenschaften aus. (Siehe [MPD], S. 66f.) Vor PEANO hatte bereits FREGE eine entsprechende Interpretation genereller Sätze vorgenommen; seine Arbeiten wurden jedoch praktisch nicht wahrgenommen, bis RUSSELL ihren Wert hervorhob.

Weiterhin unterschied PEANO eine Menge mit einem Element von dem Element selbst; für ihn war also die einelementige Menge ‚Erdtrabant' von dem Mond verschieden. Die Gleichsetzung dieser Entitäten ist in zweierlei

---

[1] PEANO hat RUSSELLS Erweiterungen offenbar sehr positiv aufgenommen. So schreibt KENNEDY:

> RUSSELL wrote up his ideas and sent the manuscript of 'Sur la logique des relations avec des applications à la théorie des séries' to Peano that fall. Peano delayed his reply, but finally wrote on 19 March, 1901: "I shall publish directly your interesting memoir, which fills a gap between the work of Peirce and Schröder on the one hand and the *Formulaire* on the other. Let me congratulate you on the facility and precision with which you manage the symbols of logic."
>
> — KENNEDY in [19], S. 92.

Hinsicht problematisch: Auf der erkenntnistheoretischen Ebene ist der Unterschied leicht einzusehen, da man beispielsweise den Mond durchaus kennen kann, ohne zu wissen, daß es sich dabei um einen Erdtrabanten handelt. Andererseits kann man auch durchaus mit dem theoretischen Konzept ‚Erdtrabant' vertraut sein, ohne den Mond zu kennen bzw. zu wissen, daß der Mond ein solcher Erdtrabant ist. (Auf diese elementare Unterscheidung werde ich in Abschnitt 3.1 noch detaillierter eingehen.) Über die erkenntnistheoretische Ebene hinaus ist diese Unterscheidung auch für den Zahlbegriff bzw. das Zählen relevant, welches in der Geschichte der Mathematik bekanntlich bis FREGE als Ursprung der Zahlen angesehen wurde: Bei Zahlen ab 2 hat man sich eine aus zählbaren Objekten bestehende Gruppe vorgestellt. Hat man jedoch eine Menge wie ‚die Menge der Streichholzschachteln auf diesem Tisch', die auf nur ein einziges Element zutrifft, und setzt man darüber hinaus diese einelementige Menge mit ihrem Element gleich, kommt man zu dem paradoxen Ergebnis, daß die Menge zugleich ein Element und viele Elemente hat, da sich auch die einzelnen Hölzer zählen lassen. (Siehe dazu auch [PLA], S. 267.) Die Zahl 1 hatte damit einen problematischen Status. PEANOS Methode der Quantifizierung machte deutlich, daß das Zählen immer an eine Aussagefunktion gebunden ist, also beispielsweise die Aussagefunktion „$\hat{x}$ ist eine Streichholzschachtel" von einer bestimmten Anzahl Objekte erfüllt wird. Auch im Sonderfall der einelementigen Mengen ist damit klargestellt, daß die 1 sich auf eine Menge bzw. eine Aussagefunktion bezieht und nicht in eine Vielheit uminterpretiert werden kann. (Siehe [MPD], S. 67ff.) Der Ursprung des Zahlbegriffs im Zählen hat übrigens auch zu Problemen mit den infiniten Zahlen geführt, welche – da sie durch Zählen nicht erreicht werden können – lange Zeit nicht als Zahlen angesehen wurden.[2]

Neben PEANOS bahnbrechender Notation und seiner Methode der Formalisierung von generellen Sätzen war der zweite begünstigende Faktor für RUSSELLS logizistisches Projekt, daß primär in der zweiten Hälfte des 19. Jahrhunderts bereits erfolgreiche Anstrengungen unternommen wurden, die Ana-

---

[2]RUSSELL führt dazu illustrierend aus:

> The mistake is of the same kind as if cows were defined as what can be bought from a cattle-merchant. To a person who knew several cattle-merchants, but had never seen a cow, this might seem an admirable definition. But if in his travels he came across a herd of wild cows, he would have to declare that they were not cows at all, because no cattle-merchant could sell them. So infinite numbers were declared not to be numbers at all, because they could not be reached by counting.
> — [OKEW], S. 192.

16 KAPITEL 2. RUSSELLS PHILOSOPHIE DER MATHEMATIK

lysis als einen wesentlichen Teilbereich der Mathematik auf die strukturell einfachere Arithmetik zurückzuführen. So konnten um die Jahrhundertwende innerhalb der Mathematik beispielsweise die verschiedenen Zahlenarten – ganze, rationale, irrationale und die komplexen Zahlen – definitorisch auf Kardinalzahlen zurückgeführt werden. Ebenso ließen sich die Verknüpfungen bzw. Operationen innerhalb und zwischen den unterschiedlichen Zahlenarten auf Beziehungen zwischen Kardinalzahlen zurückführen. Zu den Vorreitern in diesen Bereichen zählten WEIERSTRASS und dessen Schüler CANTOR, KRONECKER, PEIRCE, DEDEKIND, HILBERT sowie natürlich PEANO und, wiederum unbeachtet, FREGE.

PEANO schließlich führte diese Anstrengungen in der Mathematik zu einem vorläufigen Höhepunkt, indem er ein einfaches Axiomensystem für die natürlichen Zahlen N_0 aufstellte, welches auf drei undefinierten Grundbegriffen 0, *Nachfolger* und N_0 basierte:[3]

1. 0 ist eine natürliche Zahl.

2. Jeder natürlichen Zahl n ist eine natürliche Zahl n' zugeordnet, die der *Nachfolger* von n genannt wird.

3. Sind die natürlichen Zahlen n', m' identisch, so sind auch n, m identisch.

4. 0 ist kein Nachfolger einer natürlichen Zahl.

5. Enthält eine Menge M natürlicher Zahlen die Zahl 0 und folgt aus $n \in M$ stets $n' \in M$, so besteht M aus allen natürlichen Zahlen.[4]

Ausgehend von diesem Axiomensystem sowie seinen Definitionen von Summe und Produkt in der durch das System aufgespannten Menge der natürlichen Zahlen war PEANO in der Lage, ohne zusätzliche Annahmen die ganze Arithmetik abzuleiten. So schreibt RUSSELL:

> All traditional pure mathematics, including analytical geometry, may be regarded as consisting wholly of propositions about the natural numbers. That is to say, the terms which occur can be defined by means of the natural numbers, and the propositions can be deduced

---

[3]Siehe PEANO in *Definitionen der Arithmetik* [24].
[4]Dieses fünfte Axiom begründet die Beweismethode der *vollständigen Induktion* in der Mathematik, indem es ‚erbliche' Eigenschaften in die axiomatische Darstellung der natürlichen Zahlen integriert.

from the properties of the natural numbers—with the addition, in each
case, of the ideas and propositions of pure logic.
— [IMP], S. 4.

GLOCK präzisiert dies noch und stellt den Zusammenhang zum logizistischen Projekt her:

> Since all other branches of mathematics can be build up from arithmetic, the logicist project boils down to defining the concept of a natural number in set-theoretic terms, and to deducing the principle of mathematical induction from logical principles.
> — GLOCK in [13].

RUSSELLS Vorhaben bestand nun zunächst darin, die Kardinalzahlen als einfachste Grundelemente der Mathematik durch logische Konstruktionen mit den von der Mathematik benötigten Eigenschaften zu ersetzen. Dies bewerkstelligte er, indem er die Kardinalzahlen als Mengen von ähnlichen (auf CANTOR zurückgehend heißt das in diesem Zusammenhang: *umfangsgleichen*) Mengen definierte. Damit war die Zahl 2 bei RUSSELL definiert als die Menge aller (ungeordneten) Paare, 3 als die Menge aller Tripel &c. Allgemein ist eine Kardinalzahl für ihn eine Menge von Mengen, zwischen welchen die Relation ‚Ähnlichkeit' besteht, wobei zwei Mengen genau dann ähnlich sind, wenn es eine bijektive Relation zwischen ihren Elementen gibt.

Die erste größere Veröffentlichung RUSSELLS zum Logizimus waren die 1903 erschienenen *The Principles of Mathematics*, ein Werk, welches sowohl in philosophiegeschichtlicher Hinsicht für RUSSELLS philosophische Entwicklung wie auch für die analytische Philosophie allgemein von herausragender Bedeutung ist. Dabei bleibt unbestritten, daß es in einigen Bereichen noch oberflächlich ist und Lücken aufweist; andererseits finden sich in den *Principles* – ganz abgesehen von ihrem mathematischen Wert – wertvolle Hinweise auf RUSSELLS frühe Philosophie, Überlegungen zur Bedeutungstheorie im Umfeld von MEINONG und FREGE, zu Relationen und Mengen, den Paradoxien sowie ein erster, ausdrücklich vorläufiger Entwurf seiner Typentheorie.

Kurz vor der Fertigstellung der *Principles* beschäftigte RUSSELL sich intensiv mit FREGES Werk und erkannte, daß dieser bereits Jahre zuvor erhebliche Fortschritte im Bereich der Grundlagen der Mathematik gemacht und damit viele der Entdeckungen und Ideen PEANOS und auch RUSSELLS vorweggenommen hatte. RUSSELL setzt sich in einem Anhang des Werkes kritisch mit FREGES Theorien auseinander und macht diesen damit erst einem größeren Publikum bekannt, da dessen Arbeiten zuvor – sicherlich nicht

18 KAPITEL 2. RUSSELLS PHILOSOPHIE DER MATHEMATIK

zuletzt wegen der höchst komplizierten logischen Notation FREGES – praktisch keinerlei Beachtung fanden.

Die *Principles* hingegen erregten einiges Aufsehen; in der Tat wurden neben FREGES Werken auch die vielfältigen früheren Ansätze anderer Autoren, modernere symbolische Logik-Systeme zu erstellen, von der Welt der Philosophie praktisch vollkommen ignoriert. So hatte beispielsweise BOOLE gegen Ende der ersten Hälfte des 19. Jahrhunderts bereits eine extensionale symbolische Logik erstellt, die auf der Verwendung von Mengen basierte; spätere Arbeiten von PEIRCE und SCHRÖDER verfeinerten BOOLES Ansatz und setzen ihn technisch weiter fort. PEANO seinerseits war sowohl mit der BOOLESCHEN Tradition als auch mit anderen Ansätzen wie denen von CANTOR gut vertraut.[5] Erst RUSSELLS radikaler logizistischer Ansatz vermochte diese Ignoranz der Philosophie gegenüber moderneren Strömungen in der Logik zu überwinden. Aus der Diskussion der *Principles* mit RUSSELLS Mentor und Freund WHITEHEAD entstand die Idee, gemeinsam an der von RUSSELL geplanten Fortsetzung zu arbeiten, welche die Schwachstellen des Werkes ausmerzen und sich in der Herleitung nicht nur auf das Fundament der Mathematik beschränken, sondern in fortgeschrittenere Bereiche vorstoßen sollte. Weiterhin sollte die Verteidigung der Grundthese in der Fortsetzung nicht länger primär auf einer sprachlich-argumentativen Ebene erfolgen, sondern durch konsequentes formal-logisches Schließen fundiert werden. Die Frucht dieser mehrjährigen intensiven Zusammenarbeit sollte schließlich statt der ursprünglich geplanten Fortsetzung die monumentale *Principia Mathematica* (1910–1913)[6] werden, welche die *Principles* tatsächlich, wie RUSSELL es formulierte, als „a crude and rather immature draft" ([MPD], S. 74.) des folgenden Werkes erscheinen lassen sollte.

Die *Principia Mathematica* erschloß weitere umfangreiche Gebiete der Mathematik einer formal-logischen Behandlung; hinzu kommt noch, daß auch der von RUSSELL in den *Principles* vorgestellte logische Apparat weiter verkleinert werden konnte – so war RUSSELL in der Lage, auch das für die Herleitung der Mathematik aus der Logik zentrale Konzept der Menge lo-

---

[5]FREGE hingegen entwickelte seine Logik offenbar losgelöst von allen jüngeren Entwicklungen im Rückgriff auf LEIBNIZ. Die Werke BOOLES scheint er erst nach dem Verfassen seiner *Begriffsschrift* kennengelernt zu haben. (Siehe DIPERT in [9].)

[6]Die *Principia Mathematica* ist eine Gemeinschaftsarbeit von RUSSELL und WHITEHEAD, über deren Entstehung sich RUSSELL an vielen Stellen geäußert hat. Den Schilderungen des Arbeitsablaufes nach scheint es sicher, daß wohl jede Passage des Werkes von beiden Autoren bearbeitet worden ist; die philosophischen Probleme, mit welchen ich mich in dieser Arbeit schwerpunktmäßig beschäftigen werde, beruhen jedoch auf RUSSELLS Überlegungen, weshalb ich beim Verweisen auf dieses Werk meist nur RUSSELL als deren Autor erwähnen werde.

gisch zu konstruieren, indem er Mengen in seinem System durch zu ihnen extensional äquivalente Aussagefunktionen ersetzte.

Im Zuge seines logizistischen Programms beschäftigte sich RUSSELL intensiv mit der präzisen Formalisierung von sowohl sprachlichen wie auch mathematischen Aussagen. Dabei war er in der Lage, zwei gravierende Probleme zu lösen: Erstens scheinen Aussagen wie „der gegenwärtige König von Frankreich ist weise" sich auf Objekte zu beziehen, welche es nicht gibt. Es gab bereits mehrere Lösungsansätze zu dieser Problematik vor RUSSELL, welche jedoch entweder mit der Logik oder dem *common sense* kollidierten; RUSSELLS *Kennzeichnungstheorie* stellt eine umfassende und einleuchtende Methode zur logischen Analyse derartiger Sätze dar. Zweitens schuf RUSSELL mit seiner *Typentheorie* ein sehr mächtiges System zur Vermeidung von logischen und semantischen Paradoxien in der Logik. Die Typentheorie erfordert jedoch eine Reihe von Zusatzannahmen, welche in logischer Hinsicht nicht unproblematisch sind und auch die herausragende Schwachstelle von RUSSELLS Logizismus ausmachen.

Nach dieser kursorischen Übersicht über die Thematik dieses Kapitels werde ich im Rahmen von Unterabschnitten ausgewählte Aspekte von RUSSELLS Philosophie der Mathematik genauer betrachten. Dabei werde ich meinen Schwerpunkt auf die primär philosophischen Aspekte seiner mathematischen Philosophie legen, wovon die meisten auch losgelöst von der Mathematik von großer Bedeutung sind – beispielsweise seine folgenschweren Überlegungen zu Relationen oder zur Kennzeichnungstheorie. Andere von mir behandelte Bereiche seines Werkes, zum Beispiel die im Rahmen der Durchführung seines logizistischen Programms entstandenen Theorien zur Zahlendefinition und zu den logischen Typen, sind primär für die Mathematik und die Logik im engeren Sinne von Bedeutung, geben jedoch wertvolle Einblicke in RUSSELLS Anwendung der Logik und der reduktiven Analyse zur Lösung komplexer philosophischer Probleme und sind damit Wegbereiter für RUSSELLS Philosophie des Logischen Atomismus. Genuin mathematische Aspekte seiner Arbeit, wie sie primär in der *Principia Mathematica* zu finden sind, habe ich völlig außer acht gelassen; auch was in RUSSELLS logizistischem Programm über die Konstruktion der Kardinalzahlen auf der logischen Ebene hinausgeht, ist in rein philosophischer Hinsicht von eher marginaler Bedeutung.

Am Ende dieses Kapitels werde ich in der gebotenen Kürze die auch heute noch diskutierte Frage erörtern, inwieweit RUSSELLS großes Projekt des Logizismus nach inzwischen beinahe einhundert Jahren seit der Erstveröffentlichung der *Principles* als erfolgreich oder gescheitert betrachtet werden muß.

2.1 Relationen und die Abkehr vom Idealismus

Relationen sind aus zweierlei Gründen von besonderer Relevanz für RUSSELLS Philosophie. Auf der einen Seite war es gerade RUSSELLS Erweiterung der Logik um die Behandlung der Relationen, die viele seiner späteren Entdeckungen erst ermöglichen sollte und einen Paradigmenwechsel auf dem Gebiet der symbolischen Logik herbeiführte. Andererseits markiert RUSSELLS Beschäftigung mit dieser Thematik die Übergangszeit von seiner idealistischen Phase in den Pluralismus, aus welchem schließlich sukzessive sein Logischer Atomismus im engeren Sinne hervorgehen sollte.

Die in ihrem Ursprung auf ARISTOTELES zurückgehende ‚klassische' Logik ist eine reine Subjekt-Prädikat-Logik; sie spiegelt die philosophische Vorstellung wider, daß Aussagen immer auf ein bestimmtes Schema reduziert werden können, nämlich daß in ihnen Subjekten bestimmte Eigenschaften zu- oder abgesprochen werden.[7]

Die metaphysische Implikation dieser Vorstellung ist, daß alle Objekte vollständig durch ihre Eigenschaften beschrieben werden können. RUSSELL wurde diese Problematik bei seinen frühen Arbeiten über LEIBNIZ in vollem Umfang bewußt:

> I first realised the importance of the question of relations when I was working on Leibniz. I found—what books on Leibniz failed to make clear—that his metaphysic was explicitly based upon the doctrine that every proposition attributes a predicate to a subject and (what seemed to him almost the same thing) that every fact consists of a substance having a property.
> — [MPD], S. 61.

---

[7]Den Ursprung dieser Übersimplifizierung sieht RUSSELL darin, daß die Sprache eine solche Auffassung nahelegt:

> [...] The influence of syntax, in the case of the Indo-European languages, is quite different. Almost any proposition can be put into a form in which it has a subject and a predicate, united by a copula. It is natural to infer that every fact has a corresponding form, and consists in the possession of a quality by a substance.
> — [LA], S. 331.

2.1. RELATIONEN UND DIE ABKEHR VOM IDEALISMUS

Wie sich herausstellte, ist die klassische Logik zu ‚eng', um eine angemessene Behandlung von Relationen zu ermöglichen. So haben sich idealistische Philosophen nach LEIBNIZ – ich möchte hier nur exemplarisch SPINOZA, HEGEL und BRADLEY herausgreifen – immer wieder mit Möglichkeiten auseinandergesetzt, Relationen konsistent in die Subjekt-Prädikat-Logik zu integrieren bzw. auf diese zurückzuführen. RUSSELLS Lösung bestand in einer Erweiterung der klassischen Logik und damit in einem Bruch mit der paradigmatischen Vorstellung, daß alle Tatsachen eine Subjekt-Prädikat-Struktur haben. Im XXVI. Kapitel seiner *Principles* geht er ausführlich auf die Alternativen zu seiner Behandlung der Relationen ein:

Die auf LEIBNIZ zurückgehende Tradition betrachtete Relationen als dahingehend analysierbar, daß sie auf Eigenschaften der augenscheinlichen Terme der Relation reduziert werden können. So könnte eine zwischen zwei Individuen a und b bestehende Relation R sich auf intrinsische Eigenschaften von a und b zurückführen lassen. Wenn man sich beispielsweise die Relation ‚ist verwandt mit' vorstellt, die zwischen a und b besteht, heißt das, daß diese Verwandschaft kein unabhängiges, externes Objekt oder individuenübergreifendes Faktum ist, sondern zu den beiden Individuen gehört wie ihre individuelle Haarfarbe oder beliebige andere Eigenschaften. So hat a die Eigenschaft ‚ist verwandt mit b', wobei b hier jedoch Teil der Eigenschaft ist und nicht etwa ein eigenständiges Objekt. Analog hat auch b die Eigenschaft ‚ist verwandt mit a'. Aus aRb wird also gewissermaßen $R'_b a$ und $R'_a b$, wobei R'_a und R'_b nicht länger Relationen, sondern Eigenschaften sind.

RUSSELL wendet gegen diese Theorie ein, daß die neuen Eigenschaften nicht einfach, sondern offenkundig komplex sind und sich intern irgendwie auf das nun in die Eigenschaft integrierte Objekt beziehen, ohne jedoch klar herauszustellen, wie dieser Bezug genau beschaffen ist. Eine weitergehende Analyse solcher Ausdrücke und damit auch der Natur derartiger Relationen und Aussagen ist damit nicht möglich.

Als einer der maßgeblichen Idealisten des ausgehenden 19. Jahrhunderts hatte BRADLEY schließlich, wie RUSSELL in *My Philosophical Development* ausführt, Idealismus und Monismus argumentativ verschmolzen, indem er auf HEGEL zurückgreifend seine, wie RUSSELL sie nannte, *Doktrin der internen Relationen* formulierte:

> The doctrine of internal relations held that every relation between two terms expresses, primarily, intrinsic properties of the two terms and, in ultimate analysis, a property of the whole which the two compose.
>
> — [MPD], S. 54.

22 KAPITEL 2. RUSSELLS PHILOSOPHIE DER MATHEMATIK

Auch BRADLEYS Überzeugung nach muß es Relationen geben, da alle uns umgebenden Dinge in vielfältigen Beziehungen zueinander stehen, jedes Objekt auf irgendeine Weise – und sei es nur raumzeitlich – mit jedem anderen Objekt verbunden ist. Gäbe es keine Relationen, wäre das Universum nur ein undurchdringliches Ganzes. Da aber jedes Objekt im Universum mit jedem anderen Objekt verbunden ist, machen diese Verbindungen gerade das Wesen der Objekte aus. Die Objekte hängen in ihrer Existenz von allen anderen Objekten des Universums ab und können so, wie BRADLEY in *Appearance and Reality* ausführt, nicht losgelöst von diesen betrachtet werden:

> Relations, we saw, are a development of and from the felt totality. They inadequately express, and they still imply in the background that unity apart from which the diversity is nothing. Relations are unmeaning except within and on the basis of a substantial whole, and related terms, if made absolute, are forthwith destroyed. Plurality and relatedness are but features and aspects of a unity.
> — BRADLEY in [3], S. 142.

Daß Relationen keine unabhängigen Objekte sein können, hat BRADLEY anschaulich in einem schon klassischen ‚Beweis' dargelegt, welchen ich nun kurz skizzieren werde. Bei der Liebe von Othello zu Desdemona hätte man es in dem Falle mit drei unabhängigen Objekten zu tun: Othello, Desdemona und der Liebe. BRADLEY zeigte, daß diese Theorie – und, wie er annahm, damit auch die der externen Relationen an sich – unhaltbar ist. Sein Einwand bestand darin, daß die Verbindung der Objekte mit der bloßen Verknüpfung der Terme mit der Relation noch nicht besteht: Dazu wäre es nämlich notwendig, eine weitere Relation wie ‚ist verbunden mit' einzuführen, die zwischen Othello und der Liebe sowie der Liebe und Desdemona bestehen muß. Diese wäre jedoch wieder eine Relation, die ihrerseits mit den zu verbindenden Objekten verbunden werden müßte, was zwangsläufig zu einem infiniten Regreß führen würde. (Siehe BRADLEY in [3], S. 21f; erläuternd dazu auch BOGEN in [2].) Gegen diese These lassen sich jedoch einige Einwände vorbringen; beispielsweise scheint BRADLEY die stillschweigende und höchst fragwürdige Voraussetzung zu machen, daß eine Relation zwangsläufig gleicher logischer Natur wie ein Individuum sein muß. Indem man eine Relation beispielsweise als ungesättigte Entität mit einer gewissen Anzahl Freistellen (die der Anzahl ihrer Terme entspricht) betrachtet, kann man der von BRADLEY geschilderten Problematik leicht entgehen.[8] RUSSELL macht die eben angesprochene

---

[8]Siehe dazu auch SUKALE in [65], §43. SUKALE setzt sich dort mit DAVIDSONS Kritik an der *Bedeutungsverknüpfung* bei FREGE auseinander; DAVIDSONS Kernargument und SUKALES Lösungsvorschlag stimmen exakt mit der hier dargestellten Lösung überein.

2.1. RELATIONEN UND DIE ABKEHR VOM IDEALISMUS

unterschiedliche Natur von Individuen (als unabhängigen Objekten, im folgenden Zitat ‚substances') und Relationen in folgendem Zitat aus *Logical Atomism* deutlich:

> Attributes and relations, though they may be not susceptible of analysis, differ from substances by the fact that they suggest a structure, and that there can be no significant symbol which symbolizes them in isolation. All propositions in which an attribute or a relation *seems* to be the subject are only significant if they can be brought into a form in which the attribute is attributed or the relation relates. If this were not the case, there would be significant propositions in which an attribute or a relation would occupy a position appropriate to a substance, which would be contrary to the doctrine of types, and would produce contradictions.
> — [LA], S. 337.

BRADLEY zog aus seinem Beweis den Schluß, daß Relationen nur Ausdruck von Eigenschaften der involvierten Terme sein können. Er suchte jedoch die Konstruktion der oben beschriebenen Eigenschaften mit ‚eingeschlossenen' Objekten wie bei LEIBNIZ zu vermeiden, indem er die beiden ursprünglichen Objekte a und b zu einem neuen Objekt (ab) zusammenfaßte. Auf einer höheren Betrachtungsebene bilden a und b so eine Einheit, verschmelzen zu einem Individuum (ab), welchem dann eine der Ursprungsrelation entsprechende Eigenschaft zukommt, die ohne Rückgriff auf die Individuen *innerhalb* der Eigenschaft ausgedrückt werden kann. Aus aRb wird so $R'(ab)$. BRADLEYS monistischen Metaphysik entsprechend gehen alle Relationen schließlich als letzte Eigenschaft im letzten Objekt auf, welches eben das Universum darstellt.

RUSSELL zieht folgendes Fazit:

> Thus the axiom of internal relations is equivalent to the assumption of ontological monism and to the denial that there are any relations. Wherever we seem to have a relation, this is really an adjective of the whole composed of the terms of the supposed relation.
> — [MPD], S. 57.[9]

Relationen können bekanntlich in mehrere Typen untergliedert werden: Wenn aRa gilt, so ist R *reflexiv*. Wenn aus aRb folgt, daß bRa gilt, dann ist

---

[9]RUSSELL zitiert hier in [MPD] aus einer Rede, die er 1907 vor der *Aristotelian Society* gehalten hat. Eine Veröffentlichung dürfte im noch nicht erschienenen V. Band der *Collected Papers* erfolgen.

R eine *symmetrische* Relation. Wenn aus aRb und bRc folgt, daß aRc gilt, so ist R *transitiv*. Die von RUSSELL betrachteten, für die Doktrin der internen Relationen besonders problematischen Relationen sind nun *asymmetrische Relationen*, wie sie besonders in der Mathematik häufig vorkommen. Bei diesen gilt, daß aus aRb folgt, daß bRa nicht gilt. Typische Beispiele für solche Relationen sind Ordnungsrelationen wie *größer als, früher als, lauter als* &c.: Wenn a größer als b ist, dann ist es falsch, daß b größer als a ist. Auch das für die Mathematik fundamentale Konzept der Folgen basiert auf asymmetrischen Relationen.

Bei der Betrachtung von asymmetrischen Relationen werden die Defizite der BRADLEYSCHEN Behandlung der Relationen offenkundig. So kritisiert RUSSELL an dieser Theorie unter anderem, daß BRADLEYS neues Objekt (ab) keine interne Ordnung hat und daher von (ba) nicht unterschieden werden kann – entsprechend könnten damit bei $R'(ab)$, wenn R beispielsweise die Relation ‚ist größer als' beschreibt, die beiden Aussagen „a ist größer als b" und „b ist größer als a" nicht unterschieden werden. Um eine feste Ordnung in dieses neue Objekt zu integrieren, müßte BRADLEY wieder auf eine strukturierende Relation zurückgreifen, was jedoch auf seiner Seite zu einem infiniten Regreß führen würde:

> There is, however, a further argument against the view of relations as classes of couples: the couples have to be *ordered* couples, that is to say, we must be able to distinguish the couple x, y from the couple y, x. This cannot be done except by means of some relation in intension. So long as we confine ourselves to classes and predicates, it remains impossible to interpret order or to distinguish an ordered couple from a class of two terms without order.
> — [MPD], S. 88.

BRADLEYS Theorie setzt RUSSELL seine *Doktrin der externen Relationen* entgegen. RUSSELL vertritt die These, daß alle Relationen extern sind – das heißt, daß es sich bei ihnen um Relationen zwischen logisch unabhängigen Individuen handelt, deren Bestehen oder Nichtbestehen nichts am Wesen dieser Individuen ändert. Für RUSSELL selbst bedeutete dies eine Abkehr vom Idealismus und, was für ihn wesentlicher war, einen Wandel vom Monismus zum Pluralismus. Wenn a größer ist als b, so ist dieses ‚Größersein als b' für RUSSELL also keine intrinsische Eigenschaft von a; er betrachtet es nicht einmal als eine Eigenschaft. a bleibt unverändert a, auch wenn es kleiner ist als b oder es b möglicherweise überhaupt nicht gibt. Diese Unabhängigkeit geht sogar so weit, daß RUSSELL ein Universum für möglich hält, welches aus nur einem Individuum besteht.

RUSSELLS Auseinandersetzung mit dem Idealismus – insbesondere in der Ausprägung von BRADLEYS Neo-Hegelianismus – ist verschiedentlich dahingehend kritisiert worden, daß er einerseits primär die vormals von ihm selbst verteidigten Positionen angegriffen hat, andererseits Argumente der Idealisten aus dem Kontext gerissen und damit nicht in einer fairen Weise behandelt hat. (Siehe dazu beispielsweise GRIFFIN in [15], S. 320f; HYLTON in [18], S. 105.) Ersteres läßt sich sicherlich damit erklären, daß RUSSELL seinen ehemaligen Standpunkt als den besten innerhalb des Neo-Hegelianismus betrachtete und damit eine ihm sowohl gut vertraute wie auch augenscheinlich überzeugende Version des Idealismus angriff. Dem zweiten Vorwurf ist nicht ganz so einfach zu begegnen. Sicherlich entspricht es RUSSELLS polemischer Natur, den philosophischen ‚Gegner' in gewisser Weise ‚vorzuführen'; andererseits sind viele philosophische Systeme in sich konsistent – man denke nur an den Solipszismus – und lassen sich nur durch Rückgriff auf bestimmte neue Grundvoraussetzungen aushebeln. Dazu zeigt man auf, daß es keine hinreichend guten Gründe gibt, die Voraussetzungen des fraglichen Systems zu akzeptieren; dies tat RUSSELL im vorliegenden Fall, indem er seine dem *common sense* eher entsprechende Interpretation der Relationen in Form der ‚neuen' Logik vorlegte. Diese zeigte, daß speziell die Mathematik und die Physik konsistent sind und sich damit die Widersprüche, die ein gewichtiges Argument für den Idealismus respektive Monismus darstellten, nicht länger ableiten lassen. Die neue Logik setzt vielmehr eine pluralistische bzw. atomistische Metaphysik voraus – die Akzeptanz bzw. Herausbildung der neuen Logik durch RUSSELL und sein Wandel zum Pluralismus scheinen mir entsprechend sich wechselseitig stärkende Faktoren gewesen zu sein. Die Betrachtung losgelöster Aspekte des Idealismus auf der Grundlage von RUSSELLS System ist also angemessen und dient nurmehr der Demonstration, daß das fragliche System mit der unterhöhlten Basis unhaltbar wird und in sich zusammenfällt. Es ist jedoch sicherlich nicht unproblematisch, die so herausgegriffenen Argumente dann einzelnen Denkern zuzuschreiben und auf der Grundlage von Voraussetzungen, welche diese nicht akzeptieren würden, zu demontieren.

2.2 Die logische Definition der Kardinalzahlen

Der Definition der Kardinalzahlen kommt im logizistischen Programm ein zentraler Stellenwert zu; sie bildet ein wesentliches Element von CARNAPS auf Seite 11 dieser Arbeit bereits vorgestellter erster Teilthese des Logizismus, daß die mathematischen Begriffe sich definitorisch auf logische Begriffe zurückführen lassen bzw. aus diesen konstruierbar sind.

In seinen *Principles* definiert RUSSELL die Kardinalzahlen als die Menge aller Mengen, die ‚ähnlich' zu einer gegebenen Menge sind:

> [...] to define as the number of a class the class of all classes similar to the given class. Membership of this class of classes (considered as a predicate) is a common property of all the similar classes and of no others; moreover every class of the set of similar classes has to the set a relation which it has to nothing else, and which every class has to its own set.
> — [POM], §111.

RUSSELLS Definition fußt auf dem von CANTOR geprägten Begriff der ‚Ähnlichkeit' von Mengen, der auf das Bestehen einer bijektiven Relation zwischen Elementen von jeweils zwei Mengen reduziert werden kann. Eine solche Relation gibt es dann und nur dann, wenn die beiden Mengen umfangsgleich sind, also die Anzahl ihrer Elemente identisch ist. (Siehe dazu auch [POM], §123; [MPD], S. 70.) Nach RUSSELL ist damit das Konzept der ‚Gleichzahligkeit' fundamentaler als das Konzept der Zahl selbst.

Zu den Vorteilen einer derartigen Zahlendefinition gehört, daß sie eine relativ elegante Lösung für die beiden klassischen definitorischen Problemfälle 0 und 1 darstellt – 0 ist in diesem Fall die Menge, die die leere Menge enthält und 1 die Menge, die all jene Mengen enthält, deren Elemente mit sich selbst identisch sind, also die Menge aller einelementigen Mengen. Der aus RUSSELLS Sicht entscheidendste Vorteil dieser Zahlendefinition ist jedoch, daß es mit ihr nicht länger notwendig ist, die Kardinalzahlen als unabhängige ontologische Entitäten zu betrachten:

> Kronecker, in philosophizing about mathematics said that 'God made the integers and the mathematicians made the rest of the mathematical apparatus'. By this he meant that each integer had to have an independent being, but other kinds of numbers need not have. With the above definition of numbers this prerogative of the integers disappears and the primitive apparatus of the mathematician is reduced to such purely logical terms as *or*, *not*, *all* and *some*. This was my first experience of the usefulness of Occam's razor in diminishing the number of undefined terms and unproved propositions required in a given body of knowledge.
> — [MPD], S. 71.

2.2. DIE LOGISCHE DEFINITION DER KARDINALZAHLEN

Wie RUSSELL später feststellte, hatte FREGE bereits Jahre zuvor eine ähnliche Lösung für dieses Problem gefunden und die Kardinalzahlen ebenfalls aus Mengen konstruiert. War die prinzipielle Vorgehensweise bei FREGE und RUSSELL gleich, so gab es doch einen signifikanten Unterschied, auf welchen ich gleich noch zu sprechen kommen werde. Die natürlichen Zahlen bilden in der Mathematik eine unendliche Folge; eines der von PEANO herausgearbeiteten Kriterien für Folgen respektive die natürlichen Zahlen ist, daß jede natürliche Zahl n einen Nachfolger n' bzw. $n+1$ hat. Um nun zu zeigen, daß auch die logisch konstruierten Kardinalzahlen dieses Kriterium erfüllen, ist es notwendig, eine ‚Konstruktionsanleitung' für eine inkrementell wachsende Referenzmenge anzugeben, welche zu jeder beliebigen Zahl in ihrer Mengenrepräsentation eine Nachfolgermenge konstruiert. Bevor ich jedoch auf diese Nachfolgerkonstruktion näher eingehe, werde ich zunächst den damit eng verbundenen Unterschied der Zahlenkonstruktion bei FREGE und RUSSELL erläutern.

FREGE wählte als Basiselemente seiner logischen Referenzmenge wiederum Mengen. Er definierte zunächst 0 als die Menge aller Mengen, die ähnlich sind mit der Menge der Objekte, welche nicht mit sich selbst identisch sind – also, einfacher ausgedrückt, als die Menge, die nur die leere Menge enthält, $\{\emptyset\}$. 1 definierte er als die Menge aller Mengen, die ähnlich sind zu der Menge, deren einziges Element die vorher definierte 0 ist, also $\{0\}$. 2 ist dann entsprechend definiert als die Menge aller Mengen, die ähnlich sind zur Menge, die die Elemente 0 und 1 enthält, $\{0,1\}$ &c. Betrachtet man die entsprechend gebildete Referenzmenge für die Zahl 3, $\{0,1,2\}$, ergibt sich in der ausführlichen Form: $\{\{\emptyset\},\{\{\emptyset\}\},\{\{\emptyset\},\{\{\emptyset\}\}\}\}$

Anders als später RUSSELL schlußfolgerte FREGE aus der von ihm selbst gezeigten prinzipiellen logischen Konstruierbarkeit der Kardinalzahlen jedoch interessanterweise nicht, daß deren metaphysischer Status in Frage gestellt werden sollte. Für ihn blieben die Kardinalzahlen nach wie vor Namen für logische Objekte oder, wie FREGE es formulierte, ‚logische Gegenstände'. So kommentiert MEIXNER in *Nominalistischer Logizismus*:

> Nach gewöhnlicher Auffassung ist die Arithmetik – darunter verstehe ich hier allein die Arithmetik der natürlichen Zahlen – eine Theorie über spezifische Objekte (Objekte seien hier *per se* nichtsprachliche Individuen), eben die natürlichen Zahlen. [...] Auch Frege war dieser Ansicht. Um so überraschender ist es, daß er außerdem Logizist war. Ist nämlich die Arithmetik ein Zweig der Logik, so sollte sie eigentlich nicht von spezifischen Objekten handeln, denn die Logik tut das ja insgesamt nicht. In ihr geht es um die analytischen Gesetze für logische Konstanten, und der Sinn der logischen Konstanten hat doch

28 KAPITEL 2. RUSSELLS PHILOSOPHIE DER MATHEMATIK

nichts mit einem bestimmten Objektbereich zu tun.
— MEIXNER in [22], S. 460.

RUSSELL wollte vermeiden, derart komplexe Hierarchien von Mengen aufzubauen. Als er 1901 – noch ohne Kenntnis von FREGES Werk – seine Definition der Kardinalzahlen vornimmt, definiert auch er zunächst 0, wie FREGE, als die Menge aller Mengen, die ähnlich sind zur Menge der Objekte, welche nicht mit sich selbst identisch sind. Er greift für die größeren Zahlen jedoch nicht auf Mengenhierarchien als Elemente der Referenzmenge zurück, sondern baut diese mit *Individuen* auf, welche, wie noch zu sehen sein wird, von Mengen grundverschieden sind. 1 definiert RUSSELL als die Menge aller Mengen, welche genau ein Element enthalten, welches in der Referenzmenge zur 0 nicht vorhanden war; 1 ist also die Menge der n Mengen, die jeweils eines der n Individuen des Universums enthalten. Analog definiert er jede natürliche Zahl i als die Menge aller $\binom{n}{i}$ ($= \frac{n}{i!(n-i)!}$) Mengen, welche genau ein Element mehr enthalten als die Mengen, welche den Vorgänger $i-1$ der Zahl gebildet haben.

Zur Illustration von RUSSELLS Methode kann man sich ein Universum mit drei Individuen A, B und C vorstellen. 0 ist die leere Menge. 1 ist definiert als die Menge der drei Mengen, die jeweils ein Element enthalten, also $\{\{A\}, \{B\}, \{C\}\}$. 2 ist dann entsprechend die Menge der drei Paare $\{\{A,B\}, \{B,C\}, \{A,C\}\}$ und 3 die Menge aller Tripel, also $\{\{A,B,C\}\}$. Hier wird dann auch die entscheidende Schwachstelle von RUSSELLS Zahlendefinition offensichtlich: In der Mathematik gibt es unendlich viele natürliche Zahlen, RUSSELL braucht jedoch auch entsprechend viele Individuen, um eine solche Zahl konstruieren zu können, da in einem Universum mit nur n Individuen n auch die größte mögliche, mit diesem System noch konstruierbare natürliche Zahl ist.[10]

RUSSELLS Lösung dieses Problems ist so einfach wie unbefriedigend: Er erweitert sein System um ein weiteres Axiom, das *Unendlichkeitsaxiom* (*Axiom of Infinity*), welches voraussetzt, daß es unendlich viele derartige Individuen gibt. Sicherlich ist dieses Axiom in der Praxis ohne größere Bedenken zu akzeptieren, doch es bleibt ein fader Beigeschmack ob der Tatsache, daß es sich dabei nicht um ein logisches, sondern um ein *empirisches* Axiom handelt. Gerade bei einem Vorhaben wie dem Logizismus ist eine solche Voraussetzung ein deutlicher Makel.

Die Zahlendefinition RUSSELLS wirkt zunächst weniger elegant als die

---
[10]Eine formal-logische Darstellung der Konstruktion der Kardinalzahlen findet sich in Anhang A.1.

2.2. DIE LOGISCHE DEFINITION DER KARDINALZAHLEN

von FREGE; darüber hinaus kommt RUSSELL nicht umhin, mit dem empirischen Unendlichkeitsaxiom die logische Basis seines Systems zu erweitern. Der entscheidende Vorteil seiner Vorgehensweise wird jedoch deutlich, wenn man *Russells Paradoxon* und die sich daraus ergebenden Folgen in Betracht zieht. RUSSELL konnte nachweisen, daß die von FREGE verwendeten Mengenhierarchien als logisch inkonsistente Konstruktionen (respektive auf einem logisch inkonsistenten System beruhende Konstruktionen) angesehen werden müssen, die sich in einem konsistenten System überhaupt nicht bilden lassen würden.[11] RUSSELLS logisches System in der späteren Form der *Principia Mathematica* und dessen Zahlenkonstruktion hingegen erweisen sich als logisch konsistent.

RUSSELLS Zahlendefinition muß nun, um ihren Stellenwert für den Logizismus vollständig erfassen zu können, im Licht der auf Seite 16 dieser Arbeit beschriebenen fünf Axiome PEANOS betrachtet werden. PEANO setzte in seiner ursprünglichen Definition noch drei Grundbegriffe als undefinierbar voraus: Die Zahl 0, das Konzept des Nachfolgers einer Zahl sowie den Begriff der natürlichen Zahlen einschließlich 0, N_0. Aus diesen Grundbegriffen ‚entfalten' die Axiome dann die natürlichen Zahlen.

Die natürlichen Zahlen sind jedoch, wie RUSSELL anmerkt, nur *eine* mögliche Interpretation von PEANOS Axiomensystem, da jede mathematische Folge als eine Interpretation dieses Systems angesehen werden kann, wenn die Grundbegriffe entsprechend gewählt werden. PEANO gibt in *Definitionen der Arithmetik* als Definitionen der Grundbegriffe lediglich die umgangssprachlichen Entsprechungen der jeweiligen von ihm verwendeten Zeichen an. (Siehe [24], S. 27.) Durch eine Modifikation dieser Grundbegriffe kann sich der Aufbau der Zahlenreihe signifikant ändern; gibt man als Nachfolger einer Zahl n beispielsweise $n + 2$ an, wird die Menge der natürlichen Zahlen auf die geraden Zahlen abgebildet. Andere Modifikationen an den Grundbegriffen führen zu teilweise deutlich extremeren Konsequenzen. RUSSELL nimmt dies als ein weiteres Argument, die Definition der Grund-

---

[11]Dies wird unter Berücksichtigung von RUSSELLS Typentheorie deutlich, welche ich in Abschnitt 2.5 darlegen werde. Das Problem bei FREGES Ansatz liegt darin, daß die Zahl n eine Menge darstellt, die aus den Zahlen 0 bis $n-1$ besteht; jede dieser Zahlen gehört dabei einem unterschiedlichen Typ an. Läßt man solche Konstruktionen jedoch zu, lassen sich Widersprüche bilden, die die Konsistenz des ganzen auf dieser Zahlenkonstruktion basierenden Systems zerstören. RUSSELLS Typentheorie verhindert das Auftreten dieser Inkonsistenzen, indem sie die Einschränkung macht, daß alle Elemente einer Menge dem gleichen Typ angehören müssen, der zudem noch kleiner sein muß als der der fraglichen Menge selbst.

FREGE versuchte ebenfalls, das Auftreten der Widersprüche in seinem System durch geeignete Maßnahmen zu unterbinden, fand jedoch keinen gangbaren Weg.

30 KAPITEL 2. RUSSELLS PHILOSOPHIE DER MATHEMATIK

begriffe auf einer elementareren Ebene vorzunehmen, die keinen Spielraum mehr für derartige Änderungen läßt – schließlich ist es eine Anforderung an die natürlichen Zahlen, daß sie mit dem *common sense*-Gebrauch übereinstimmen, also die Zahl 20 tatsächlich der Anzahl der Finger und Zehen eines Menschen entspricht. (Siehe [IMP], S. 8f.)

RUSSELLS Vorgehensweise besteht nun im wesentlichen darin, PEANOS Grundbegriffe und Axiome schrittweise zu ‚logifizieren‘, also dessen vorausgesetzte Grundbegriffe *0, Nachfolger* und N_0 auf logische Grundbegriffe zurückzuführen und dessen fünf Axiome aus den logischen Axiomen abzuleiten. Meine folgende Darstellung orientiert sich grob an RUSSELLS wohl populärster Darstellung dieser Materie, dem Kapitel I der *Introduction to Mathematical Philosophy*:

Die Grundbegriffe 0 und Nachfolger lassen sich leicht auf Grundlage der oben skizzierten Zahlenkonstruktion definieren: 0 ist die Menge, deren einziges Element die leere Menge ist. Die Definition des Nachfolgers ist etwas komplexer: Sei n eine beliebige Zahl und $\mathcal{M}$ eine beliebige Menge mit n Elementen, also $\mathcal{M} \in n$. Der Nachfolger n' von n ist damit definiert als die Menge aller Mengen, welche ähnlich $\mathcal{M}'$ sind, wobei sich $\mathcal{M}'$ aus $\mathcal{M}$ durch Hinzufügung eines Individuums a mit $a \notin \mathcal{M}$ ergibt. Die Existenz eines solchen Individuums ist durch das Unendlichkeitsaxiom sichergestellt.

Im nächsten Schritt definiert RUSSELL dann einige Eigenschaften von (Zahl-)Mengen: Er definiert eine beliebige Eigenschaft ϕ einer solchen Menge n als *erblich* (*hereditary*), wenn aus ϕn folgt, daß $\phi(n+1)$ gilt, die Eigenschaft also, falls eine (Zahl-)Menge n sie hat, auch ihrem Nachfolger $n+1$ zukommt. Beispiele für erbliche Eigenschaften sind ‚n ist größer als 100‘ (kommt 101 und allen Nachfolgern von 101 zu) oder ‚n oder $n+1$ ist durch 2 teilbar‘ (kommt allen natürlichen Zahlen zu). Eine verschärfte Form dieser Eigenschaft der Erblichkeit ist die *Induktivität* (*inductivity*) – eine erbliche Eigenschaft ϕ ist genau dann induktiv, wenn ϕ eine erbliche Eigenschaft von 0 ist. Daraus folgt entsprechend, daß eine erbliche Menge, die 0 enthält, ebenfalls induktiv ist.

Daraufhin definiert RUSSELL die *Nachfolgerschaft* (*posterity*; nicht mit dem oben definierten Nachfolger zu verwechseln) einer (Zahl-)Menge n als die Schnittmenge aller erblichen Mengen, deren Element n ist; auch die Nachfolgerschaft von 0 ist damit eine induktive Menge. Auf dieser Basis definiert er dann schließlich die natürlichen Zahlen N_0 als die Nachfolgerschaft von 0.

Damit hat RUSSELL PEANOS drei Grundbegriffe auf rein logische Definitionen zurückgeführt; PEANOS fünf Axiome lassen sich nun im Lichte der Definitionen der Grundbegriffe leicht beweisen:

2.2. DIE LOGISCHE DEFINITION DER KARDINALZAHLEN

1. 0 ist eine natürliche Zahl.

   Dies ergibt sich direkt aus RUSSELLS Definition von N_0, da 0 trivialerweise Element der Nachfolgerschaft von 0 ist.

2. Jeder natürlichen Zahl n ist eine natürliche Zahl n' zugeordnet, die der *Nachfolger* von n genannt wird.

   Ergibt sich direkt aus RUSSELLS Definition des Nachfolgers und seiner Definition von N_0.

3. Sind die natürlichen Zahlen n', m' identisch, so sind auch n, m identisch.

   Beweis: Der *Vorgänger* sei für beliebige Nachfolger definiert als die Umkehrrelation zum Nachfolger: Sei n' ein beliebiger Nachfolger und $\mathcal{M}'$ eine beliebige Menge mit n' Elementen, also $\mathcal{M}' \in n'$. Der Vorgänger n von n' ist damit definiert als die Menge aller Mengen, welche ähnlich $\mathcal{M}$ sind, wobei $\mathcal{M}$ aus $\mathcal{M}'$ durch Entfernung eines Individuums a mit $a \in \mathcal{M}'$ gebildet wird. Damit ergibt sich für beliebige Nachfolger n', m' mit $n' = m'$, daß deren Vorgänger n, m exakt ein Element weniger umfassen als n' bzw. m'. Damit sind n und m jedoch gleichzahlig, also gilt $n = m$.

4. 0 ist kein Nachfolger einer natürlichen Zahl.

   Beweis: Jeder Nachfolger hat laut Definition ein Element mehr als sein Vorgänger; eine Menge kann jedoch nicht weniger als null Elemente (entsprechend der leeren Menge als einzigem Element der 0) haben. Also ist 0 kein Nachfolger.

5. Enthält eine Menge N natürlicher Zahlen die Zahl 0 und folgt aus $n \in N$ stets $n' \in N$, so besteht N aus allen natürlichen Zahlen.

   Dies ergibt sich ebenfalls direkt aus RUSSELLS Definition von N_0; die hier postulierte Erblichkeit bildet ja gerade die Grundlage der Definition.

Die streng formale Ausarbeitung dieser Konstruktion der Kardinalzahlen, vorgelegt in der *Principia Mathematica*, bildet das Kernstück von RUSSELLS Logizismus. Sie stellt eine *logische Interpretation* von PEANOS Axiomen dar, die neben den schon angesprochenen Vorteilen für die logische Begründung der Mathematik auch noch mit der *common sense*-Auffassung der Zahlen übereinstimmt.[12] Mit RUSSELLS Konstruktion der Kardinalzahlen ist also CARNAPS erste oben dargelegte Teilthese erfüllt: Die mathematischen Begriffe sind definitorisch aus den logischen Begriffen ableitbar.

CARNAPS zweite Teilthese des Logizismus läuft darauf hinaus, daß sich jedes mathematische Theorem – zumindest theoretisch – als logischer Ausdruck darstellen lassen muß, indem die in ihm enthaltenen Definitionen in die Logik ‚zurückübersetzt' werden. Dies bezieht sich also nicht nur auf die mathematischen Grundbegriffe, sondern auch auf die Verknüpfungen und Operationen innerhalb der Mathematik. Diese lassen sich in der Mathematik definitorisch auf Beziehungen zwischen Kardinalzahlen zurückführen – und über den Weg dieser Beziehungen kann dann entsprechend auch wieder eine logische Repräsentation konstruiert werden. Dank der schon beschriebenen Vorarbeit innerhalb der Mathematik läßt sich diese Anforderung in der Theorie erfüllen. Deutlich wird dies innerhalb der *Principia Mathematica*, wo der umgekehrte Weg beschritten wird, also keine Analyse derartiger mathematischer Ausdrücke stattfindet, sondern – ausgehend von den logischen Grundlagen – eine Synthese vorgenommen wird. Die Definitionen bei der Durchführung dieser Konstruktion innerhalb der *Principia Mathematica* lassen sich für beliebige gegebene Ausdrücke rückgängig machen, wobei am Ende eines solchen Prozesses ein rein logischer Ausdruck stehen wird, welcher eine äquivalente Repräsentation des ursprünglichen Ausdrucks auf der Grundlage rein logischer Begriffe darstellt.[13]

---

[12]Wie HOCHBERG in *Russell's Reduction of Arithmetic to Logic* [17] ausführt, ist die eigentliche *Bedeutung* der Zahlen und mathematischen Begriffe im alltäglicher Gebrauch, aber auch in PEANOS und in RUSSELLS System immer unterschiedlich. Es handelt sich demnach um drei voneinander unabhängige Systeme mit jeweils unterschiedlichen Regeln und Voraussetzungen.

Was RUSSELL nun laut HOCHBERG gemacht hat, ist auf der Grundlage seines Systems eine Interpretation verschiedener Aspekten von PEANOS System vorzulegen, um damit metaphysische Probleme im Zusammenhang mit der alltäglichen Auffassung der Mathematik im weitesten Sinne zu lösen. Folgt man HOCHBERG hier, kann dies als ein weiteres Indiz dafür gesehen werden, daß die logische Analyse augenscheinlich eher einfacher Komplexe diese überhaupt erst hinsichtlich ihrer vielfältigen Implikationen verständlich macht.

[13]Die theoretische Machbarkeit einer solchen Rückübersetzung – auch außerhalb eines so komplexen Systems wie der *Principia Mathematica* – wird deutlich, wenn man sich vor Augen führt, daß jeder Taschenrechner und Computer im Endeffekt nichts anderes macht, als komplexe mathematische Berechnungen auf einer rein logischen Grundlage vorzunehmen; die Rückführung auf die Logik ist hier nurmehr Mittel zum Zweck. Damit ist ein anschaulicher Nachweis dafür erbracht, daß zumindest diejenigen mathematischen Gebiete, die sich heute exakt – heuristische Verfahren hier natürlich ausgeschlossen – mit Computern berechnen lassen, diese zweite Anforderung erfüllen. Daß diese Rückführung nicht unbedingt der RUSSELLSCHEN Methode folgt und es auch hinsichtlich der einfachen Grundbegriffe und der Zahlendarstellung Unterschiede gibt, ist hier nicht von Relevanz.

2.3 Die Kennzeichnungstheorie

Eine der wohl unbestreitbar wichtigsten Innovationen RUSSELLS auf dem Gebiet der Logik und Sprachphilosophie ist seine *Kennzeichnungstheorie (Theory of Descriptions)*, die er erstmals 1905 in *On Denoting* beschrieb.[14] Die in der Kennzeichnungstheorie vorgenommene Unterscheidung zwischen der *grammatischen Form* und der *logischen Form* ist in ihrer Relevanz für die Entwicklung der analytischen Philosophie kaum zu überschätzen.

Das grammatische Subjekt einer sprachlichen Aussage wird oft nicht *benannt*, sondern vielmehr *beschrieben*. Typische Beispiele für Aussagen dieser Art sind „alle Planeten haben eine Masse", „einige Sonnensysteme haben zwei Sonnen" und „der Vater Charles' II. starb auf dem Schafott". RUSSELLS Kennzeichnungstheorie dient der Analyse von Beschreibungen wie der im letzten Beispielsatz, also solchen, die nicht auf alle oder einige Objekte eines Gegenstandsbereiches zutreffen, sondern sich auf exakt ein Objekt zu beziehen scheinen.[15] Beschreibungen dieser Art werden von RUSSELL *bestimmte Beschreibungen (definite descriptions)* genannt.[16] Eine solche Beschreibung ist ausschließlich aufgrund ihrer sprachlichen *Form* eine bestimmte Beschreibung; es ist dabei zunächst unerheblich, ob sie sich auch in der Empirie nur auf ein einziges Objekt bezieht. So muß auch das grammatische Subjekt einer Aussage wie „der Einwohner von London trägt einen Hut" als bestimmte Beschreibung betrachtet werden, obgleich sich diese nicht auf nur ein bestimmtes Objekt bezieht: Jede Beschreibung der Form ‚der, die, das so-und-so' mit einem bestimmten Artikel im Singular wird also von RUSSELL als bestimmte Beschreibung angesehen.

Betrachtet man den Satz „der gegenwärtige König von Frankreich ist kahl", scheint es, als würde eine Aussage über ein Objekt (den gegenwärtigen König von Frankreich) gemacht, nämlich die, daß es eine Glatze hat. Nun gibt es aber zur Zeit keinen König von Frankreich. Auf was bezieht sich also die bestimmte Beschreibung ‚der gegenwärtige König von Frankreich'?

---

[14]Aufgrund der zentralen Stellung dieser Theorie für RUSSELLS Philosophie hat er sie auch in späteren Werken noch verschiedentlich erläutert, wobei diese Fassungen meist leichter verständlich sind als die von 1905. Besonders herauszustellen sind hier seine diesbezüglichen Ausführungen in [PM], [PLA] und [IMP]. Am eigentlichen Inhalt der Kennzeichnungstheorie nahm RUSSELL jedoch keine signifikanten Änderungen mehr vor.

[15]Eine Formalisierung der anderen Beschreibungstypen mittels der logischen Quantoren wurde bereits von PEANO (und, wie beide zu dem Zeitpunkt noch nicht wußten, schon Jahre zuvor von FREGE) vorgenommen; RUSSELLS Auffassung der logischen Form derartiger Beschreibungen stimmte mit der PEANOS überein.

[16]Der Ausdruck ‚definite description' wird auch häufig mit ‚bestimmte Kennzeichnung' oder ‚definite Kennzeichnung' übersetzt.

34   KAPITEL 2. RUSSELLS PHILOSOPHIE DER MATHEMATIK

Und ist die Aussage „der gegenwärtige König von Frankreich ist kahl" entsprechend wahr oder falsch?[17] Der zunächst von RUSSELL in den *Principles* beschrittene Weg zur Lösung dieses Problems entspricht im wesentlichen dem des österreichischen Philosophen MEINONG und besteht vereinfacht dargestellt darin, mehrere Abstufungen von Existenz anzunehmen. Entsprechend unterschied RUSSELL noch 1903 zwischen *Sein (being)* und *Existenz (existence)*:

> *Being* is that which belongs to every conceivable term, to every possible object of thought—in short to everything that can possibly occur in any proposition, true or false, and to all such propositions themselves. [...] If A be any term that can be counted as one, it is plain that A is something, and therefore that A is. "A ist not" must always be either false or meaningless. [...] Thus being is a general attribute of everything, and to mention anything is to show that it is.
>
> *Existence*, on the contrary, is the prerogative of some only amongst beings. To exist is to have a specific relation to existence [...] This distinction [between existence and being] is essential, if we are ever to deny the existence of anything. For what does not exist is something, or it would be meaningless to deny its existence.
> — [POM], §427.

Dieser Theorie folgend bezöge sich die bestimmte Beschreibung ‚der gegenwärtige König von Frankreich' in der Tat auf ein Objekt, welches jedoch nicht *existiert*, sondern eine Art Zwischenzustand hat, *subsistiert*; diese Theorie ist jedoch, gerade was ihre Konsequenzen für die formal-logische Behandlung ihres Gegenstandsbereiches angeht, wenig befriedigend und wurde später von RUSSELL verworfen. Dies wird von QUINE 1966 in *Russell's Ontological Development* folgendermaßen gewürdigt:

> Russell's abandonment of the term 'subsistence' was an improvement. It is a quibbeling term; its function is to limit existence verbally to space-time and so divert attention from ontological commitments of other than spatiotemporal kind. Better to acknowledge all posits under an inclusive and familiar heading.
> — QUINE in [28], S. 10.

Bevor RUSSELL jedoch mit der Kennzeichnungstheorie eine völlig neue Lösung dieser Problematik vorlegen konnte, wandte er sich auch FREGES

---

[17]Wie RUSSELL in einem Seitenhieb gegen die Hegelianer anmerkt, würden diese mit ihrer Liebe zur Synthese wohl folgern, daß er eine Perücke trägt. (Siehe [OD], S. 48.)

2.3. DIE KENNZEICHNUNGSTHEORIE 35

Lösungsansatz zu, der mit seiner Unterscheidung von *Sinn* (bei RUSSELL: *meaning*) und *Bedeutung* (bei RUSSELL: *denotation*) solcher Phrasen das Problem zwar auf eine andere Ebene verschob, jedoch auch nicht ohne die Voraussetzung einer ‚dritten Welt' objektiver Gedankeninhalte auskam.[18] ‚Der gegenwärtige König von Frankreich' hätte damit zwar, um mit FREGE zu sprechen, keine Bedeutung, aber durchaus einen objektiven Sinn.

Mit der Kennzeichnungstheorie wendet RUSSELL nun Ockham's Razor an und entwirft ein System, welches ohne die zuvor postulierte Schein- oder Halbexistenz bzw. FREGES zwei Bedeutungsebenen auskommt und dabei dennoch keine Einschränkungen hinsichtlich seiner Aussagekraft erfährt:

> [...] a denoting phrase is essentially *part* of a sentence, and does not, like most single words, have any significance on its own account. If I say 'Scott was a man', this is a statement of the form 'x was a man', and it has 'Scott' for its subject. But if I say 'the author of *Waverley* was a man', that is not a statement of the form 'x was a man', and does not have 'the author of *Waverley*' for its subject.
> — [OD], S. 51.

Nach RUSSELL sind bestimmte Beschreibungen *unvollständige Symbole* (*incomplete symbols*) und als solche für sich genommen völlig bedeutungslos – ‚der gegenwärtige König von Frankreich' ist damit nicht mehr als eine Wortfolge, die sich auf nichts bezieht. Auch die bestimmte Beschreibung der Aussage „der höchste Berg der Erde befindet sich in der nördlichen Hemisphäre" hat für sich genommen keinerlei Bedeutung, obgleich es hier im Gegensatz zum vorigen Beispiel tatsächlich ein entsprechendes Denotat gäbe.

Bestimmte Beschreibungen sind also nur scheinbar eigenständige Komponenten von Aussagen; in der korrekten logischen Analyse eines Satzes werden sie aufgebrochen und verschmelzen mit dem Rest der Aussage, verlieren ihre oberflächliche, durch die Sprache suggerierte Eigenständigkeit.

Statt nun auf der formalen Ebene mit eher problematischen bedeutungstragenden Konstanten zu operieren, führt RUSSELL an der Stelle der denotierenden Phrase der logischen Aussage eine bedeutungsfreie Variable ein. Eine erste Formalisierung der Aussage „der gegenwärtige König von Frankreich ist kahl" könnte also so aussehen: „Es gibt ein x mit folgenden Eigenschaften: x ist der gegenwärtige König von Frankreich und x ist kahl". Es ist unschwer zu erkennen, daß die bestimmte Beschreibung in dieser Formalisierung nicht

---

[18]Eine ausführliche Diskussion von RUSSELLS Ansichten zur Bedeutungstheorie bis zur Entwicklung seiner Kennzeichnungstheorie findet sich beispielsweise bei REHKÄMPER in [32].

36   KAPITEL 2. RUSSELLS PHILOSOPHIE DER MATHEMATIK

mehr explizit vorkommt, sondern als eine *Eigenschaft* in Kombination mit der quantifizierten Variable in ihr aufgegangen ist. Damit wird der auf der sprachlichen Ebene augenscheinlich singuläre Satz in der Analyse zu einem generellen Satz, der Aussagen über alle Objekte des Universums macht.

Diese Formalisierung ist jedoch noch unvollkommen; sie spiegelt nicht angemessen die interne logische Struktur der bestimmten Beschreibungen wider. Oben wurden bestimmte Beschreibungen zunächst lediglich aufgrund ihrer Form definiert; jede korrekt gebildete Phrase der Form ‚der, die, das so-und-so' ist demnach eine bestimmte Beschreibung. In der Anwendung müssen jedoch drei Fälle unterschieden werden: Bestimmte Beschreibungen können auf gar keinen, genau einen oder auch mehrere Gegenstände zutreffen. ‚Der gegenwärtige König von Frankreich' trifft auf nichts zu, ‚der höchste Berg der Erde' trifft auf genau ein Objekt zu und ‚der Einwohner von London' auf mehrere Objekte. Die intendierte Funktion der bestimmten Beschreibung entspricht jedoch nur dem zweiten Fall, es soll auf genau ein Objekt verwiesen werden. Dies läßt sich an folgendem Beispielsatz anschaulich darlegen: „Der Autor von *Waverley* existiert." In der logischen Formalisierung wird die dem grammatischen Subjekt entsprechende Eigenschaft, nämlich ‚der Autor von *Waverley* sein' – im folgenden von mir *Eindeutigkeitsbedingung* genannt – mittels einer Kombination von Bedingungen dargestellt: Die Eindeutigkeitsbedingung trifft auf *mindestens* ein Objekt zu (womit der erste Fall ausgeschlossen wird) und die Eindeutigkeitsbedingung trifft auf *höchstens* ein Objekt zu (womit der dritte Fall ausgeschlossen wird) – die Konjunktion der beiden Bedingungen ergibt, daß die Eindeutigkeitsbedingung auf exakt ein Objekt zutrifft. Träfe die erste Bedingung nicht zu, gäbe es gar keinen Autor von *Waverley*; hätten hingegen mehrere Personen *Waverley* geschrieben, gäbe es nicht *den* Autor. Diese zweite Bedingung läßt sich logisch so darstellen: „Haben x und y *Waverley* geschrieben, dann ist x identisch mit y, was auch immer x und y sein mögen." Kombiniert mit der ersten Bedingung ergibt sich also folgende Formalisierung für den Beispielsatz:

$$'x \text{ schrieb } Waverley \mathbin{.} \equiv_x \mathbin{.} x = c' \text{ ist erfüllbar hinsichtlich } c. \quad (2.1)$$

Oder in der vollständig formalisierten Form, die Eindeutigkeitsbedingung mit ϕ symbolisiert:

$$(\exists c) : \phi x \mathbin{.} \equiv_x \mathbin{.} x = c \quad (2.2)$$

Nach RUSSELL ist dies die einfachste Formel, die den an die bestimmten

2.3. DIE KENNZEICHNUNGSTHEORIE

Beschreibungen gestellten Anforderungen genügt.[19] (Siehe [PLA], S. 249.)

Nun ist es jedoch außerhalb der Philosophie nur vergleichsweise selten der Fall, daß man lediglich die Existenz von Objekten behauptet; meist sagt man darüber hinaus etwas über diese Objekte aus, spricht ihnen also Eigenschaften oder Relationen zu anderen Objekten zu oder ab. Will man so beispielsweise formalisieren, daß der Autor von *Waverley* Schotte ist, so ist die Existenz des einen Autors von *Waverley* immer logischer Bestandteil der komplexeren Aussage. Gibt es den einen Autor nicht, ist die Aussage falsch.[20] Die weitere Eigenschaft, also die, daß das Objekt Schotte ist (formalisiert durch ψ), wird bei der obigen Formel im Gültigkeitsbereich des Existenzquantors ergänzt:

$$(\exists c) : \phi x . \equiv_x . x = c : \psi c \qquad (2.3)$$

Um die Arbeit mit bestimmten Beschreibungen auf der logischen Ebene zu erleichtern, führt RUSSELL eine Kurzform für dieses Eindeutigkeitskriterium ein, den ι-Operator. Folgende Formel definiert er als zur letzten Formel äquivalent:

$$\psi(\iota x)(\phi x) \qquad (2.4)$$

Der Formelbestandteil $(\iota x)(\phi x)$ entspricht der Formel 2.2, ohne jedoch,

---

[19]Der Zusammenhang zwischen den oben beschriebenen Bedingungen für das Verweisen auf genau einen Gegenstand und der logischen Formalisierung RUSSELLS erschließt sich nicht sofort. Aus diesem Grund führe ich in Anhang A.2 einen Beweis der Äquivalenz von RUSSELLS Formel zu einer intuitiv verständlichen Formalisierung der obigen Kriterien.

[20]Der Vollständigkeit halber sei noch erwähnt, daß RUSSELL zwischen einem *primären* und einem *sekundären* Vorkommen der bestimmten Beschreibungen in Aussagen unterscheidet. Der Standardfall ist das primäre Vorkommen; so sind auch alle entsprechenden Vorkommen in den Beispielsätzen dieses Kapitels primär. Ein sekundäres Vorkommen liegt in Aussagen wie „ich denke, daß Scott der Autor von *Waverley* ist" vor, die in erster Linie keine Aussagen *über* das beschriebene Objekt selbst sind; solche Aussagen implizieren nicht die Existenz des Objekts.

Ein schönes Beispiel gibt AYER: „Ich weiß nicht, ob Stalin Lenins Mörder war." Ist das Vorkommen von ‚Lenins Mörder' hier primär, impliziert die Aussage, daß der Sprecher der Ansicht ist, daß Lenin ermordet wurde; ist sie sekundär, weiß der Sprecher weder ob er ermordet wurde noch, falls er ermordet wurde, ob Stalin der Mörder ist. (Siehe [1], S. 34f.) Die logische Analyse dieser Aussage führt zwangsläufig zu einer Auflösung der Ambiguität.

Daß RUSSELLS Ausführungen zur Unterscheidung von primären und sekundären Vorkommen von bestimmten Beschreibungen nicht immer konsistent sind, hat CASSIN anschaulich in [7] dargelegt; da ich dieses Thema an dieser Stelle nicht näher diskutieren möchte, sei auf CASSINS Essay verwiesen.

38   KAPITEL 2. RUSSELLS PHILOSOPHIE DER MATHEMATIK

wie diese, die Existenz dieses Objekts zu behaupten; es handelt sich dabei also um ein unvollständiges Symbol. Die Existenzbehauptung ist, wie bereits angesprochen, Bestandteil aller Aussagen *über* dieses Objekt, also auch Bestandteil der Formel 2.4. Möchte man jedoch mittels des ι-Operators tatsächlich nur die Existenz des einen Objekts behaupten, muß man den Ausdruck um eine explizite Existenzbehauptung ergänzen. Die Aussage besagt dann, daß es exakt ein Objekt x gibt, welches die Eindeutigkeitsbedingung ϕ erfüllt:

$$\text{E!} \; (\iota x)(\phi x) \tag{2.5}$$

Aussagen des Typs 2.4 können nun aufgrund von zwei verschiedenen Umständen falsch sein: Einerseits kann die Eindeutigkeitsbedingung, repräsentiert durch den ι-Operator, verletzt sein. Dies ist der Fall, wenn es keines oder aber mehrere Objekte mit der Eigenschaft ϕ gibt, wenn also 2.5 falsch wäre. Der andere Fall ist der, daß es das eine Objekt mit der Eigenschaft ϕ zwar gibt, dieses aber nicht auch die Eigenschaft ψ hat. RUSSELL illustriert diese Möglichkeiten anschaulich mit folgendem Beispiel:

> "The author of Waverley was a poet." This implies (1) that Waverley was written, (2) that it was written by one man, and not in collaboration, (3) that the one man who wrote it was a poet. If any of these fails, the proposition is false. Thus "the author of 'Slawkenburgius on Noses' was a poet" is false, because no such book was ever written; "the author of 'The Maid's Tragedy' was a poet" is false, because this play was written by Beaumont and Fletcher jointly. These two possibilities of falsehood do not arise if we say "Scott was a poet."
> — [PM], S. 68.

Ähnliche Überlegungen finden sich bereits 1892 bei FREGE in *Über Sinn und Bedeutung*. Wenn er im folgenden Zitat auch von einem Eigennamen ausgeht, so läßt sich das Beispiel doch problemlos auf eine bestimmte Beschreibung (bei FREGE: ‚zusammengesetzter Eigenname') übertragen. FREGES ‚Bedeutung' eines Eigennamens entspricht übrigens dem Denotat bei RUSSELL, wenn auch viele andere Aspekte ihrer Theorien sehr unterschiedlich sind:[21]

---

[21] Bei GEACH findet sich in *Russell on Meaning and Denoting* eine kurze und prägnante Schilderung der Übereinstimmungen zwischen RUSSELLS und FREGES Nomenklatur:

> A proposition (*Gedanke*) that corresponds to a sentence with a definite description in it will have the meaning (*Sinn*) of that description as a constituent part, but will not be *about* that meaning, but *about* the object that

2.3. DIE KENNZEICHNUNGSTHEORIE 39

> Wenn man etwas behauptet, so ist immer die Voraussetzung selbstverständlich, daß die gebrauchten einfachen oder zusammengesetzten Eigennamen eine Bedeutung haben. Wenn man also behauptet „Kepler starb im Elend", so ist dabei vorausgesetzt, daß der Name „Kepler" etwas bezeichne. [... Also] müßte die Verneinung nicht lauten
>
> „Kepler starb nicht im Elend",
>
> sondern
>
> „Kepler starb nicht im Elend, oder der Name ‚Kepler' ist bedeutungslos".
>
> Daß der Name „Kepler" etwas bezeichne, ist vielmehr Voraussetzung ebenso für die Behauptung
>
> „Kepler starb im Elend"
>
> wie für die entgegengesetzte.
>
> — FREGE in [10], S. 54f.

Daß Namen und bestimmte Beschreibungen – um hier bei RUSSELLS Sprachgebrauch zu bleiben – unter gewissen Umständen nicht denotieren, wird also auch bei FREGE in Betracht gezogen. Dieser klammert solche Fälle jedoch explizit aus, indem er das Denotieren derartiger Bestandteile von Behauptungen als explizite Voraussetzung seines Systems aufführt. Aussagen wie „der gegenwärtige König von Frankreich ist weise" oder „der gegenwärtige König von Frankreich ist nicht weise" wären für FREGE also nicht falsch, sondern sinnlos, da sie im Rahmen seines Systems keine korrekten Behauptungen darstellen.[22] Hier wird auch deutlich, daß RUSSELL und FREGE entgegengesetzte Wege einschlagen: Während FREGE Beschreibungen quasi als Eigennamen betrachtet und auch auf deren Funktion reduzieren möchte, versucht RUSSELL, den Eigennamen in seiner Anwendung so weit wie möglich einzuschränken; dies wird auf den folgenden Seiten noch deutlich werden. FREGE orientiert sich damit an einer weitestgehend festen Ontologie, während RUSSELL so allgemein wie irgend möglich bleiben will.

---

the description denotes (*bedeutet*).

— GEACH in [12], S. 210.

[22]Wie AYER anmerkt, wären derartige Sätze in FREGES System, soweit man die Voraussetzung der garantierten Bedeutungshaftigkeit außer acht läßt, sogar generell wahr, da der Aussagebestandteil ‚der gegenwärtige König von Frankreich' die leere Menge denotiert und diese bekanntlich Element jeder Menge, also in diesem Fall sowohl der Menge der weisen wie auch der der nicht weisen Objekte ist. (Siehe [1], S. 32.)

40   KAPITEL 2. RUSSELLS PHILOSOPHIE DER MATHEMATIK

Bei der Verwendung eines Eigennamens an Stelle der bestimmten Beschreibung in einer Aussage ergibt sich, wie im vorletzten Zitat auf Seite 38 dieser Arbeit bereits angedeutet wurde, bei RUSSELL ein völlig anderes Bild als bei Frege, denn „Scott ist menschlich" läßt sich nur auf eine Art widerlegen: Wenn Scott *nicht* menschlich ist. Die Verwendung des Eigennamens garantiert die Existenz des Objekts; er hat damit *per se* eine Bedeutung, nämlich sein Denotat:

> [...] This distinguishes such [incomplete] symbols from what (in a generalized sense) we may call *proper names*: "Socrates," for example, stands for a certain man, and therefore has a meaning by itself, without the need for any context. If we supply a context, as in "Socrates is mortal," these words express a fact of which Socrates himself is a constituent: there is a certain object, namely Socrates, which does have the property of mortality, and this object is a constituent of the complex fact which we assert when we say "Socrates is mortal."
> — [PM], S. 66.

Dies wirft jedoch die Frage auf, wie solche Eigennamen wie ‚Romulus' oder ‚Yorick' in dieses Schema passen, da bei diesen die Frage nach einem Denotat ja durchaus problematisch erscheint.

RUSSELLS Antwort darauf ist, daß es sich bei derartigen Namen nicht um Eigennamen im logischen Sinne handelt, sondern vielmehr um Kurzformen von Beschreibungen. Die falsche Aussage „Yorick existiert" ist nur deswegen sinnvoll, weil ‚Yorick' hier nicht als Eigenname, sondern als Abkürzung für eine bestimmte Beschreibung verwendet wird. Wäre ‚Yorick' ein Eigenname, könnte die Aussage nicht falsch sein; sie wäre vielmehr sinnlos, weil ‚Yorick' kein Denotat hat. In den Fällen, in denen ein Eigenname als nichtlogischer oder ‚uneigentlicher' Eigenname verwendet wird, haben wir es also in Wirklichkeit mit einer versteckten Beschreibung zu tun, welche die hervorstechendste logische Eigenschaft des Eigennamens, nämlich das direkte Verweisen auf einen tatsächlich existierenden Gegenstand, nicht hat. Vielmehr ist die Funktion solcher Eigennamen im Gebrauchskontext analog der der oben beschriebenen bestimmten Beschreibungen; dazu ein Beispiel: „Yorick ist ein Däne" darf also nicht als ψa, (mit a als Konstante für Yorick und ψ als Eigenschaft für ‚ist ein Däne') formalisiert werden. Die nach RUSSELL korrekte Form ist vielmehr $\psi(\iota x)(\phi x)$, wobei die Eindeutigkeitsbedingung ϕ flexibel und gerade so umfassend ist, daß das fragliche Objekt damit von allen anderen Objekten abgehoben werden kann.[23] Schlimmstenfalls ent-

---

[23]Siehe dazu auch das Zitat auf Seite 94 dieser Arbeit.

2.3. DIE KENNZEICHNUNGSTHEORIE   41

spräche ‚Yorick' also sogar einer Beschreibung wie ‚die Person, die ‚Yorick'
genannt wurde.'[24]

Ein weiterer Vorteil von RUSSELLS Kennzeichnungstheorie ist der Umstand, daß sie verstehen hilft, weshalb Aussagen wie „Scott ist der Autor von *Waverley*", die ja eine Identität zu behaupten scheinen, sinnvoll sind. ‚Scott' als Eigenname hat ein Denotat; hätte ‚der Autor von *Waverley*' ebenfalls ein Denotat, müßte dieses – so sollte man annehmen – mit dem von ‚Scott' identisch sein, nämlich die Person Scott. Dann wäre die Aussage jedoch eine Tautologie wie „Scott ist Scott" und könnte keinen Erkenntnisgewinn bringen.[25] Mit der Kennzeichnungstheorie jedoch wird klar, daß die logische Funktion einer solchen Aussage nicht darin besteht, eine Identität zwischen zwei Entitäten auszudrücken, sondern vielmehr darin, dem Denotat Scott (s) eine Eigenschaft, nämlich der (einzige) Autor von *Waverley* zu sein (ϕ), zuzuschreiben:

$$s = (\iota x)(\phi x) \tag{2.6}$$

Die Kennzeichnungstheorie hilft auch, die korrekte Verwendung des Wortes ‚Existenz' zu verstehen. Wie auf Seite 34 dieser Arbeit angesprochen, unterschied RUSSELL zunächst mehrere Stufen von Existenz und beschrieb diese auch als eine Eigenschaft bzw. Relation: „To exist is to have a specific relation to existence [...]" ([POM], §427) Mit der Kennzeichnungstheorie ist RUSSELL jedoch in der Lage, die Bedeutung von ‚Existenz' auf eine Eigenschaft von Aussagefunktionen zurückzuführen:

> The theory also threw light upon what is meant by 'existence'. 'The author of *Waverley* exists' means 'there is a value of c for which the propositional function "x wrote *Waverley*" is always equivalent to "x is c" is true'. Existence in this sense can only be asserted of a description and, when analysed, is found to be a case of a propositional function being true of at least one value of the variable.
> — [MPD], S. 84f.

---

[24]QUINE geht sogar noch einen Schritt weiter, indem er als Kurzform für (‚echte' wie auch uneigentliche) Eigennamen eine Eigenschaft einführt, deren Bezeichnung er aus dem Namen herleitet. In diesem Beispiel könnte das ϕ mit ‚yorickisiert' beschrieben werden. Siehe dazu QUINE in [26], S. 7f. Hinsichtlich der Implikationen von QUINES These siehe auch Abschnitt 3.2 dieser Arbeit.

[25]Bei FREGE ergibt sich der Erkenntnisgewinn durch den Umstand, daß die beiden sprachlichen Formen zwar eine in FREGESCHER Terminologie identische Bedeutung haben – Scott –, sich der objektive Sinn der Ausdrücke aber unterscheidet.

Diese Analyse zeigt auch, daß es unsinnig ist, von Dingen zu sagen, daß sie existieren:

> [...] the actual things that there are in the world do not exist, or, at least, that is putting it too strongly, because that is utter nonsense. To say that they do not exist is strictly nonsense, but to say that they do exist is also strictly nonsense.
> — [PLA], S. 233.

Hierbei wird zudem noch einmal der gravierende Unterschied zwischen den direkt denotierenden Namen und den in der Isolation bedeutungslosen bestimmten Beschreibungen deutlich:

> We can say 'the author of *Waverley* exists' and we can say 'Scott is the author of *Waverley*', but 'Scott exists' is bad grammar. It can, at best, be interpreted as 'the person named "Scott" exists', but 'the person named "Scott" ' is a description, not a name. Whenever a name is properly used as a name it is bad grammar to say 'that exists'.
> — [MPD], S. 85.

War RUSSELL also ursprünglich der Meinung, daß ‚Existenz' eine Eigenschaft erster Ordnung ist – das heißt, daß sie Dingen bzw. Individuen zu- oder abgesprochen werden konnte – geht er mit der Kennzeichnungstheorie dazu über, sie als eine Eigenschaft von Aussagefunktionen und damit Elementen höheren Typs anzusehen. Es handelt sich dabei folglich um eine Eigenschaft (oder, um ganz korrekt zu sein, eine unendliche Menge von Eigenschaften), die auf allen Typen ab 2 anzusiedeln ist und sich jeweils auf Aussagefunktionen des nächstniedrigeren Typs bezieht.[26]

2.4 Die Keine-Mengen-Theorie

Mengen sind Konzepte mit einem komplizierten ontologischen Status. In der Mathematik wurden sie vor RUSSELL als undefinierbar angesehen, gehörten also, ähnlich wie die Kardinalzahlen, zu den vorausgesetzten einfachen Objekten. Auch der sprachliche Gebrauch der Mengen-Symbole[27] suggeriert,

---

[26]Mit RUSSELLS Typentheorie werde ich mich in Abschnitt 2.5 intensiver auseinandersetzen.

[27]Zur Vermeidung von Mißverständnissen gebrauche ich in diesem Abschnitt die Bezeichnung *Mengen-Symbol* für den sprachlichen Ausdruck, der auf Mengen referiert.

2.4. DIE KEINE-MENGEN-THEORIE

ähnlich wie bei den bestimmten Beschreibungen, daß Mengen-Symbole denotieren. Demnach müßte es auch Objekte in der Welt geben – Mengen –, auf welche diese Mengen-Symbole verweisen; eine gewisse skeptische Grundhaltung zu dieser Einstellung ist schon in RUSSELLS Vorwort zu seinen *Principles* auszumachen:

> The discussion of indefinables—which forms the chief part of philosophical logic—is the endeavour to see clearly, and to make others see clearly, the entities concerned, in order that the mind may have that kind of acquaintance with them which it has with redness or the taste of a pineapple. Where, as in the present case, the indefinables are obtained primarily as the necessary residue in a process of analysis, it is often easier to know that there must be such entities than actually to perceive them [...] In the case of classes, I must confess, I have failed to perceive any concept fulfilling the conditions requisite for the notion of *class*. And the contradiction discussed in Chapter x. [RUSSELLS Paradoxon] proves that something is amiss, but what this is I have hitherto failed to discover.
>
> — [POM], S. xv–xvi.

Das hier angesprochene Paradoxon, auf welches RUSSELL bei der Arbeit an den *Principles* stieß, ließ die vorherrschende Einstellung zu den Mengen tatsächlich höchst schwierig erscheinen; dieses Thema werde ich ausführlicher in Abschnitt 2.5 behandeln, möchte aber schon vorwegnehmen, daß RUSSELL die Reflexivität von Mengen bzw. Aussagen als den eigentlich problematischen Aspekt in den Paradoxien ausmachen konnte. Eine bestimmte Gruppe von Paradoxien konnte er unter Beibehaltung des Mengenkonzepts mit seiner Einfachen Typentheorie ausräumen; weitere Paradoxien entzogen sich jedoch einer solchen Lösung und machten eine weitere Beschäftigung mit dem Konzept der Menge für RUSSELL unumgänglich, wenn er sein logizistisches Programm nicht – wie FREGE dies angesichts der verheerenden Implikationen der mengentheoretischen Paradoxien tat – einstellen wollte.

Seine Arbeit an der Kennzeichnungstheorie wies RUSSELL schließlich den Weg zu einer umfassenderen Lösung der verschiedenen Paradoxien. Er erkannte, daß Mengen-Symbole, ähnlich wie bestimmte Beschreibungen, zwar sowohl in den normalen Sprachen wie in der Mathematik zu denotieren scheinen, in der logischen Analyse jedoch zwangsläufig eine andere Struktur haben müssen. Dazu schreibt RUSSELL in *My Mental Development*:

> It soon appeared that class-symbols could be treated like descriptions, i.e., as non-significant parts of significant sentences.
>
> — [MD], S. 13.

44 KAPITEL 2. RUSSELLS PHILOSOPHIE DER MATHEMATIK

Einen weiteren Hinweis auf die problematische Natur der Mengen lieferte RUSSELLS Auseinandersetzung mit einem Beweis von CANTOR, der zeigte, daß es keine größte Kardinalzahl geben kann. Geht man nämlich davon aus, daß Mengen tatsächlich existieren, jedes sprachliche Mengen-Symbol also ein Denotat hat, führt dies zu Widersprüchen:

> A class of n terms has 2^n sub-classes. This proposition is still true when n is infinite. What Cantor proved was that, even in this case, 2^n is greater than n. Applying this, as I did, to all the things in the universe, one arrives at the conclusion that there are more classes of things than there are things. It follows that classes are not 'things'. But, as no one quite knows what the word 'thing' means in this statement, it is not very easy to state at all exactly what it is that has been proved. The conclusion to which I was led was that classes are merely a convenience in discourse.
> — [MPD], S. 80f.

RUSSELL kam also zu dem Schluß, daß Mengen-Symbole, genau wie die bereits behandelten bestimmten Beschreibungen, unvollständige Symbole sind und damit auch für sich genommen keine Bedeutung haben – diese Überzeugung von RUSSELL wird heute auch als *Keine-Mengen-Theorie* bezeichnet. Mengen sind demnach nichts anderes als logische Konstrukte, Fiktionen, und müssen von Dingen genauestens unterschieden werden: RUSSELL hat also auf die zuvor erfolgreiche Anwendung von Ockham's Razor bei der Kennzeichnungstheorie zurückgegriffen, indem er die problematischen Mengen in analoger Weise als sprachliche Fiktionen entlarvte und von der Idee Abstand nahm, daß die Mengen-Symbole der Sprache tatsächlich denotieren. Wiederum folgt RUSSELL dem Ockham's Razor-Prinzip, um sich unerwünschter ontologischer Entitäten zu entledigen.

Bei der Kennzeichnungstheorie war es noch vergleichsweise einfach, die logische Struktur der bestimmten Beschreibungen aufzudecken, also die Rahmenbedingungen zu erkennen, die für das Vorliegen einer genuinen bestimmten Beschreibung erfüllt sein mußten. Das Denotat – so vorhanden – war ein einzelnes Objekt, ein Individuum, welches durch eine eindeutige Eigenschaft beschrieben werden konnte. Auch die auf den ersten Blick verwirrenden uneigentlichen Eigennamen wie ‚Yorick', die in der Analyse schließlich als bestimmte Beschreibungen identifiziert wurden, ließen sich befriedigend mit dieser Theorie erklären. Kennzeichnungstheorie und uneigentliche Eigennamen haben jedoch gemein, daß bereits in der jeweiligen sprachlichen Form scheinbar auf exakt ein Objekt Bezug genommen wird, was sich dann in der logischen Analyse bestätigt, auch wenn die scheinbar singulären Sätze hier

2.4. DIE KEINE-MENGEN-THEORIE

ihre tatsächliche generelle Struktur offenbaren.

RUSSELL machte für die Behandlung von Mengen-Symbolen den Vorschlag, diese in der logischen Analyse durch Aussagefunktionen zu substituieren. In der Tat spricht einiges für diese Vorgehensweise. Beide Konzepte haben signifikante Gemeinsamkeiten: Zu sagen, daß eine Menge nicht leer ist, heißt zu sagen, daß die ihr entsprechende Aussagefunktion erfüllbar ist; zu sagen, daß eine Menge fünfzig Elemente hat, heißt zu sagen, daß die entsprechende Aussagefunktion auf fünfzig Objekte zutrifft: Die Gesamtheit der Objekte, die eine Aussagefunktion erfüllen, bildet die der Aussagefunktion entsprechende Menge; die Menge wird durch die Aussagefunktion *bestimmt*. Die Unterschiede zwischen Menge und Aussagefunktion liegen damit eher auf einer sprachlichen Ebene. Es bleibt jedoch zunächst die Frage offen, wie eine Aussagefunktion beschaffen sein muß, die in einer Aussage mit einem Mengen-Symbol dessen Platz einnehmen könnte.

RUSSELL unterscheidet zur Klärung der Rahmenbedingungen zunächst zwei Arten von Aussagen: *intensionale* und *extensionale*. Die Abgrenzung zwischen diesen beiden Typen nimmt er wie folgt vor:

> Propositions in which a function ϕ occurs may depend, for their truth-value, upon the particular function ϕ, or they may depend upon the *extension* of ϕ, *i.e.*, upon the arguments which satisfy ϕ. A function of the latter sort we will call *extensional*. Thus, *e.g.*, "I believe that all men are mortal" may not be equivalent to "I believe that all featherless bipeds are mortal," even if men are coextensive with featherless bipeds; for I may not know that they are coextensive. But "all men are mortal" must be equivalent to "all featherless bipeds are mortal" if men are coextensive with featherless bipeds. Thus "all men are mortal" is an extensional function of the function "x is a man," [müßte heißen: "$\hat{x}$ is a man,"] while "I believe all men are mortal" is a function which is not extensional; we will call functions *intensional* when they are not extensional. The functions of functions with which mathematics is especially concerned are all extensional.
> — [MLT], S. 249.

Diese Ausführungen bedürfen vielleicht noch einiger Erläuterungen. Es sind zwei Aussagefunktionen gegeben: „$\hat{x}$ ist ein Mensch" ($\phi\hat{x}$) und „$\hat{x}$ ist ein ungefiederter Zweibeiner" ($\psi\hat{x}$). Diese beiden Aussagefunktionen sind *funktional äquivalent*, das heißt, daß sie für jeden einzelnen eingesetzten Wert entsprechend entweder beide wahr oder beide falsch sind: $\phi x \equiv_x \psi x$. Nun sind Aussagefunktionen jedoch gelegentlich in sprachliche Kontexte eingebettet, deren Wahrheitswerte und Bedeutungen sich ändern, wenn man eine darin vorkommende Aussagefunktion durch eine funktional äquivalente ersetzt: Wenn eine Person beispielsweise etwas über alle Menschen sagt, redet sie nicht von ungefiederten Zweibeinern, obgleich die Aussage auf exakt dieselben Elemente zutreffen würde. Aussagen der ersten Art, in welchen die darin vorkommenden Aussagefunktionen *salva veritate* durch funktional äquivalente substituiert werden können, können auch so verstanden werden, daß in ihnen über die den Aussagefunktionen entsprechenden Mengen gesprochen wird. Solche Aussagen sind *extensionale Aussagen*. Aussagen der zweiten Art, deren Wahrheitswerte von der speziellen Aussagefunktion – im Gegensatz zu den durch sie beschriebenen Werten – abhängen, werden hingegen als *intensionale Aussagen* bezeichnet.

Nach RUSSELL lassen sich intensionale Aussagen generell in extensionale Aussagen überführen:

> If you have any statement about a function which is not extensional, you can always derive from it a somewhat similar statement which is extensional, viz., there is a function formally equivalent to the one in question about which the statement in question is true. This statement, which is manufactured out of the one you started with, will be extensional. It will always be equally true or equally false of any two formally equivalent functions, and this derived extensional statement may be regarded as being the corresponding statement about the associated class. So, when I say that 'The class of men has so-and-so many members', that is to say 'There are so-and-so many men in the world', that will be derived from the statement that 'x is human' is satisfied by so-and-so many values of x, and in order to get it into the extensional form, one will put it in this way, that 'There is a function formally equivalent to "x is human", which is true for so-and-so many values of x'. That I should define as what I mean by saying 'The class of men has so-and-so many members'.
>
> — [PLA], S. 266.

Damit kann RUSSELL sich in seinen Untersuchungen über Mengen also auf die fundamentaleren, für die Philosophie der Mathematik wichtigeren extensionalen Aussagen beschränken. Für alle extensionalen Aussagen f gilt also:

$$\phi x \equiv_x \psi x \;.\; \supset_{\phi,\psi} \;.\; f(\phi \hat{z}) \equiv f(\psi \hat{z}) \tag{2.7}$$

Oberflächlich betrachtet scheinen Aussagen über Mengen singuläre Aussagen zu sein, die einem Objekt Eigenschaften oder Relationen zu anderen

2.4. DIE KEINE-MENGEN-THEORIE

Objekten zu- oder absprechen. In der logischen Analyse wird jedoch deutlich, daß diese Eigenschaften sich weder auf ein einzelnes Objekt – die vermeintliche Menge – beziehen, noch auf die Individuen, die der naiven Meinung nach die Elemente der Menge sind. Aussagen mit Mengen-Symbolen sind nach RUSSELL vielmehr *Aussagen über Aussagefunktionen* und gehören damit der Prädikatenlogik zweiter Stufe an.

Aussagen mit Mengen-Symbolen lassen sich generell so umformulieren, daß sie zu extensionalen Aussagen ohne einen Bezug auf Mengen werden. Aus „die Menge der Menschen hat so-und-so viele Elemente" läßt sich eine Aussage darüber ableiten, daß die Aussagefunktion „$\hat{x}$ ist ein Mensch" von so-und-so vielen Werten erfüllt wird. Dies ist jedoch eine in vielen Fällen zu spezifische Lösung, denn der Sammelbegriff aus der sich auf die Menge beziehenden Beschreibung – hier ‚die Menge der Menschen' – nimmt Bezug auf eine Extension, die von ihrer Beschreibung prinzipiell unabhängig ist; die Aussagefunktion kommt jedoch ohne ein intensionales Element nicht aus. Dies verdeutlicht RUSSELL, indem er im letzten Zitat folgende vollständige Formalisierung des Beispielsatzes angibt: „Es gibt eine Aussage, die mit der Aussagefunktion „$\hat{x}$ ist ein Mensch" formal äquivalent ist und die für so-und-so viele Werte wahr ist." Über den Umweg der funktionalen Äquivalenz gelingt es ihm so, eine Beschreibung der denotierten Individuen zu geben, die von größtmöglicher Neutralität ist.

Sei f eine Aussage über die durch die Eigenschaft ϕ beschriebene Menge $\hat{z}(\phi z)$. Nach RUSSELL hat diese Funktion nun in ihrer ausführlichen logischen Form folgende Struktur:

$$f\{\hat{z}(\phi z)\} \ . = : \ (\exists \psi) : \psi! x \ . \equiv_x . \ \phi x : f\{\psi!\hat{z}\} \quad \text{Df.} \qquad (2.8)$$

$\psi!x$ beschreibt hier eine *prädikative Funktion*, also eine Funktion erster Ordnung.[28]

---

[28]Damit greife ich Abschnitt 2.5 vor, in welchem das Konzept der Typen und Ordnungen bei der Besprechung der Verzweigten Typentheorie näher erläutert wird. Das Konzept der prädikativen Funktionen gehört zu RUSSELLS nicht unumstrittenen *Reduzibilitätsaxiom* (*Axiom of Reducibility*), auf welches ich auf Seite 61 dieser Arbeit näher eingehen werde. Es sei noch erwähnt, daß die Keine-Mengen-Theorie sich auch ohne das Reduzibilitätsaxiom beschreiben läßt, indem die obige Definition statt auf prädikative Funktionen auf Funktionen beliebiger Ordnung – also gegebenenfalls auch imprädikative Funktionen – zurückgreift:

$$f\{\hat{z}(\phi z)\} \ . = : \ (\exists \psi) : \psi x \ . \equiv_x . \ \phi x : f\{\psi \hat{z}\} \quad \text{Df.} \qquad (2.9)$$

Damit kann unabhängig von der Gültigkeit des Reduzibilitätsaxioms der Anspruch aufrechterhalten werden, daß Mengen logische Konstrukte sind und sich durch Aussagefunk-

48   KAPITEL 2. RUSSELLS PHILOSOPHIE DER MATHEMATIK

Aussagen mit Mengen-Symbolen scheinen also zunächst – möglicherweise prädikative – Aussagen über Individuen zu sein, also Aussagen ersten Typs, da sie zu denotieren scheinen. Wenn man RUSSELL folgt, zeigt sich jedoch in der logischen Analyse, daß es sich bei ihnen tatsächlich um Aussagen zweiten (oder höheren) Typs handelt, also um Aussagen über Aussagefunktionen. Die darin enthaltene Aussagefunktion ersten (oder doch entsprechend niedrigeren) Typs, die dem Mengenbegriff entspricht, ist wahr bei genau den Funktionswerten, welche die Elemente der entsprechenden Menge bilden würden. Hier wird jedoch auch deutlich, daß der zunächst extensionale Mengenbegriff in der Analyse doch nicht ohne ein intensionales Element auskommt, was eine einseitig extensionale Betrachtungsweise der Logik damit illusorisch erscheinen läßt:

> It is an old dispute whether formal logic should concern itself mainly with intensions or with extensions. In general, logicians whose training was mainly philosophical have decided for intensions, while those whose training was mainly mathematical have decided for extensions. The facts seem to be that, while mathematical logic requires extensions, philosophical logic refuses to supply anything except intensions. Our theory of classes recognizes and reconciles these two apparently opposite facts, by showing that an extension acquires its meaning through a reference to intension.
> — [PM], S. 72.

Auf die Problematik der extensionalen und intensionalen Betrachtungsweise von Aussagefunktionen bzw. Mengen werde ich noch ab Seite 104 dieser Arbeit zu sprechen kommen, wo ich eine eher praktische Anwendung der Typentheorie in Bezug auf RUSSELLS Ontologie vorstellen werde. Dabei wird sich herausstellen, daß gerade die Unterscheidung zwischen extensionaler und intensionaler Betrachtungsweise der Aussagefunktionen einen direkten und nicht unerheblichen Einfluß auf RUSSELLS Ontologie hat.

Nun ist es – unabhängig davon, ob Mengen zum Inventar der Welt gehören oder nicht – oftmals eine bequeme sprachliche Alternative, von Mengen statt von Aussagefunktionen zu sprechen; auch RUSSELL will keineswegs auf die Menge als Konstrukt verzichten. Er verfolgt mit der Keine-Mengen-Theorie zwei Ziele: Erstens will er den Nachweis bringen, daß Mengen nicht als ontologische Entitäten angesehen werden müssen, sondern sich aus rein logischen Begriffen definieren und in der Analyse so auflösen lassen, daß das logische Konstrukt genau die Anforderungen erfüllt, die Sprache und Mathematik an

---

tionen ausdrücken lassen; der Nutzen der Theorie für RUSSELLS Verzweigte Typentheorie wäre damit allerdings hinfällig.

den Mengenbegriff stellen: Es handelt sich bei der Keine-Mengen-Theorie also um eine – wie RUSSELL in *Logical Atomism* geschrieben hat, möglicherweise sogar die wichtigste – Anwendung von Ockham's Razor. (Siehe [LA], S. 327.) So schreibt QUINE 1966 in *Russell's Ontological Development* über die Keine-Mengen-Theorie:

> Russell's contextual definition of class notation gave the benefit of classes, namely extensionality, without assuming more than classconcepts after all.
> — QUINE in [28], S. 6f.

Zweitens benötigt RUSSELL die Auflösbarkeit von Mengen, um sein logizistisches Programm fortführen zu können; bestimmte Paradoxien lassen sich nicht auflösen, wenn am klassischen Mengenkonzept festgehalten wird, also jedem Mengen-Symbol auch eine Menge als Entität entspräche. Dies werde ich im nächsten Abschnitt thematisieren.

2.5 Russells Paradoxon und die Typentheorie

Am letzten Tag des 19. Jahrhunderts konnte RUSSELL den ersten Entwurf seiner ersten größeren Veröffentlichung zu den Grundlagen der Mathematik, den schon angesprochenen *Principles*, abschließen. Bis zur Veröffentlichung des Werkes sollten jedoch noch mehr als zwei Jahre vergehen, was nicht zuletzt auf ein Problem zurückzuführen ist, auf welches er eher zufällig im Juni 1901 stieß:

> Cantor had a proof that there is no greatest cardinal; in applying this proof to the universal class, I was led to the contradiction about classes that are not members of themselves. It soon became clear that this is only one of an infinite class of contradictions. I wrote to Frege, who replied with the utmost gravity that *"die Arithmetik ist ins Schwanken geraten."* At first, I hoped the matter was trivial and could be easily cleared up; but early hopes were succeeded by something very near to despair. Throughout 1903 and 1904, I pursued will-o'-the wisps and made no progress. At last, in the spring of 1905, a different problem, which proved soluble, gave the first glimmer of hope. The problem was that of descriptions, and its solution suggested

a new technique.

— [MD], S. 13.²⁹

Abgesehen von der Tatsache, daß FREGES Reaktion sich weniger auf die Arithmetik an sich als vielmehr auf seine eigenen logizistischen Anstrengungen bezog,[30] kann man die Dimension dieser Entdeckung unschwer daran erkennen, was für eine erschütternde Wirkung sie auf die beiden wohl größten Logiker ihrer Zeit hatte: FREGE stellte nach einigen erfolglosen Versuchen, der Inkonsistenz in seinem System zu begegnen, sein logizistisches Programm zunächst ein. Auch RUSSELL kämpfte, wie im einführenden Zitat beschrieben, mehrere Jahre mit einer angemessenen Lösung; sein System konnte er schließlich retten, mußte dafür jedoch, wie noch zu sehen sein wird, einige nicht unproblematische Modifikationen daran vornehmen. In seiner Autobiographie beschreibt RUSSELL, wie ihn die Beschäftigung mit dieser Thematik geradezu gelähmt hat:

> Every morning I would sit down before a blank sheet of paper. Throughout the day, with a brief interval for lunch, I would stare at the blank sheet. Often when evening came it was still empty [...] the two summers of 1903 and 1904 remain in my mind as a period of complete intellectual deadlock.
> — [TABR], Bd. 1, S. 151.

Zur Einführung in die Problematik ist es sinnvoll, zunächst von der Vorstellung einer Menge von Gegenständen auszugehen, beispielsweise der Menge aller Teelöffel. Es ist sofort einsichtig, daß diese Menge selbst kein Teelöffel und somit auch nicht Element ihrer selbst ist. Dies gilt jedoch nicht für alle Mengen, was deutlich wird, wenn man sich die Menge aller Entitäten vor Au-

---

[29]Der hier angesprochene Beweis von CANTOR wurde bereits auf Seite 44 dieser Arbeit kurz skizziert; RUSSELLS Entdeckung hat mit dem Beweis an sich jedoch wenig zu tun.

[30]So schreibt FREGE in seinem Brief vom 22.06.1902 an Russell:

> Ihre Entdeckung des Widerspruchs hat mich auf's Höchste überrascht und, fast möchte ich sagen, bestürzt, weil dadurch der Grund, auf dem ich die Arithmetik sich aufzubauen dachte, in's Wanken geräth. [...] Jedenfalls ist Ihre Entdeckung sehr merkwürdig und wird vielleicht einen grossen Fortschritt in der Logik zur Folge haben, so unerwünscht sie auf den ersten Blick auch scheint.
> — FREGE in [11], S. 61.

2.5. RUSSELLS PARADOXON UND DIE TYPENTHEORIE 51

gen führt, die *keine* Teelöffel sind.[31] Diese Menge scheint zunächst durchaus ein Element ihrer selbst zu sein. Analog dazu läßt sich auch, wie RUSSELL es bei der Entdeckung des Paradoxons getan hat, die Menge aller Mengen, die sich nicht selbst enthalten, definieren. Enthält diese sich nun selbst als Element? Wenn sie sich selbst enthält, widerspricht das ihrer Definition. Wenn sie sich jedoch nicht selbst enthält, müßte sie sich nach ihrer Definition selbst enthalten: Ist sie nicht Element ihrer selbst, ist sie Element ihrer selbst; ist sie Element ihrer selbst, ist sie nicht Element ihrer selbst. Beide Möglichkeiten führen also zu einem Widerspruch; diese Konstruktion ist gemeinhin als *Russells Paradoxon*[32] bekannt:

$$r \in r \leftrightarrow r \notin r \qquad (2.10)$$

Es lassen sich problemlos unendlich viele entsprechende Paradoxien finden oder auch konstruieren. Ein klassisches Beispiel ist das *Lügnerparadoxon* des Kreters EPIMENIDES, der sagt, daß alle Kreter Lügner sind. Versteht man dies so, daß alle von Kretern gemachten Aussagen falsch sind, ergibt sich ein Widerspruch: Sagt der Kreter die Wahrheit, müßte er gemäß seiner Aussage lügen; lügt er jedoch, müßte seine Aussage wahr sein. Von diesem Paradoxon gibt es viele alternative Formen, die den entscheidenden Punkt noch deutlicher machen – herauszustellen sind hier die Varianten „ich lüge jetzt" oder „dieser Satz ist falsch".

Ein weiteres von RUSSELL angesprochenes Paradoxon, in dem es um die englischsprachige Benennung von Zahlen geht, geht wahrscheinlich auf BERRY zurück. Mit einer vorgegebenen Anzahl Silben lassen sich immer nur endlich viele Zahlen benennen. Die Frage scheint also legitim zu sein, welches die jeweils kleinste mit genau n Silben benennbare Zahl ist. Das Paradoxon dreht sich nun um die Behauptung, daß der Ausdruck ‚the least integer not

---

[31]RUSSELLS im letzten Abschnitt behandelte *Keine-Mengen-Theorie* stellt keine Lösung dieses Problems dar, wenn es auch ob der Tatsache, daß Mengen damit nicht mehr als Entitäten angesehen werden, zunächst so scheinen mag. Es ergeben sich vergleichbare Probleme, wenn die Mengen hier durch Aussagefunktionen ersetzt werden.

[32]Die Namensgebung ist etwas problematisch: In der Literatur findet sich vornehmlich ‚Russells Paradoxon', aber von vielen Autoren wird auch die Bezeichnung ‚Russells Antinomie' verwendet. Da die Begriffe ‚Paradoxon' und ‚Antinomie' sich nicht unbedingt immer scharf voneinander abgrenzen lassen, scheinen mir beide Ausdrücke prinzipiell angemessen zu sein. Ersterer impliziert jedoch in gewisser Weise die Auflösbarkeit des Problems, an welcher RUSSELL von vornherein nicht gezweifelt hat; nicht umsonst gelten Paradoxien in der Philosophie auch als Ausgangspunkte für Innovationen, da sie oftmals eine vollkommen andere Herangehensweise an die Probleme notwendig machen und damit der Kreativität Vorschub leisten. Aufgrund dieser Überlegungen halte ich die Bezeichnung ‚Russells Paradoxon' für passender.

nameable in fewer than nineteen syllables' eine bestimmte Zahl benennt.[33] Nun hat diese englischsprachige Beschreibung jedoch nur 18 Silben und ist ebenfalls ein Name der Zahl:[34] Damit läßt sich die kleinste Zahl, die nicht mit weniger als 19 Silben benannt werden kann, mit 18 Silben benennen. Benennt der Ausdruck die Zahl, benennt er sie nach der Definition nicht; benennt er sie jedoch nicht, benennt er sie nach der Definition. Hier liegt der Widerspruch.

In *Mathematical Logic as based on the Theory of Types* stellt RUSSELL noch vier weitere Paradoxien vor; ich werde mich jedoch aus Platzgründen auf diese drei beschränken. Das Lügnerparadoxon war schon seit über zweitausend Jahren bekannt, jedoch neigte man hier – wie auch bei dem Paradoxon von BERRY – eher dazu, das Problem mit vagen Verweisen auf die Unzulänglichkeit der Sprache oder ähnlichen Argumenten zu begründen; wirkliche Lösungen hatte man nicht vorzuweisen. RUSSELLS Paradoxon wie auch die etwas früher entdeckte, kompliziertere Paradoxie von BURALI-FORTI[35] waren für die Fachwelt seinerzeit insofern erschütternder, als daß sie die völlig sicher geglaubten Bereiche der Logik bzw. Mengenlehre antasteten.

RUSSELL stellte die *Selbstreferenz* bzw. *Reflexivität* der in den Paradoxien beschriebenen Aussagefunktionen[36] bzw. Aussagen als das gemeinsame Merkmal der Paradoxien heraus, welches für die jeweiligen Widersprüche verantwortlich ist; er bezeichnete diesen Effekt in Anlehnung an POINCARÉ als *Zirkelschlußprinzip* (*Vicious-Circle Principle*). Wenn EPIMENIDES seine Aussage über alle Aussagen macht, gehört diese augenscheinlich zur Gesamtheit der Aussagen dazu und verursacht so das Problem. Auch die Aussage über die englischsprachigen Namen von Zahlen im Paradox von BERRY wird schließlich selbst zu einem solchen Zahlennamen. Noch offensichtlicher ist die Selbstreferenz bei der Menge aller Mengen, die sich nicht selbst enthalten. Die problematischen Aussagen beziehen sich alle auf gewisse Gesamtheiten

---

[33]Nach RUSSELL ist dies die Zahl 111777; wie er zu dieser Erkenntnis gelangt ist, ist meines Wissens nicht überliefert.

[34]RUSSELL unterscheidet bei der Besprechung dieses Paradoxons nicht zwischen Benennung und Beschreibung.

[35]Die Paradoxie von BURALI-FORTI bezieht sich auf die Frage, ob es eine größte Ordinalzahl geben kann. Sie ist jedoch deutlich komplizierter als die eben vorgestellten und läßt sich mit analogen Methoden auflösen, weshalb ich von ihrer Behandlung im Rahmen dieser Arbeit absehe. Eine ausführliche Diskussion dieser Paradoxie findet sich jedoch in [MLT].

[36]Ich werde in diesem Abschnitt vornehmlich von Aussagefunktionen sprechen; dabei ist jedoch zu beachten, daß diese Aussagefunktionen mit RUSSELLS in Abschnitt 2.4 vorgestellter *Keine-Mengen-Theorie* auch als Beschreibungen von Mengen betrachtet werden können. Die hier mit Rückgriff auf Aussagefunktionen angestellten Betrachtungen gelten somit im übertragenen Sinne immer auch für Mengen.

2.5. RUSSELLS PARADOXON UND DIE TYPENTHEORIE

oder Totalitäten, welche dann jedoch durch die Aussagen selbst erweitert zu werden scheinen; RUSSELL formulierte treffend: „The process is like trying to jump on the shadow of your head." ([MPD], S. 82.)

In einem widerspruchsfreien System ist es also offenbar notwendig, die Menge jener Objekte einzuschränken, die sinnvollerweise als Argumente für Aussagefunktionen (bzw. zur Definition von Mengen) in Frage kommen können. Eine Aussagefunktion hat damit nach RUSSELL einen *Signifikanzbereich* (*range of significance*), der die Menge aller Objekte (Individuen, Aussagefunktionen bzw. Mengen) beschreibt, welche statt der Variablen in der Aussagefunktion auftreten dürfen. Die Aussagefunktion wird durch die Substitution der Variablen durch Objekte aus dem Signifikanzbereich zu einer wahren oder falschen Aussage. Das Substituieren der Variable durch ein Objekt, welches nicht zum Signifikanzbereich der Aussagefunktion gehört, ist nicht erlaubt: Die aus einer solchen Operation resultierende Aussage wäre damit nicht etwa falsch, sondern sinnlos und dürfte in der entsprechenden Sprache überhaupt nicht gebildet werden:

> [...] we can speak of *all* of a collection when and only when the collection forms part or the whole of the *range of significance* of some propositional function, the range of significance being defined as the collection of those arguments for which the function in question is significant, *i. e.*, has a value.
> — [MLT], S. 236.

Nach RUSSELLS Theorie handelt es sich bei den entsprechend problematischen Aussagen der Paradoxien um sprachliche Fehlbildungen, die durch Nichtberücksichtigung der Signifikanzbereiche der in ihnen enthaltenen Aussagefunktionen entstanden sind. Die Frage nach ihrem Wahrheitswert stellt sich also gar nicht – sie sind von vornherein sinnlos oder bestenfalls mißverstanden, falls die Analyse der Paradoxien eine von der sprachlichen Interpretation abweichende logische Struktur offenbart.

Auf den ersten Blick erscheint RUSSELLS Lösung insofern erstaunlich, als daß er bei seiner Kennzeichnungstheorie mit großen Anstrengungen zu einer Lösung gelangt ist, welche auch für zunächst sinnlos scheinende Sätze wie „der gegenwärtige König von Frankreich ist kahl" einen Wahrheitswert liefert, hier jedoch scheinbar wohlgeformte Sätze nicht als falsch, sondern sinnlos kategorisiert. Bei näherer Betrachtung wird jedoch ein signifikanter Unterschied zwischen beiden Bereichen deutlich: In der Kennzeichnungstheorie sind die fraglichen Sätze als solche sinnvoll, die Problematik tritt erst hervor, wenn der Wahrheitsgehalt des Satzes anhand der Übereinstimmung mit der

Welt beurteilt werden soll. Eine Analyse der logischen Form derartiger Aussagen führte RUSSELL zu einer Lösung, welche die Schwierigkeiten durch die Angabe fester Kriterien zur Wahrheitswertfindung zum Verschwinden brachte. Bei den hier besprochenen Paradoxien hingegen tritt das Problem schon vorher auf einer *syntaktischen* Ebene auf. Das *tertium non datur* gilt also nichtsdestoweniger; jeder *sinnvolle* und damit dem System zugehörige Satz ist weiterhin entweder wahr oder falsch.

Die Kennzeichnungstheorie und die von RUSSELL zur Lösung der Paradoxien vorgeschlagene *Typentheorie*, auf welche ich gleich eingehen werde, haben ihre hervorstechendste Gemeinsamkeit darin, daß sie zu einem Hinterfragen der Sprache führen – nicht jeder sprachlich zunächst einfach und sinnvoll scheinende Satz erweist sich auch in der logischen Analyse als einfach und sinnvoll. Andererseits können aber auch sprachlich zunächst zweifelhafte oder gar sinnlose Aussagen auf der logischen Ebene durchaus sinnvoll und einfach sein.

Der von RUSSELL eingeschlagene Weg zur Vermeidung der Paradoxien besteht nun darin, eine Einschränkung der Signifikanzbereiche von Aussagefunktionen derart zu gestalten, daß die Bildung der Paradoxien verhindert wird, ohne dabei jedoch die sinnvolle Anwendung der Aussagefunktionen zu beeinträchtigen. Dies ist allerdings kein triviales Unterfangen.

Ein erster naiver Lösungsansatz wäre, das Bilden von Mengen von Mengen und Aussagen über Aussagen generell zu unterbinden. Damit wäre es sinnlos, Mengen zu definieren, die Mengen als Elemente enthalten; es wäre ebenso sinnlos, Aussagen über Aussagen zu machen. Hielte man sich an diese Regeln, könnten die widersprüchlichen Mengen bzw. Aussagen zwar nicht länger gebildet werden, jedoch könnte man weiterhin Mengen von Dingen bilden und Aussagen über die Welt machen. Eine derartige Einschränkung des Signifikanzbereiches von Aussagen wäre jedoch, wie man sich unschwer vor Augen führen kann, zu weit gegriffen. So ist es durchaus möglich – ohne dabei in irgendwelche Widersprüchlichkeiten zu verfallen – Aussagen über die Menge aller Paare machen; dies benötigt RUSSELL beispielsweise für seine Zahlendefinition. Ebenso ist die Aussage richtig und sinnvoll, daß alle Sätze, in denen der gegenwärtige König von Frankreich primär vorkommt, falsch sind. Erstrebenswert scheint eine Lösung, die sich direkt auf die Reflexivität von Aussagefunktionen bzw. Aussagen bezieht, da eine solche die Bildung der Paradoxien verhindern könnte, ohne derart unerwünschte Seiteneffekte zu haben. Doch selbst eine solche Einschränkung wäre noch zu weit gegriffen, denn sowohl in der Mathematik wie auch in der normalen Sprache gibt es vollkommen sinnvolle selbstbezügliche Aussagen, wie beispielsweise

2.5. RUSSELLS PARADOXON UND DIE TYPENTHEORIE 55

RAMSEYS bekannte Beschreibung ‚the tallest person in this room' deutlich macht. In der Mathematik basieren unter anderem zentrale Elemente der Statistik auf selbstbezüglichen Aussagen. (Siehe dazu auch KILMISTER in [20], S. 145f.) RUSSELL muß die Art der Reflexivität also noch weiter einschränken, um der Grenze zwischen der Vermeidung der Paradoxien und der Aufrechterhaltung der sinnvollen Selbstbezüge hinreichend nahe zu kommen. Eine solche Regel läßt sich nach RUSSELL auch problemlos angeben:

> This leads us to the rule: "Whatever involves *all* of a collection, must not be one of the collection;" or, conversely: "If, provided a certain collection had a total, it would have members only definable in terms of that total, then the said collection has no total."
> — [MLT], S. 225.

Diese Regel vermag nun zwar als Maßstab für die Feststellung zu dienen, wann eine vorliegende Aussagefunktion oder Aussage nicht zulässig und damit sinnlos ist; auf der Basis einer solchen Regel als potentieller Zusatzprämisse läßt sich jedoch kein System entwickeln, welches dann nur noch mit entsprechend korrekt gebildeten und sinnvollen Aussagen und Aussagefunktionen operieren würde. Den Grund dafür hat RUSSELL so dargestellt:

> We can not say: "When I speak of *all* propositions, I mean all except those in which 'all propositions' are mentioned;" for in this explanation we have mentioned the propositions in which all propositions are mentioned, which we can not do significantly. It is impossible to avoid mentioning a thing by mentioning that we won't mention it. One might as well, in talking to a man with a long nose, say: "When I speak of noses, I except such as are inordinately long," which would not be a successful effort to avoid a painful topic.
> — [MLT], S. 226.

Soll ein logisches System also unter Berücksichtigung der von RUSSELL als unzulässig entlarvten Zirkelschlüsse erstellt werden, muß deren Ausgrenzung aus dem gültigen System heraus erfolgen, was einen deutlich höheren Aufwand – sowohl bei der Konstruktion wie auch bei der Anwendung des Systems – darstellt. Ein gegebener Ausdruck kann also unmöglich anhand einer Methode wie der oben angeführten Regel *innerhalb des Systems* dahingehend überprüft werden, ob er sinnvoll ist; vielmehr muß schon der Aufbau eines jeden Ausdrucks unter Berücksichtigung strenger Konstruktionsrestriktionen erfolgen. Eine Überprüfung von Ausdrücken ist von einer Meta-Ebene, also von außerhalb des Systems, durchaus möglich; nur ist dies für die Konstruktion eines eigenständigen Systems nicht von Nutzen.

56   KAPITEL 2. RUSSELLS PHILOSOPHIE DER MATHEMATIK

Eine intensive Analyse der Signifikanzbereiche von Aussagefunktionen führte schließlich zu RUSSELLS *Einfacher Typentheorie* (*Simplified Theory of Types*, im folgenden STT), die er als vorläufigen Lösungsansatz im Anhang B seiner *Principles* skizzierte und welche durch die in ihr ausgedrückten Restriktionen bezüglich der Bildung von Mengen die Konstruktion einiger Paradoxien verhindern konnte.[37] RUSSELL teilte Aussagefunktionen dafür ihren Signifikanzbereichen entsprechend in *Typen* (*types*) ein.[38] Eine Aussagefunktion $\phi\hat{x}$ gehört dem Typ 1 an, wenn x sinnvoll mit einem beliebigen Element aus der Menge aller Individuen (diese bilden den Typ 0) substituiert werden kann, der Signifikanzbereich der Aussagefunktion also mit der Menge aller Individuen identisch ist. Aussagefunktionen über Argumente des Typs n wie $\Phi\hat{\chi}$ gehören damit entsprechend dem Typ $n+1$ an; so ergibt sich eine unendliche Hierarchie von Aussagefunktionen bzw. Mengen.[39] Zu dieser Theorie gehört dann die Einschränkung, daß Aussagefunktionen des Typs n ausschließlich sinnvoll mit (beliebigen) Argumenten des Typ $n-1$ verknüpft werden können; Formen wie $\phi\hat{\chi}$ (Argumenttyp gleich Typ der Aussagefunktion) oder gar $\phi\hat{\Psi}$ (Argumenttyp höher als Typ der Aussagefunktion) sind

---

[37]Zu dieser ersten Version der Typentheorie muß angemerkt werden, daß RUSSELL dort noch Individuen und Mengen als ontologische Grundbestandteile der Theorie voraussetzte und auf der sprachlichen Ebene von Individuenausdrücken und Aussagefunktionen bzw. Eigenschaften ausging. Weiterhin finden sich in der Darlegung der Theorie in den *Principles* noch einige Ausnahmen und Typenkonstruktionen, welche die Theorie streng genommen inkonsistent machen. (Siehe dazu auch COPI in [8], S. 26.)

RAMSEY legte 1925 in [30] eine überarbeitete Version der STT vor, die als eine fehlerbereinigte und klar dargestellte Fassung von RUSSELLS erster Version der Typentheorie von 1903 (modifiziert mit Elementen der erweiterten Fassung der Typentheorie von 1908) angesehen werden kann. Bei der folgenden Schilderung der STT beziehe ich mich auf diese spätere Version, die RUSSELL 1938 in seinem Vorwort zur zweiten Ausgabe der *Principles* ausdrücklich gewürdigt hat. (Siehe [POM], S. xiii-xiv.) Erst in dieser späteren Version akzeptierte RUSSELL die STT als gültige Lösung für die logischen bzw. mengentheoretischen Paradoxien gemäß der Klassifizierung von RAMSEY. (Siehe RHEINWALD in [34], S. 184f.)

Die erste Version der Typentheorie in den *Principles* bezeichnete RUSSELL seinerzeit als *Doctrine of Types*, die 1908 in [MLT] und ohne signifikante Änderungen in die [PM] übernommene Version einfach als *Theory of Types*. Die heute gebräuchlichen Bezeichnungen STT und RTT (für die *Verzweigte Typentheorie* (*Ramified Theory of Types*)) haben sich erst ergeben, als die STT durch RAMSEY gewissermaßen eine Renaissance erlebte und von der Verzweigten Typentheorie abgegrenzt werden mußte.

[38]In der folgenden Darlegung der Typentheorie beschränke ich mich auf die wesentlichen Aspekte und verzichte auf die Untersuchung von Sonderfällen, wie sie sich beispielsweise durch die Kombination von Aussagefunktionen verschiedener Typen oder die Untersuchung von Relationen ergeben.

[39]Für die Anwendung der Typentheorie ist es später nicht mehr relevant, zu welchem *absoluten* Typ (und, bezogen auf die Verzweigte Typentheorie, welcher absoluten Ordnung) eine Aussagefunktion gehört. Entscheidend ist nur deren *relative* Einordnung zu den in dem jeweils betrachteten Komplex vorhandenen Aussagefunktionen.

2.5. RUSSELLS PARADOXON UND DIE TYPENTHEORIE

damit von vornherein als sinnlos anzusehen. So kann schon bei der Bildung von Aussagefunktionen durch Einschränkungen hinsichtlich der jeweiligen Typenzugehörigkeiten der Komponenten sichergestellt werden, daß sie den syntaktischen Konstruktionsvorgaben für sinnvolle Ausdrücke genügen.

Zur Illustration kann ein kurzes Beispiel dienen. *Groucho, Harpo, Chico, Gummo* und *Zeppo* sind Individuen und gehören damit dem Typ 0 an. Die Menge mit diesen fünf Elementen wird durch die Aussagefunktion „$\hat{x}$ ist ein Mitglied der *Marx Brothers*" gebildet und gehört zum Typ 1. Diese Menge ist Element der Zahl 5, welche, wie alle anderen Zahlen, ein Element des Typs 2 ist. Eigenschaften von Zahlen, wie ‚n ist eine gerade Zahl' oder ‚n ist eine ungerade Zahl' gehören hingegen dem Typ 3 an. Damit wären sowohl Aussagen wie „*Groucho* ist eine gerade Zahl", „2 ist ein Mitglied der *Marx Brothers*" wie auch „2 ist Element der 3" sinnlos, da die Argumente der Aussagefunktionen nicht aus dem jeweils gültigen Typ stammen.

Es ist sofort ersichtlich, daß schon das Konzept einer Menge, die sich (nicht) selbst enthält – und im Zentrum von RUSSELLS Paradoxon steht –, sich innerhalb dieser Theorie nicht bilden läßt, da hierfür eine Aussagefunktion des Typs n mit einem Funktionsargument desselben Typs versehen werden müßte. Dabei ist es wohlgemerkt irrelevant, ob man eine Menge definiert, die sich selbst enthält oder eine, die sich nicht selbst enthält: Ein sinnloser Ausdruck wird durch seine Negation nicht sinnvoll.

Es gibt jedoch auch Paradoxien, deren Bildung selbst durch eine strikte Anwendung der STT nicht verhindert werden kann, weshalb RUSSELL in einer mehrjährigen Anstrengung als verschärfte Form die *Verzweigten Typentheorie (Ramified Theory of Types,* im folgenden RTT) entwickelte. Die RTT basiert auf der Struktur der STT und ‚enthält' diese gewissermaßen. Es ist dann auch die RTT, welche er erstmals in *Mathematical Logic as based on the Theory of Types* als Methode zur Vermeidung sämtlicher Paradoxien vorstellt und die er schließlich auch in der *Principia Mathematica* präsentiert.

Bevor ich jedoch in der gebotenen Kürze auf die RTT eingehe, ist es erhellend, die verschiedenen angesprochenen Paradoxien hinsichtlich ihrer Auflösbarkeit durch die STT bzw. die RTT zu betrachten. Von RUSSELL selbst wurde eine derartige Analyse zunächst nicht explizit vorgenommen; dieser stellte lediglich ihre Selbstreferenz – das schon angesprochene *Zirkelschlußprinzip* – als ihnen gemeinsames Kriterium heraus.[40] RAMSEY hinge-

---
[40]Eine Andeutung der folgenden Klassifizierung findet sich jedoch in der *Principia Mathematica*. Dort schreibt RUSSELL:

> The paradoxes that concern propositions are only indirectly relevant to mathematics, while those that more nearly concern the mathematician are

gen machte 1926 in *Mathematical Logic* ein Kriterium aus, anhand dessen sich einfach feststellen läßt, ob ein gegebenes Paradoxon zu seiner Vermeidung die RTT benötigt oder ob sich dieses auch schon unter Berücksichtigung der STT als sinnlos herausstellen würde:

> We can easily divide the contradictions according to which part of the theory is required for their solution, and when we have done this we find that these two sets of contradictions are distinguished in another way also. The ones solved by the first part of the theory [STT] are all purely logical; they involve no ideas but those of class, relation and number, could be stated in logical symbolism, and occur in the actual development of mathematics when it is pursued in the right direction. Such are the contradictions of the greatest ordinal, and that of the class of classes which are not members of themselves. With regard to these Mr Russell's solution seems inevitable.
>
> On the other hand, the second set of contradictions are none of them purely logical or mathematical, but all involve some psychological term, such as meaning, defining, naming or asserting. They occur not in mathematics, but in thinking about mathematics; so that it is possible that they arise not from faulty logic or mathematics, but from ambiguity in the psychological or epistemological notions of meaning and asserting. Indeed, it seems that this must be the case, because examination soon convinces one that the psychological term is in every case essential to the contradiction, which could not be constructed without introducing the relation of words to their meaning or some equivalent.
>
> — RAMSEY in [31], S. 227f.

Die durch die STT auflösbaren Paradoxien werden heute, wie schon bei RAMSEY, als *logische Paradoxien* bezeichnet. Statt des von RAMSEY verwendeten Begriffes ‚psychologisch' hat sich für die Gruppe der nur innerhalb der RTT auflösbaren Paradoxien gemeinhin der Ausdruck *semantische Paradoxien* durchgesetzt. RUSSELL stimmte RAMSEYS Klassifizierung der Paradoxien zu; auch dessen auf dieser Differenzierung basierenden Folgerungen – auf welche ich später noch zurückkommen werde – pflichtete er bei. (Siehe [POM], S. xiii–xiv.)

Die Einteilung der Aussagefunktionen in Typen basiert in der STT, wie schon besprochen, lediglich auf ihrem Signifikanzbereich, also dem Typ ihrer sinnvollen Argumente; die logischen Paradoxien werden durch die STT

---
all concerned with *propositional functions*.

— [PM], S. 38.

2.5. RUSSELLS PARADOXON UND DIE TYPENTHEORIE

sofort als sinnlos entlarvt, da in ihnen Aussagefunktionen vorkommen, welche mit Argumenten eines unzulässigen Typs verbunden werden. Bei den semantischen Paradoxien ist die Situation jedoch ungleich komplizierter.

Die in den Aussagen der semantischen Paradoxien auftretenden Aussagefunktionen sind mit ihren Argumenten auch unter Berücksichtigung der STT durchaus sinnvoll. Im Gegensatz zu den logischen Paradoxien manifestiert sich das Problem hier also weniger auf der logischen bzw. mengentheoretischen Ebene bei der Bildung der Aussagefunktionen durch Substitutionen, sondern erst auf der Stufe der Aussagefunktionen oder Aussagen selbst: Der Zirkelschluß ist nicht schon in sinnlosen Konzepten wie ‚der Menge aller Mengen' in den logischen Paradoxien zu finden, sondern tritt erst dann auf, wenn die in der Aussage vorkommenden Aussagefunktionen durch Generalisierungen (symbolisiert durch Quantifizierungen) Bezug nehmen auf Gesamtheiten von Aussagefunktionen des jeweiligen Typs, zu denen schließlich auch die betreffende Aussagefunktion selbst zu gehören scheint. Erst dann nämlich bildet diese neue Aussage oder Aussagefunktion scheinbar eines derjenigen Objekte, über welches in ihr selbst gesprochen wird – ohne daß die Aussagefunktion dadurch jedoch dem nächsthöheren Typ angehören würde. Dies wird besonders deutlich beim Paradox von BERRY; das Konzept der Benennung von Zahlen ist in sich schlüssig und wird erst dann zu einem Problem, wenn durch die betreffende Aussagefunktion ein scheinbar neuer Name gebildet wird, der die Gesamtheit der Zahlennamen des Typs zu erweitern scheint. Entsprechendes gilt auch für das Lügner-Paradoxon und die anderen semantischen Paradoxien – die Aussagefunktionen in diesen Paradoxien scheinen die Mengen derjenigen Objekte zu erweitern, über welche ihre Definition erfolgt.

Zur Illustration des Problems kann ein kurzes Beispiel dienen: Sei Ψ eine Variable für eine Aussagefunktion des Typs n und χ eine Variable für eine Aussagefunktion des Typs $n-1$. Eine Aussagefunktion wie $(\Psi).\Psi\hat{\chi}$ gehört dem Typ n an, da in ihr über Argumente des Typs $n-1$ Aussagen gemacht werden. Die Definition dieser Aussagefunktion erfolgt jedoch unter Rückgriff auf die Gesamtheit aller Aussagefunktionen Ψ des Typs n, welche durch die Aussagefunktion selbst erweitert zu werden scheint. Offensichtlich liegt also, wie bei den logischen Paradoxien, ein Zirkelschluß vor, da der Typ n keine Gesamtheit bilden kann und es damit auch nicht möglich ist, innerhalb des Typs signifikante Aussagen über alle Aussagefunktionen des Typs zu machen.

Die Problematik ist bei den logischen und den semantischen Paradoxien also sehr ähnlich und der Unterschied erst nach einiger Überlegung wirklich zu erfassen. RUSSELL legte für die Vermeidung der semantischen Paradoxien keine weitere Theorie vor, sondern erweiterte die STT zur RTT. Diese Modi-

60 KAPITEL 2. RUSSELLS PHILOSOPHIE DER MATHEMATIK

fikation der Theorie erinnert in gewisser Weise an eine ‚Ausfaltung' der Typentheorie in die zweite Dimension, eine Typentheorie innerhalb der Typentheorie. Der Grundaufbau der RTT entspricht der STT: Die Aussagefunktionen werden entsprechend ihren Signifikanzbereichen in Typen eingeteilt. In der RTT jedoch bilden die Aussagefunktionen innerhalb ihrer jeweiligen Typen neue Hierarchien von weniger umfangreichen *Ordnungen* (*levels*), welche jeweils eigene Gesamtheiten bilden und damit keinen Zirkelschluß mehr verursachen können.

In der untersten Ordnung 1 eines jeden Typs n finden sich alle Aussagefunktionen, welche sich ohne Rückgriff auf irgendwelche Gesamtheiten von Aussagefunktionen des Typs n definieren lassen; diese nennt RUSSELL *prädikative* Aussagefunktionen. So besteht beispielsweise die Ordnung 1 des Typs 1 unter anderem aus allen einfachen Eigenschaften von Individuen. Prädikative Aussagefunktionen lassen sich auf der formalen Ebene leicht daran erkennen, daß sie keine Quantifizierungen über Eigenschaften des jeweiligen Typs enthalten, sich also nicht auf irgendwelche Gesamtheiten ihres Typs beziehen.[41] Bilden Aussagefunktionen nun Elemente komplexerer Aussagefunktionen, so ergibt sich die Ordnung der komplexeren Aussage $i+1$ aus dem Bestandteil der Aussagefunktion mit der höchsten Ordnung i. Neben den weiterhin bestehenden Einschränkungen der STT gilt in der RTT, daß signifikante Aussagefunktionen der Ordnung i nur Bestandteile mit kleinerer Ordnung enthalten dürfen. Die Behandlung der Aussagefunktionen innerhalb der Hierarchie der Ordnungen eines Typs ähnelt also stark der Behandlung der Aussagefunktionen innerhalb der Hierarchie der Typen in der STT.

Soviel zum theoretischen Aufbau der RTT. Es bleibt zu zeigen, inwiefern diese Theorie jetzt die Konstruktion der semantischen Paradoxien innerhalb des Systems verhindern kann; die Konstruktion der logischen Paradoxien wird ja, wie bereits gezeigt, durch die innerhalb der RTT weiterhin als Komponente vorhandene STT blockiert.

Betrachtet man das Lügner-Paradoxon unter Berücksichtigung der RTT, ergibt sich folgendes Bild: Der Kreter EPIMENIDES spricht über alle Aussagen, die von Kretern gemacht wurden. Diesen Aussagen sei innerhalb der RTT eine Ordnung i innerhalb eines (hier zu vernachlässigenden) Typs zugeordnet.[42] Wenn Epimenides nun über die Gesamtheit dieser Aussagen

---

[41]Quantoren können aber durchaus in prädikativen Aussagefunktionen vorkommen, soweit sie für Quantifizierungen über Individuen oder Eigenschaften niedrigerer Typen verwendet werden.

[42]Abgesehen davon, daß diese Aussagen aufgrund ihrer internen Struktur sicherlich verschiedenen Typen und Ordnungen angehören würden, ergibt sich ein fundamentaleres Problem: Aussagen können insofern nicht in die von mir skizzierte, vereinfachte Version

2.5. RUSSELLS PARADOXON UND DIE TYPENTHEORIE

spricht, gehört diese neue Aussage damit zur nächsthöheren Ordnung $i + 1$, womit die Aussage jedoch nicht länger paradox ist. Eine Rückübersetzung der formalen Analyse der entsprechenden Komponente der Paradoxie würde in etwa so lauten: „Alle von Kretern gemachten Aussagen, die sich nicht auf deren Gesamtheit beziehen, sind falsch." Damit wäre die vermeintliche Paradoxie allerdings nurmehr als die höchst zweifelhafte Aussage eines wahrscheinlich lügenden Kreters anzusehen.

Noch offensichtlicher ist die Lösung beim Paradoxon von BERRY. Die Zahlennamen mit einer gegebenen Anzahl Silben haben innerhalb eines nicht näher bestimmten Typs die Ordnung i, die Aussage über die Gesamtheit dieser Zahlennamen damit jedoch die nächsthöhere Ordnung $i + 1$. Auch hier wird deutlich, daß die Aussage selbst nicht zu der Gesamtheit, über welche in ihr eine Aussage gemacht wird, gehören kann. Das Paradox wird damit zu einer harmlosen Behauptung wie „die kleinste Zahl, die sich mit Zahlennamen der Ordnung i mit 19 Silben benennen läßt, läßt sich auch mit dem nur 18-silbigen Ausdruck der Ordnung $i + 1$ ‚the least integer not nameable in fewer than nineteen syllables' benennen."

Die semantischen Paradoxien erweisen sich innerhalb der RTT also nicht, wie es bei den logischen Paradoxien in der STT der Fall ist, als sinnlose Konstrukte, sondern eher als Fehlinterpretationen, da der vermeintliche Selbstbezug sich auf der logischen Ebene nicht darstellen läßt, die Formalisierung die wirkliche Struktur der Aussage offenbart und damit zu einer alternativen Interpretation auf der sprachlichen Ebene führt. Wie die Kennzeichnungstheorie hilft also auch die Typentheorie, durch logische Analyse zu einem umfassenderen Verständnis der Sprache zu gelangen.

Die Aussagekraft des auf der RTT basierenden logischen Systems ist also hinreichenden Einschränkungen unterworfen, was die Formulierbarkeit von Paradoxien angeht. Wie sich bald herausstellte, waren diese Einschränkungen in einigen Bereichen problematisch, was RUSSELLS logizistisches Programm angeht: Bestimmte Konstrukte, am gravierendsten einige zur Definition der die irrationalen Zahlen einschließenden reellen Zahlen, lassen sich in einem solchen System nicht länger bilden. Zur Rettung der irrationalen Zahlen – und damit seines logizistischen Programms – sah sich RUSSELL gezwungen, das *Reduzibilitätsaxiom* zu postulieren. Dieses besagt, vereinfacht

---

der Typentheorie integriert werden, da sie abgeschlossen sind und keine Argumente mehr benötigen, womit sie auch keinen Typen mehr zugeordnet werden können. Die folgenden Betrachtungen über die semantischen Paradoxien sind also in dieser Hinsicht nicht präzise. Aufgrund der besseren Verständlichkeit habe ich mich entschieden, dessen ungeachtet in dieser Weise zu verfahren, da sich keine prinzipiellen Probleme aus dieser Vorgehensweise ergeben.

62 KAPITEL 2. RUSSELLS PHILOSOPHIE DER MATHEMATIK

dargestellt, daß innerhalb jedes beliebigen Typs jede Aussagefunktion – unabhängig von ihrer Ordnung – zu einer Aussagefunktion identischen Typs mit der Ordnung 1, also einer *prädikativen Aussagefunktion*, extensional äquivalent ist und *salva veritate* durch eine solche ersetzt werden kann:[43]

$$(\exists \psi) . \psi!x \equiv_x \phi x \qquad (2.11)$$

Diese Äquivalenz gilt analog für mehrstellige Relationen. Eine solche Ersetzung soll nicht praktisch vorgenommen werden, allein die theoretische Möglichkeit einer solchen Substitution hat jedoch weitreichende Konsequenzen: Unter dieser Voraussetzung ist damit nämlich wieder eine uneingeschränkte Quantifizierung über alle Aussagefunktionen eines Typs möglich; die sich durch die RTT ergebenden Einschränkungen hinsichtlich der Quantifizierungen werden damit wieder aufgehoben. Das Reduzibilitätsaxiom beseitigt also gewissermaßen die einschränkenden Seiteneffekte, welche die Signifikanzprüfung von Aussagefunktionen durch die RTT verursacht. Wohlgemerkt wird die eigentliche Funktion der RTT damit nicht aufgehoben, da die den Paradoxien entsprechenden Aussagefunktionen sich weiterhin nicht bilden lassen und damit auch keine prädikativen Aussagefunktionen zu ihnen äquivalent sind.

RUSSELLS Einfache Typentheorie in Form der STT hat sich allgemein durchgesetzt und wird heute innerhalb der Logik akzeptiert und angewendet. Seine RTT jedoch ist einerseits wenig intuitiv und deutlich komplexer, andererseits setzt sie das gerade angesprochene Reduzibilitätsaxiom voraus, welches als sehr problematisch angesehen wird. Alternativen zu RUSSELLS RTT – in der Form anderer Systeme oder durch Nachweise, daß die STT für die Zwecke des Logizismus ausreicht – sind von diversen Autoren gemacht worden, von denen besonders RAMSEY[44], GÖDEL, CARNAP, TARSKI, CHURCH und QUINE hervorgehoben werden müssen. Deren Argumentationen basieren teilweise auf der von RAMSEY vorgenommenen Klassifizierung der Paradoxien in logische bzw. mengentheoretische Paradoxien einerseits und semantische Paradoxien andererseits. Die erste Gruppe dieser Paradoxien läßt sich mit RUSSELLS STT befriedigend lösen. RAMSEY schlägt in

---

[43]Siehe auch die entsprechenden Ausführungen auf Seite 47 dieser Arbeit.

[44]Wie bereits angemerkt, stellte die erste Beschreibung der STT von 1903 keine konsistente Version der Theorie dar. RAMSEYS spätere Version nimmt wesentlich Bezug auf die konsistente, der STT entsprechende inhaltliche Komponente der RTT. Seine Leistung besteht im wesentlichen darin, daß er aufzeigen konnte, daß eine vereinfachte Version der RTT, die deutliche Parallelen zu RUSSELLS erster Typentheorie aus den *Principles* aufwies, die für die Mathematik relevanten Paradoxien angemessen lösen bzw. deren Bildung vermeiden konnte.

Mathematical Logic [31] vor, die Gruppe der semantischen Paradoxien auf der sprachlichen Ebene zu behandeln, da diese für die Mathematik nicht von Relevanz sind; sein Vorschlag deutet an, daß eine Sprachenhierarchie für diesen Zweck herangezogen werden könnte. Die Idee einer derartigen Hierarchie von Objekt- und Metasprachen wurde bereits 1922 von RUSSELL in seinem Vorwort zu WITTGENSTEINS *Tractatus logico-philosophicus* angedeutet:

> [...] that every language has, as Mr Wittgenstein says, a structure concerning which, *in the language*, nothing can be said, but that there may be another language dealing with the structure of the first language, and having itself a new structure, and that to this hierarchy of languages there may be no limit.
> — [42], S. 286.

Weitere Vorschläge gehen in die Richtung, RUSSELLS RTT zwar zu akzeptieren, jedoch auf das umstrittene Reduzibilitätsaxiom zu verzichten. Wie bereits angedeutet, führt dies speziell im Bereich der reellen Zahlen zu Schwierigkeiten. Von anderer Seite sind jedoch zwischenzeitlich Anstrengungen unternommen worden, auf imprädikativer Grundlage – das Reduzibilitätsaxiom macht aus der zunächst imprädikativen RTT wieder ein prädikatives System – umfassende Bereiche der Mathematik herzuleiten. Als wichtige Vorreiter auf diesem Gebiet müssen WEYL und LORENZEN aufgeführt werden, doch eine endgültige Lösung steht auch hier noch aus.

2.6 Ist der Logizismus gescheitert?

Es bleibt die Frage, inwieweit RUSSELLS Logizismus nun im Endeffekt durch die Typentheorie gerettet werden konnte. Dazu gibt es auch heute noch keinen Konsens, aber ich möchte abschließend zumindest einige grundsätzliche Überlegungen zu diesem Thema anstellen.

Ein häufig vorgebrachter Einwand gegen den Logizismus zielt darauf ab, daß die zur Konstruktion der Mathematik verwendete Mengenlehre kein Teilbereich der Logik ist, sondern der Mathematik zugerechnet werden muß. Damit wäre es dann zwar gelungen, die Mathematik auf die Mengenlehre zurückzuführen, jedoch nicht auf die Logik. Diesen Anspruch erheben RUSSELL und FREGE jedoch schon aus dem Grunde, um KANTS Klassifikation der Mathematik als *synthetisch a priori* zu widerlegen. Eine Entgegnung auf diesen Einwand kann sich nur auf den Umfang der Logik berufen, der jedoch Definitionssache ist. Doch selbst wenn man die Mengenlehre bzw.

64 KAPITEL 2. RUSSELLS PHILOSOPHIE DER MATHEMATIK

die Prädikatenlogik zweiter Stufe der Mathematik zurechnet, ihr aber einen analytischen Status zubilligt, wäre eine Rückführung der Mathematik auf die Logik und die analytische Mengenlehre ebenso zur Widerlegung KANTS geeignet.

Schwerer wiegt der fragwürdige Status dreier Axiome, die RUSSELL seinem logischen Axiomensystem hinzufügen mußte, um ein für das logizistische Programm ausreichend aussagekräftiges und konsistentes System zu kreieren:

Das bereits auf Seite 28 dieser Arbeit angesprochene *Unendlichkeitsaxiom* (*Axiom of Infinity*) besagt, daß es unendlich viele Individuen geben muß. Dieses Axiom läßt sich nicht logisch begründen, sondern ist seiner Natur nach empirisch. RUSSELL selbst hält diese Annahme aber für wenig problematisch.[45]

Das *Reduzibilitätsaxiom* (*Axiom of Reducibility*) wird hingegen auch von RUSSELL als nicht unproblematisch angesehen. Das Axiom besagt, daß es zu jeder Aussagefunktion beliebigen Typs und beliebiger Ordnung eine extensional äquivalente Aussagefunktion identischen Typs der Ordnung 0 gibt. (Siehe Seite 61 dieser Arbeit.)

Am wohl unproblematischsten ist sein bisher noch nicht erwähntes *Auswahlaxiom* (*Axiom of Choice*), welches besagt, daß aus einer Menge jeweils ein Element herausgegriffen werden kann, auch wenn kein allgemeines Kriterium für die Auswahl zur Verfügung steht; da Mengen ungeordnet sind, kann ein Kriterium wie ‚jedes n-te Element' dafür nicht herangezogen werden.[46]

RUSSELL selbst war sich des Makels bewußt, welche die zusätzliche Voraussetzung dieser Axiome, speziell des Unendlichkeits- und des Reduzibilitätsaxioms, seinem System gab. (Siehe WOLEŃSKI in [71], S. 112f.) Er führte aus, daß diese Zusatzannahmen unbefriedigend sind gab seiner Hoffnung Ausdruck, daß sie in späteren Systemen eventuell als verzichtbar angesehen oder durch andere, weniger problematische Voraussetzungen ersetzt werden können.[47] Nichtsdestoweniger sah er durch die zusätzlichen Axiome die Gültigkeit des Logizismus und die Durchführbarkeit seines Vorhabens nicht ernsthaft gefährdet:

---

[45]Interessanterweise vertrat RUSSELL 1904 in [37] noch die Auffassung, daß ein solches Axiom vollkommen unnötig ist.

[46]Zu RUSSELLS Einschätzung dieses Axioms siehe auch [MPD], S. 93.

[47]Beim Entwurf der *Principia Mathematica* haben RUSSELL und WHITEHEAD die Typentheorie explizit als relativ eigenständigen Teil ihres Werkes formuliert und deutlich gemacht, daß der absolute Großteil des Werkes auch ohne die Typentheorie unverändert seine Gültigkeit behält, soweit eine andere Methode zur Vermeidung der Paradoxien als Ersatz für die Typentheorie integriert wird. (Siehe [PM], S. vii.)

2.6. IST DER LOGIZISMUS GESCHEITERT? 65

> [...] in spite of these shortcomings [the axiom of reducibility] I think that no one who reads this book [*Principia Mathematica*] will dispute its main contention, namely, that from certain ideas and axioms of mathematical logic, by the help of the logic of relations, all pure mathematics can be deduced, without any new undefined idea or unproved propositions.
> — [LA], S. 325.

RUSSELLS Überzeugung nach kann die Mathematik als Menge von Theoremen der Logik angesehen werden, die einerseits auf ‚leeren' logischen Axiomen beruhen, andererseits aber gewisse Voraussetzungen haben; diese nicht notwendig leeren Zusatzvoraussetzungen sind durch die zusätzlichen Axiome exakt beschrieben. Damit ist die Mathematik für RUSSELL ein System von Implikationen: *Wenn* die entsprechenden Axiome gelten, *dann* gelten auch die mathematischen Theoreme.[48]

WOLEŃSKI zieht in *Logicism and the Concept of Logic* [71] das Fazit, daß die Frage, ob der Logizismus nun gescheitert ist oder nicht, letztendlich nicht pauschal beantwortet werden kann. Die Antwort hängt davon ab, welche Ansprüche man an die Logik stellt, aus der schließlich die Mathematik konstruiert werden soll. Setzt man voraus, daß die Mengenlehre – respektive die Prädikatenlogik zweiter Stufe – genuiner Teil der Logik ist und akzeptiert man auch RUSSELLS *ad hoc*-Axiome, ist der Logizismus seiner Meinung nach problemlos vertretbar.

GÖDELS in *Über formal unentscheidbare Sätze der* Principia Mathematica *und verwandter Systeme I* [14] dargelegter *Unvollständigkeitsbeweis* erwies sich hingegen als ein schwerer Schlag für die Ziele des Logizismus. Neben dem schon angesprochenen Vorhaben – also der Erstellung einer streng formalen und konsistenten logischen Grundlage für die Mathematik – hatten FREGE und RUSSELL die Idealvorstellung, *alle* mathematischen Wahrheiten innerhalb dieses Systems ableiten zu können. In der Tat gab es bis 1931 auch kaum einen Grund, an diesem Ideal zu zweifeln; GÖDEL wies aber nach, daß es mathematische Wahrheiten gibt, die sich in keinem konsistenten System ableiten lassen, welches ausdrucksfähig genug ist, die Arithmetik darzustellen. Sobald N_0 innerhalb eines solchen Systems dargestellt werden kann, läßt sich mit GÖDEL beweisen, daß es Wahrheiten gibt, die sich in diesem System nicht ableiten lassen; läßt sich hingegen N_0 nicht darstellen, fehlt dem System von vornherein die Ausdruckskraft, einen Großteil der Mathematik darzustellen. Also läßt sich kein konsistentes logisches System konstruieren,

---

[48]Siehe dazu beispielsweise REICHENBACH in [33], S. 35; CARNAP in [5]. Beide Autoren halten diese Vorgehensweise für durchaus legitim.

66   KAPITEL 2. RUSSELLS PHILOSOPHIE DER MATHEMATIK

in welchem sich alle mathematischen Wahrheiten ableiten lassen. Einige Autoren sehen darin eine Widerlegung des Logizismus; so schreibt beispielsweise POLLOCK 1970 in *On Logicism*:

> [...] logicism is a theory about the general concept of mathematical truth, not just about some restricted subclass of mathematical truths. To be philosophically interesting, logicism must talk about *all* truths of of mathematics, and so interpreted, logicism is false.
> — POLLOCK in [25], S. 395.

Akzeptiert man POLLOCKS Anforderung an den Logizismus, ist seine Schlußfolgerung unausweichlich. Andere Autoren sind jedoch der Meinung, daß auch eine schwächere Version des Logizismus durchaus vertretbar ist und GÖDELS Unvollständigkeitsbeweis damit keineswegs als ‚Todesstoß' für den Logizismus angesehen werden muß, denn die nicht ableitbaren Wahrheiten – zumindest jene, für welche GÖDEL den Nachweis der Unbeweisbarkeit erbracht hat – würde man gemeinhin kaum der eigentlichen Mathematik, sondern eher einer Meta-Mathematik zurechnen. GÖDELS Beweis hat insofern keine praktischen Auswirkungen auf den Logizismus, sondern führt eher zu einer – wenn auch deutlich – nüchterneren Betrachtungsweise dieser Theorie.[49]

2.7 Zusammenfassung und Bewertung

An dieser Stelle möchte ich ein erstes Resümee aus den hier dargelegten Aspekten von RUSSELLS Philosophie der Mathematik ziehen, bevor ich im nächsten Kapitel auf seine Philosophie des Logischen Atomismus eingehen werde. Das aktuelle Kapitel hatte nicht den – ohnedies kaum erfüllbaren – Anspruch, ein vollständiges Bild von RUSSELLS Philosophie der Mathematik zu zeichnen. Ziel war vielmehr, einen Überblick über die in philosophischer Hinsicht wichtigsten Aspekte von RUSSELLS Philosophie der Mathematik zu geben und diese im Kontext der Entwicklung seines Denkens zu betrachten. In diesem Abschnitt werde ich die wichtigsten Punkte des Kapitels nochmals komprimiert zusammentragen und dabei untersuchen, inwieweit sie mit den von mir als Kernprinzipien von RUSSELLS Philosophie ausgemachten Grundsätzen, der Analyse als grundlegender Methode und Ockham's Razor als leitendem Prinzip dieser Analyse, in Einklang stehen.

---

[49]Siehe dazu auch WOLEŃSKI in [71], S. 113ff., 118; COPI in [8], S. 27. Beide halten das metalogische Kriterium der *Vollständigkeit* für keine notwendige Voraussetzung des Logizismus.

2.7. ZUSAMMENFASSUNG UND BEWERTUNG

Mit RUSSELLS Abkehr vom britischen Neo-Hegelianismus in den letzten Jahren des 19. Jahrhunderts nahm eine völlig neue Entwicklung in seinem Denken ihren Anfang. Mit der aus seiner Auseinandersetzung mit der Philosophie LEIBNIZ' geborener Theorie der externen Relationen ließen sich die auf der hegelianischen Auffassung der internen Relationen beruhenden Widersprüche in der Mathematik, Physik und den Vorstellungen des *common sense* nicht länger herleiten, wie ich in Abschnitt 2.1 ausführlich dargelegt habe. So begann RUSSELL in einer Art ‚Befreiungsschlag' zunächst an die Existenz all jener Entitäten zu glauben, welche die Hegelianer zuvor als illusorisch verworfen hatten: Er glaubte an eine eigenständige Existenz von Zahlen, Materie, Raum- und Zeitpunkten, Pegasus und vielem mehr. Diese neue Position kann schon als ‚platonischer Realismus' bezeichnet werden. Die mit diesem Wandel einhergehende Übernahme und Erweiterung von PEANOS logischer Notation rüstete ihn schließlich mit dem Werkzeug aus, das er zum Erreichen seines ersten großen Ziels – der Herleitung der Mathematik aus der Logik – benötigte.

Nun ist Ockham's Razor ein Prinzip, welches sich auf vielen Ebenen anwenden läßt; in Hinblick auf die im ersten Kapitel beschriebene Reduzierung der Voraussetzungen eines Aussagen- bzw. Wissenssystems muß auch schon RUSSELLS Grundidee der Rückführung der Mathematik auf die Logik, also der Logizismus, als eine Anwendung des Prinzips angesehen werden, da er die Mathematik auf ein minimales Fundament zu stellen beabsichtigte. Das komplexe Symbolsystem der Mathematik wurde im Zuge dieses Programms von RUSSELL hinsichtlich seiner Voraussetzungen analysiert und schließlich aus dem strukturell deutlich einfacheren und in ontologischer Hinsicht sparsameren System der Logik rekonstruiert. Präziser gefaßt kann man auch sagen, daß RUSSELL auf der Grundlage der Logik (und einiger Zusatzannahmen) ein neues System entworfen hat, dessen Konstrukte auf einer bestimmten Ebene mit den einfachen Begriffen der Mathematik hinsichtlich vieler Eigenschaften übereinstimmen. Dank dieser strukturellen Übereinstimmung auf einer für die Mathematik fundamentalen Ebene war RUSSELL dann in der Lage, auch deutlich komplexere mathematische Sachverhalte innerhalb des Systems der Logik zu behandeln und diese – zumindest theoretisch – auf die einfachen Begriffe und Axiome der Logik zurückzuführen. Die *Principia Mathematica* ist größtenteils genau diesem Projekt gewidmet.

Zu den so analysierten und logisch rekonstruierten Begriffen gehören unter anderem die Zahlen. In der Mathematik war es schon vor der Jahrhundertwende möglich, alle Zahlenarten auf die Kardinalzahlen zurückzuführen bzw. aus den Kardinalzahlen zu konstruieren; diese jedoch hielt man für so elementar, daß man ihr Sein einfach voraussetzte. RUSSELL und FREGE waren jedoch in der Lage, diese für die Mathematik fundamentalen Entitäten durch Konstrukte aus Mengen zu ersetzen, welche die von der Mathematik benötigten – und von PEANO systematisch fixierten – Eigenschaften der Kardinalzahlen hatten. Die Zahlenkonstruktion und die daraus erwachsenden Vorteile habe ich in Abschnitt 2.2 detailliert geschildert. RUSSELL und FREGE konnten damit ihre logischen Parallelsysteme zur klassischen Mathematik von dem metaphysischen Ballast der ontologischen Existenz der Kardinalzahlen zu befreien; erstaunlich ist dabei, daß beide aus der prinzipiellen Konstruierbarkeit nicht sofort darauf geschlossen haben, daß es solche den Zahlen entsprechende ontologischen Entitäten (wahrscheinlich) nicht gibt.

RUSSELLS von mir in Abschnitt 2.3 vorgestellte Kennzeichnungstheorie schließlich kann nicht nur als ein Beispiel für Ockham's Razor – die Kennzeichnungstheorie beseitigte die Notwendigkeit, mehrere (in logischer Hinsicht höchst problematische) Abstufungen von Existenz anzunehmen – angesehen werden, sondern bildet darüberhinaus den Prototyp der Anwendung von Ockham's Razor auf der sprachlichen Ebene. Mit der Kennzeichnungstheorie hielt erstmals die Unterscheidung zwischen der grammatischen und der logischen Form von Aussagen Einzug in die Philosophie, womit die Erkenntnis einherging, daß viele philosophische Probleme auf ein unhinterfragtes Vertrauen auf die Sprache zurückzuführen sind. Die Kennzeichnungstheorie führte RUSSELL zu der Feststellung, daß bestimmte Beschreibungen wie ‚der gegenwärtige König von Frankreich‘, die zu denotieren scheinen, vielmehr als unvollständige Symbole anzusehen sind, die für sich genommen keine Bedeutung haben, sondern eine solche erst innerhalb ihres Kontextes bekommen. Diese Entdeckung war auch insofern von herausragender Wichtigkeit, als sie wegweisend war für die spätere Behandlung ähnlicher Problemfälle.

Im Gegensatz zum Logizismus beruhte RUSSELLS Vorgehensweise bei der Kennzeichnungstheorie nicht auf der Analyse eines Konzepts innerhalb eines Systems und der Konstruktion eines vergleichbaren Konzepts in einem anderen, neuen System, sondern die fragliche Schein-Entität wurde innerhalb des Ursprungssystems und auf der Grundlage der einfachen Begriffe des Ursprungssystems konstruiert: Die Schein-Entität wurde also lediglich innerhalb ihres Systems durch eine Konstruktion ersetzt bzw. ihr logischer Charakter so analysiert, daß sie als logische Konstruktion erkennbar wurde. Mit einer solchen Vorgehensweise lassen sich die metaphysischen Voraussetzungen eines Systems relativ ‚schonend‘ reduzieren.

Mit der eher zweifelhaften Natur der Mengen hatte RUSSELL sich schon bei der Abfassung seiner *Principles* kritisch und sehr ausführlich auseinandergesetzt, ohne aber zu dem Zeitpunkt einen konkreten Behandlungsansatz

2.7. ZUSAMMENFASSUNG UND BEWERTUNG

für diese problematischen Entitäten vorweisen zu können. Der Stellenwert der Mengen innerhalb der Mathematik ist kaum zu überschätzen; dies gilt insbesondere für RUSSELLS logizistisches Programm, da das Mengenkonzept dort eine Schlüsselrolle bei der Konstruktion der Kardinalzahlen, also gewissermaßen am Fundament des neu errichteten Systems, innehat. Seine Beschäftigung mit der Kennzeichnungstheorie führte RUSSELL schließlich dazu, auch Mengen als unvollständige Symbole anzusehen und diesen damit eine Bedeutung in der Isolation abzusprechen, wie ich in Abschnitt 2.4 gezeigt habe. Er wies nach, daß Aussagen über Mengen immer auch als Aussagen über zu diesen extensional äquivalente Aussagefunktionen verstanden werden können, also eine Aussage über die Menge der Menschen auch als eine Aussage über die Aussagefunktionen „$\hat{x}$ ist ein Mensch" oder „$\hat{x}$ ist ein ungefiederter Zweibeiner" aufgefaßt werden kann. Dies war insofern wichtig, als daß der metaphysische Status der Mengen bis zu diesem Zeitpunkt völlig unklar war, Mengen sogar oft als Dinge angesehen wurden. Wenn diese Erkenntnis auch primär für die Mathematik und die mathematische Philosophie von Belang war, ist sie doch unbestreitbar auch für das Verständnis der normalen Sprache relevant, in der Mengenkonzepte ja ebenfalls eine wesentliche Rolle spielen.

Die Klärung der Struktur der Sprache – und damit einhergehend ein besseres Verständnis der Struktur der Welt – steht auch hinter RUSSELLS wohl umfangreichstem von mir vorgestellten Einzelprojekt, der Typentheorie. Verschiedene Paradoxien in der normalen Sprache und der Mathematik zogen RUSSELLS Aufmerksamkeit auf sich, da sie Inkonsistenzen in seinem neuen logisch-mathematisches System aufzuzeigen schienen. Mit seiner von mir in Abschnitt 2.5 vorgestellten Typentheorie stellte er sein System auf, das gewissermaßen ‚syntaktische Formationsregeln' für logisch korrekte sprachliche Ausdrücke festlegt und damit die sprachlichen Fehlbildungen aufzeigen kann, welche zu den Paradoxien führten. Was die Typentheorie verdeutlichte, war die durch die normalen Sprachen tolerierte, aber logisch inkonsistente Verwendung von Symbolen:

> You can always only get at the thing you are aiming at by the proper sort of symbol, which approaches it in the appropriate way. That is the real philosophical truth that is at the bottom of all this theory of types.
> — [PLA], S. 269.

Die Typentheorie zeigt auch, wie eine ideale Sprache konstruiert sein müßte: in einer solchen Sprache wäre sie nämlich schlicht überflüssig, da die

Symbole einer Idealsprache unzulässige Symbolverknüpfungen gar nicht zulassen würden. Die semantische Symbolbedeutung fände dort schon in der Form des Symbols einen Ausdruck, was fehlerhafte syntaktische Verknüpfungen von vornherein ausschließen würde.

Anhand der durch die Typentheorie aufgezeigten Struktur lassen sich die Unzulänglichkeiten unserer normalen Sprachen erkennen und – soweit sich Elemente der normalen Sprachen in die Sprache der Logik (oder Idealsprachen) transferieren lassen – vermeiden. Am deutlichsten wird die logische Unzulänglichkeit der normalen Sprachen, wenn man sich die logischen Paradoxien (bei der einfachen Typentheorie) und die semantischen Paradoxien (bei der verzweigten Typentheorie) vergegenwärtigt und betrachtet, durch die Mißachtung welcher Restriktionen diese Paradoxien entstehen und welche sprachlichen Konzepte dabei als potentiell fehlerträchtig eingestuft werden können.

Die Typentheorie hat zunächst einmal nichts mit Ockham's Razor zu tun, sondern könnte vielleicht am besten als ein Hilfsmittel zur syntaktischen Einordnung von Symbolen anhand deren Bedeutungen – und damit als ein Gerüst zur Verdeutlichung der Struktur von Sprache – angesehen werden. Nun habe ich jedoch schon RUSSELLS zentrale Voraussetzung erwähnt, daß es einen strukturellen Isomorphismus zwischen (idealer) Sprache und Welt gibt. In diesem Lichte betrachtet kann die Typentheorie auch als Verständishilfe für RUSSELLS Metaphysik dienen, da die Strukturierung der sprachlichen Konzepte anhand der Typentheorie eine analoge Strukturierung der Ontologie nahelegt. Diesen Gedanken werde ich im nächsten Kapitel wieder aufgreifen.

Kapitel 3

Russells Logischer Atomismus

Wie man RUSSELLS philosophischen Schwerpunkt für die erste Dekade des 20. Jahrhunderts ziemlich eindeutig als die Auseinandersetzung mit der Logik und den Grundlagen der Mathematik ausmachen kann, die vor allen Dingen in den *Principles of Mathematics* und der *Principia Mathematica* ihren Ausdruck fand, läßt sich ein solcher Schwerpunkt auch für die zweite Dekade angeben: Es handelt sich dabei um RUSSELLS *Philosophie des Logischen Atomismus*. Die eigentliche Arbeit an der *Principia Mathematica* beendete RUSSELL 1910 mit der Übergabe des Manuskripts an die Cambridge University Press. Damit wandte sich RUSSELL zunächst von der formalen Logik ab und verlegte das Zentrum seines Interesses auf andere philosophische Probleme, an deren Spitze für ihn die Frage nach den Möglichkeiten des menschlichen Wissens stand, eine Frage, welche fortan zu den immer wiederkehrenden Themen seines philosophischen Werkes gehören sollte. Nach einer durch die *Problems of Philosophy* von 1912 markierten Übergangszeit bildete sich mit seinen folgenden Veröffentlichungen immer deutlicher das philosophische System heraus, welches RUSSELL als ‚Logischen Atomismus' bezeichnete und als dessen klarste und umfassendste Schilderung seine im Frühjahr 1918 vor einem kleinen Publikum in London gehaltene Vorlesungsreihe – die minimal ergänzte Mitschrift dieser acht frei gehaltenen Veranstaltungen bildet die im *Monist* abgedruckte *The Philosophy of Logical Atomism* – angesehen wird. Diese Vorlesungsreihe bildet gleichsam Höhepunkt und Abschluß dieser Periode in RUSSELLS philosophischer Entwicklung. Ab 1919 und speziell der Veröffentlichung von *The Analysis of Mind* 1921 vertritt RUSSELL eine eigene Version des *Neutralen Monismus*.

Der Logische Atomismus als philosophisches System hat sich – auch nach RUSSELLS Auffassung – eher sukzessive herausgebildet, wobei sich die Wurzeln dieses Systems in der Philosophie der Mathematik finden lassen. So schreibt RUSSELL in *The Philosophy of Logical Atomism*:

> The kind of philosophy which I wish to advocate, which I call Logical Atomism, is one which has forced itself upon me in the course of thinking about the philosophy of mathematics, although I should find it hard to say exactly how far there is a definite logical connexion between the two.
>
> — [PLA], S. 178.

Daß es eine derart ‚eindeutige logische Verbindung' zwischen den beiden Bereichen gibt, wird meines Erachtens sowohl am generellen Ansatz der Systeme wie auch an vielen Details deutlich. Bei der Darlegung verschiedener Aspekte des Logischen Atomismus werde ich wiederholt auf Gemeinsamkeiten mit RUSSELLS Philosophie der Mathematik eingehen. Eine abschließende Diskussion dieser Thematik erfolgt dann im 4. Kapitel.

RUSSELLS Fokus lag in der Zeit von 1900 bis etwa 1911 eindeutig bei der Philosophie der Mathematik und der Logik; für allgemeinere Aspekte der Philosophie hatte er vergleichsweise wenig Aufmerksamkeit übrig, wie auch seine Veröffentlichungen aus dieser Zeit belegen. Allerdings gingen mit seinen logischen Entdeckungen gewisse andere Überzeugungen einher; das wohl prägnanteste Beispiel dafür ist sein Wandel vom Idealismus zum Realismus, der, wie ich bereits beschrieben habe, eng mit seinen logischen Überzeugungen verknüpft war. Diese um seine Logik herum entstandenen philosophischen Ansichten hat RUSSELL jedoch oft nicht weiter präzisiert, sie standen eindeutig im Schatten seiner mathematischen Arbeit und hatten mehr den Status von Randbemerkungen. 1912 schließlich bekam RUSSELL erstmals Gelegenheit, sein über die Logik und Mathematik hinausgehendes philosophisches System zu präsentieren: GILBERT MURRAY trat mit der Bitte an ihn heran, eine populär gehaltene Einführung in seine Philosophie für die Reihe *The Home University Library* zu verfassen. RUSSELL nahm begeistert an, denn damit bot sich ihm die Gelegenheit, von der streng logischen Arbeit der letzten Jahre Abstand zu nehmen und seine philosophischen Theorien einem größeren Leserkreis zugänglich zu machen. Das Produkt dieser Anstrengungen ist sein 1912 veröffentlichtes Bändchen *The Problems of Philosophy*, sein, wie er es ausdrückte, *shilling shocker*.[1]

Seine in diesem Werk dargestellten Ansichten zur Philosophie sind teilweise signifikant verschieden von denen, die er in den folgenden Jahren entwickelt

---

[1] Mit *shilling shocker* wurden im spätviktorianischen England für den Massenmarkt produzierte, reißerische, billig aufgemachte und nicht sonderlich niveauvolle Kriminal- und Horrorromane bezeichnet.

hat; dennoch sind schon viele der späteren Entwicklungen vorgezeichnet. Für RUSSELLS Philosophie der zweiten Dekade ist beispielsweise das Konzept der *Sinnesdaten* von entscheidender Bedeutung, welches er in den *Problems of Philosophy* darstellt und auch argumentativ verteidigt. Gleiches gilt für seine Unterscheidung zwischen *Wissen durch Bekanntschaft* und *Wissen durch Beschreibung*, seine Überlegungen zu Universalien und etliche andere Aspekte. Wo es sinnvoll und gewinnbringend ist, werde ich im Verlauf des Kapitels auf Gemeinsamkeiten und Unterschiede seiner in den *Problems of Philosophy* vertretenen Auffassungen und dem Logischen Atomismus eingehen.

RUSSELLS Logik ist, wie schon im letzten Kapitel dargelegt wurde, *atomistisch*, was heißt, daß sie auf die Existenz mehrerer voneinander unabhängiger Dinge in der Welt zugeschnitten ist. Den Gegensatz zu den atomistischen Logiken bilden die *monistischen* Logiken, wie sie beispielsweise in HEGELS Tradition zu finden sind. Diese sehen die Welt als eine einzelne, unteilbare Realität an, in welcher die Vielheit nur Schein ist. Die Unterschiede schlagen sich auf der logischen Ebene insbesondere in den jeweiligen Einstellungen zu den Relationen nieder, wie ich sie in Abschnitt 2.1 beschrieben habe. So ist RUSSELLS Weltbild auch entsprechend durch das Vorhandensein von kleinsten unabhängigen Elementen, den Atomen, gekennzeichnet. Diese durch reduktive Analyse zu erreichenden kleinsten Elemente sind logische – und nicht etwa physikalische – Atome. Zu den *logischen Atomen* (*logical atoms, ultimate simples*) gehören *Individuen* (*particulars*) wie kleine Farbflecke oder Töne, *Eigenschaften* wie ‚rot' und *Relationen* wie ‚zwischen'. Diese Atome stehen jedoch am Ende des Analyseprozesses; zunächst ist eine Beschäftigung mit der Frage sinnvoll, wo dieser Prozeß seinen Ausgang nehmen soll.

RUSSELL beginnt seine Untersuchung mit der Suche nach den völlig sicheren, unbezweifelbaren Elementen unseres Wissens. Wir haben ein sehr umfassendes und vielfältiges Wissen, das jedoch unstrukturiert und größtenteils recht vage ist. Nichtsdestoweniger sind wir uns ziemlich sicher, daß dieses Wissen wahr ist, auch wenn wir zweifelsohne einräumen würden, daß einige Elemente davon durchaus falsch sein könnten. Dieses Wissen besteht aus verschiedensten Elementen: Der Bekanntschaft mit Dingen aus unserem direkten Umfeld, Bekanntschaft mit Menschen, Wissen, welches wir wiederum durch Abstraktion aus anderem Wissen erhalten haben, Wissen, welches wir durch Gespräche oder das Lesen von Büchern erworben haben, ein (größtenteils unbewußtes) Gebrauchswissen von der Physik – welches ob der Möglichkeit, ‚die Zukunft vorherzusagen', ein erstaunliches Überzeugungsvermögen hat – und anderes mehr. (Siehe [OKEW], S. 42f.) Aus diesen vagen Ausgangsdaten will RUSSELL nun die sichersten – soll heißen: die am wenigsten bezweifelbaren – Elemente herausgreifen, um sie dann als Grundbausteine seines zu entwerfenden philosophischen Systems heranzuziehen. RUSSELL ist der Ansicht, daß DESCARTES' Methode des systematischen Zweifels, wie er sie in seinen *Meditationen* dargelegt hat, hierfür die Herangehensweise der Wahl ist: Durch skeptisches Hinterfragen gilt es, sukzessive alle Bereiche auszuschließen, deren man sich nicht vollkommen sicher sein kann, bis auf dieser Grundlage letztlich nur noch die unbezweifelbaren, vollkommen selbst-evidenten Elemente unseres Wissens übrig bleiben. Zu diesem Kriterium führt RUSSELL 1911 in *The Philosophical Implications of Mathematical Logic* aus:

> Self-evidence is a psychological property and is therefore subjective and variable. It is essential to knowledge, since all knowledge must be either self-evident or deduced from self-evident knowledge.
> — [PIML], S. 293.

Bei unserem Wissen kann nach RUSSELL generell zwischen einem *Wissen von Dingen* und einem *Wissen von Wahrheiten* unterschieden werden; beide Typen finden sich auch unter den unbezweifelbaren Ausgangsdaten.

Wissen von Dingen bezieht sich auf die logischen Atome, welche das Fundament des Wissensgebäudes bilden. Bei unserem Wissen von Dingen haben nach RUSSELL diejenigen Elemente den erkenntnistheoretisch sichersten Status, von denen wir *Wissen durch Bekanntschaft* haben – dies sind die direkten Daten unserer äußeren und inneren Sinne, unsere noch junge und lebhafte Erinnerung, ein Teil der Universalien sowie möglicherweise unsere Bekanntschaft mit dem Selbst. Unser gesamtes Wissen von Dingen ist entweder diesem elementaren Wissen zuzuordnen oder dem komplexeren *Wissen durch Beschreibung*, welches sich jedoch prinzipiell auf Wissen durch Bekanntschaft zurückführen läßt. Dieses Wissen durch Beschreibung basiert auf einem Wissen von Wahrheiten und läuft – vereinfacht dargestellt – darauf hinaus, daß wir um die Existenz bestimmter Individuen wissen und auch eine Beschreibung dieser Individuen geben können, obgleich wir, zumindest im Normalfall, mit diesen nicht auch in einer Bekanntschafts-Relation stehen.

Die Dinge, von denen wir ein Wissen durch Bekanntschaft oder ein Wissen durch Beschreibung haben, bilden eine Untermenge der kleinsten Elemente in RUSSELLs Logischem Atomismus. Es handelt sich bei ihnen um *logische Atome* und damit um die Namensgeber des hier vorgestellten philosophischen Systems. Diese Atome sind die Bestandteile der *Fakten* und bilden zusammen mit ihnen das Inventar der Welt. Über diese beiden, sich in der Art ihrer Existenz deutlich unterscheidenden Arten von Objekten hinaus gibt es nichts. Die Welt besteht aus Individuen, die in komplexesten Relationen zueinander stehen; die Fakten sind die Struktur der Welt, die durch die logischen Atome gebildet wird.

Das aus RUSSELLS Techniken resultierende ‚Weltbild' hängt stark davon ab, ob man die epistemologischen oder die ontologischen Aspekte in den Vordergrund stellt; RUSSELLS Angaben in dieser Beziehung sind höchst vage und mehrdeutig. Die Konstruktion des Systems von den epistemologischen einfachsten Faktoren beginnt mit unseren Wahrnehmungen und Gedanken; dies sind jedoch keinesfalls – zumindest nicht notwendig – auch die ontologisch einfachsten Elemente, wie bei der Überlegung deutlich wird, daß unsere mentalen Aktivitäten nicht mehr als ein schon beinahe zufälliger Sonderfall in der Struktur der Welt sind. (Siehe dazu auch AYER in [1], S. 15.) RUSSELLS System ist in dieser Hinsicht, wie sich noch zeigen wird, äußerst flexibel.

RUSSELLS Philosophie ist sehr eng mit seinem Konzept von symbolischer Repräsentation bzw. Sprache verwoben. Dies wurde auch schon bei seiner Philosophie der Mathematik deutlich, bei welcher die interne Struktur der von ihm propagierten Logik und sein Wandel vom monistischen Idealismus zum Pluralismus sich, wie ich argumentiert habe, wechselseitig verstärkten. Diese enge Verknüpfung von Sprache und Philosophie setzt sich auch in RUSSELLS Logischem Atomismus fort. Aufgrund dieses schon beinahe symbiotischen Verhältnisses ist es kaum möglich, RUSSELLS Logischen Atomismus ohne vielfachen Rückgriff auf die Parallelen in der Sprache darzulegen oder entsprechend umgekehrt sein Sprachkonzept losgelöst von der Philosophie zu betrachten. Aus diesem Grund habe ich mich dazu entschlossen, die sprachlichen Elemente den philosophischen strukturell unterzuordnen, sie also ausführlich zu besprechen, ohne jedoch die Gliederung des Kapitels auf die sprachlichen Elemente hin auszurichten.

An dieser Stelle möchte ich noch kurz auf einen weiteren Aspekt eingehen, der in dieser Arbeit keine vertiefte Berücksichtigung findet. RUSSELL erklärt in der Einführung zu seiner *The Philosophy of Logical Atomism* freimütig:

> [These lectures] are very largely concerned with explaining certain ideas which I learned from my friend and former pupil Ludwig Wittgenstein. I have had no opportunity of knowing his views since August, 1914, and I do not even know whether he is alive or dead. He has therefore no responsibility for what is said in these lectures beyond that of having originally supplied many of the theories contained in them.
> — [PLA], S. 177.

In der Tat hat WITTGENSTEIN mit dem *Tractatus logico-philosophicus* später seine eigene Version des Logischen Atomismus vorgelegt. Eine Diskussion des *Tractatus* würde jedoch, selbst wenn sie noch so oberflächlich wäre, den Rahmen dieser Arbeit vollständig sprengen. Auch wäre es ein sinnloses Unterfangen, den wechselseitigen Einfluß von RUSSELL und WITTGENSTEIN aufeinander präzise analysieren zu wollen; es gibt kaum verläßliche Quellen dazu, zumal WITTGENSTEIN vor dem *Tractatus* nichts veröffentlicht hat. Als Quellen könnten lediglich Briefe und kleinere Aufzeichnungen wie die vor dem ersten Weltkrieg von WITTGENSTEIN diktierten *Notes on Logic* dienen, die jedoch nicht mehr als ein höchst lückenhaftes Bild zeichnen könnten. Aus diesen Gründen werde ich in dieser Arbeit keine Vergleiche von RUSSELLS Theorien mit WITTGENSTEINS Philosophie anstellen.

Ein in diesem Zusammenhang dennoch erwähnenswerter Punkt ist, daß viele Autoren der Ansicht sind, daß WITTGENSTEINS ‚Abbildtheorie der Sprache' RUSSELLS schon mehrfach angesprochenes Kernprinzip des Isomorphismus von Sprache und Welt beeinflußt hat. QUINE macht in *Russell's Ontological Development* jedoch deutlich, daß RUSSELL dieses Konzept schon vor seiner Bekanntschaft mit WITTGENSTEIN vertreten hat. (Siehe [28], S. 11f.)

3.1 Erkenntnis und Wissen von Dingen

RUSSELLS Erkenntnistheorie basiert in wesentlichen Aspekten auf seiner Differenzierung von *Wissen durch Bekanntschaft* und *Wissen durch Beschreibung*, die er erstmals ausführlich im März 1911 in Vorträgen vor der *Oxford University Philosophical Society* und der *Aristotelian Society* präsentierte.[2] Weitere wichtige und erläuternde Elemente, speziell eine Verteidigung seiner Theorie gegen den damals in Amerika populären Neutralen Monismus, finden sich in *On the Nature of Acquaintance* von 1914.[3]

---

[2]Seinen 1911 in den *Proceedings of the Aristotelian Society* veröffentlichten Vortrag [KAKD] nahm RUSSELL offenbar auch als Vorlage für das V. Kapitel seiner [POP]; einige längere Passagen hat er dabei sogar wörtlich übernommen.

[3]Eine erste, nicht weiter ausgeführte Andeutung dieser Theorie findet sich bereits 1905 in *On Denoting*. Dort schreibt RUSSELL:

> The subject of denoting is of very great importance, not only in logic and mathematics, but also in theory of knowledge. For example, we know that the centre of mass of the solar system at a definite instant is some definite point, and we can affirm a number of propositions about it; but we have no immediate *acquaintance* with this point, which is only known to us by description. The distinction between *acquaintance* and *knowledge about* is the distinction between the things we have presentations of, and the things

3.1. ERKENNTNIS UND WISSEN VON DINGEN

Nach RUSSELL gibt es einen elementaren Unterschied zwischen dem Wissen von Wahrheiten (knowledge of truths) und dem Wissen von Dingen (knowledge of things).[4] Um Wahrheiten zu wissen, muß man mit vergleichsweise abstrakten Sachverhalten vertraut sein; die Kenntnis von Dingen ist hingegen elementarer. Wie sich zeigen wird, ist RUSSELLS Vorstellung von einem ‚Ding' nicht mit der des *common sense* identisch, in welcher ja so gut wie alles als ein ‚Ding' bezeichnet bzw. angesehen werden kann. Beim Wissen von Dingen unterscheidet RUSSELL dann auch zwischen zwei grundsätzlich verschiedenen Typen dieses Wissens: Dem *Wissen durch Bekanntschaft* (*knowledge by acquaintance*) und *Wissen durch Beschreibung* (*knowledge by description*).

Das *Wissen durch Bekanntschaft* ist eine sehr direkte Form des Wissens oder des Kennens von Dingen. Diese Form zeichnet sich vor allem dadurch aus, daß wir einen unmittelbaren Zugang zu den uns so bekannten Dingen haben und daß dieses Wissen sehr einfacher Natur ist. Die uns so zugänglichen Daten stellen in letzter Konsequenz das Fundament unseres ganzen Wissens dar.

Wissen durch Beschreibung hingegen ist abstrakterer Natur. Die uns durch Beschreibung zugänglichen Dinge kennen wir im Normalfall nicht direkt, sondern nur über – meist unbewußte – Schlußprozesse aus uns bekannten Dingen. Schlußprozesse setzten jedoch immer schon ein Wissen von Wahrheiten voraus. Dies muß als deutliches Indiz für den epistemologisch abgehobeneren Status des Wissens durch Beschreibung angesehen werden.

Aufgrund der hervorgehobenen Stellung der Unterscheidung dieser beiden Typen des Wissens von Dingen in RUSSELLS Erkenntnistheorie werde ich sie ausführlich in getrennten Unterabschnitten behandeln.

Das *Wissen von Wahrheiten* hingegen ist keiner weiteren Unterteilung unterworfen. Sicherlich ist es auch beim Wissen von Wahrheiten der Fall, daß einige Elemente erkenntnistheoretisch fundamentaler sind als andere; so ist das eben angesprochene Wissen durch Beschreibung, wie noch zu sehen sein wird, auch als einfachste Form des Wissens von Wahrheiten anzusehen.

---

we only reach by means of denoting phrases.

— [OD], S. 41.

---

[4] ‚Wissen' von Dingen scheint zunächst ein etwas unglücklicher Ausdruck zu sein, da man im Deutschen eher zu Begriffen wie ‚kennen' oder ‚Erkenntnis' neigen würde, wenn man über Dinge spricht. Dennoch bleibe ich hier bei dieser Wortwahl, da die folgende Unterscheidung zwischen *Bekanntschaft* und *Beschreibung* einen möglichst neutralen Überbegriff erfordert. Aus stilistischen Gründen werde ich im Text jedoch auch teilweise zu anderen Formulierungen greifen, soweit keine Verwechslungsgefahr besteht.

Auf das Wissen von Wahrheiten werde ich im weiteren Verlauf dieser Arbeit noch verschiedentlich zu sprechen kommen.

3.1.1 Wissen durch Bekanntschaft

Die einfachste und fundamentalste Form des Wissens von Dingen – und des Wissens überhaupt – ist das Wissen durch Bekanntschaft. Es zeichnet sich dadurch aus, daß man diese Bekanntschaft zu Dingen hat, ohne dazu auf etwas zurückgreifen zu müssen, sei es Wissen über Wahrheiten oder irgendeinen Schlußprozeß. Dieser direkte und unmittelbare Zugang ist nur bei wenigen der Objekte gegeben, welche wir zunächst im allgemeinen Sinne zu kennen glauben. Nach RUSSELL kann Wissen durch Bekanntschaft allgemein als eine nicht weiter analysierbare Relation aRb angesehen werden, die zwischen einem mentalen Subjekt a – dem Wahrnehmenden – und einem Objekt b – dem Wahrgenommenen – besteht, welches zwar ebenfalls mental sein kann, aber nicht muß. Dieses Objekt b kann auch – RUSSELL hält dies sogar für den Regelfall – komplex sein, wobei es möglich ist, daß das Subjekt nicht notwendig auch mit allen Teilen dieses komplexen Objekts bekannt sein muß. Unabhängig von der Komplexität des Objekts kann eine solche Bekanntschafts-Relation entweder bestehen oder nicht bestehen: Abstufungen bzw. Grade von Bekanntschaft gibt es, wie er 1914 in *Our Knowledge of the External World* schreibt, bei dieser Form des Wissens keine:

> Acquaintance, which is what we derive from sense, does not, theoretically at least, imply even the smallest "knowledge about," i.e. it does not imply knowledge of any proposition concerning the object with which we are acquainted. It is a mistake to speak as if acquaintance had degrees: there is merely acquaintance and non-acquaintance.
> — [OKEW], S. 151.

RUSSELLS Ansicht nach müssen mehrere Quellen dieses direkten Wissens unterschieden werden. Dies sind die Sinnesdaten unserer gegenwärtigen sensuellen Wahrnehmung, die Sinnesdaten der Wahrnehmung durch Introspektion, Elemente unseres Gedächtnisses sowie – wobei er seine diesbezüglichen Ansichten verschiedentlich revidiert hat – unser Selbst. Auch mit einigen Universalien sind wir unmittelbar bekannt. Auf diese fünf Ursprünge von Wissen durch Bekanntschaft werde ich nun zunächst vertiefend eingehen, wobei ich mich vornehmlich am V. Kapitel der *Problems of Philosophy* orientiere:

3.1. ERKENNTNIS UND WISSEN VON DINGEN

1. Die Sinnesdaten der äußeren Wahrnehmung bilden die wohl prominenteste und ergiebigste Quelle unseres Wissens durch Bekanntschaft. Mit allen unseren Sinnesdaten sind wir bekannt; haben wir ein rotes oder ein dreieckiges visuelles Sinnesdatum, ist uns diese Röte oder diese Dreieckigkeit so gegenwärtig wie sie nur sein kann. Kein anderes Wissen kann dieses spezielle Rot oder diese spezielle Dreieckigkeit für uns klarer machen, dem irgendwelche Informationen hinzufügen. Selbst wenn wir uns verdeutlichen, daß der Farbton dieser Wahrnehmung exakt dem einer Rose entspricht oder eine bestimmte elektromagnetische Wellenlänge hat, fügt dieses Wissen *über* das Sinnesdatum dem Wissen *von* respektive der Bekanntschaft *mit* diesem Sinnesdatum doch nichts hinzu; bei diesem zusätzlichen Wissen handelt es sich vielmehr um Wissen von Wahrheiten. Das Wissen des Gegenstandes ist einfach und in seiner Direktheit vollkommen umfassend.

Entsprechend einfaches Wissen wird neben dem visuellen auch von den anderen Sinnen geliefert: Ein Ton bildet ein Sinnesdatum und ist uns als solches bekannt, auch die Tast-, Geschmacks- und Geruchsempfindungen sind Quellen von Wissen durch Bekanntschaft. Bei letzteren wird der in sich abgeschlossene und allumfassende Charakter des Wissens meines Erachtens besonders deutlich, da diese Empfindungen uns auf eine andere Art zu berühren scheinen; während wir visuelle und akustische Eindrücke gemeinhin eher in Sequenzen wahrnehmen und analysieren, beispielsweise beim Betrachten eines Bildes, beim Lesen eines Textes oder auch beim Hören von Sprache oder Musik, sind haptische, olfaktorische und gustatorische Reize für uns eher singuläre Ereignisse, auch wenn sie ihrer Natur nach ebenso kontinuierlich sind.

Bei der Betrachtung der Sinnesdaten der äußeren Wahrnehmung kann man leicht dem Trugschluß verfallen, daß wir mit den physikalischen Objekten selbst bekannt sind; dies ist jedoch nicht der Fall. Wir haben in diesem Zusammenhang zwar Wissen von Dingen in Bezug auf ihre Röte oder ähnliches, diese Dinge sind jedoch nichts anderes als Sinnesdaten. Wir haben kein Wissen durch Bekanntschaft von den physikalischen Objekten, welche gemeinhin die Quelle dieser Sinnesdaten sind: So bin ich zwar mit dem bestimmten Geschmack, Geruch und der Farbe des Weines bekannt, nicht jedoch mit dem Wein an sich; ich kenne das Geräusch des zerspringenden Glases, nicht jedoch das Glas selbst. Wissen von physikalischen Objekten ist immer Wissen durch Beschreibung.[5]

---

[5]Die einzige Ausnahme bilden die Sinnesdaten selbst, insofern diese als physikalische Objekte angesehen werden. Siehe dazu auch Abschnitt 3.4 dieser Arbeit.

2. Die ‚inneren Sinne' bilden einen weiteren Ursprung unseres Wissen durch Bekanntschaft. Die Gegenstände der Wahrnehmungen unserer inneren Sinne – von RUSSELL ebenfalls Sinnesdaten genannt – sind zwar schwerer zu erfassen, ähneln jedoch prinzipiell den eben besprochenen Sinnesdaten der äußeren Sinne. Die Relation der Bekanntschaft besteht bei dieser Form zwischen dem wahrnehmenden Subjekt und seinen Bewußtseinsinhalten. Die Objekte der Bekanntschaft sind hier unsere Gedanken, Gefühle, Wünsche, Schmerzen &c., welche wir in der Introspektion wahrnehmen; man könnte diese vielleicht mit dem Sammelbegriff *mentale Objekte* bezeichnen. Nach RUSSELL nehmen wir diese einfachen Objekte jedoch meist nicht als solche wahr, da sich unser Wissen durch Bekanntschaft, speziell in der Introspektion, oft auf *Komplexe* bezieht, von denen diese einfacheren Objekte lediglich Komponenten sind. Der jeweilige Komplex liefert den Kontext, daß man es selbst ist, der diese Empfindungen &c. hat.

Zwei einfache Beispiele können dies verdeutlichen: Mit meinem gegenwärtigen Hunger an sich – also, wenn man so will, dem Hunger-Sinnesdatum – bin ich möglicherweise nicht direkt bekannt, zumindest nicht in der unmittelbaren Weise, wie ich mit einer Rot-Wahrnehmung bekannt bin; sicher hingegen besteht eine solche Bekanntschaft mit dem Komplex ‚mein Hunger'. Mein Gedanke, daß es morgen regnen wird, ist bereits an sich komplex und geht darüberhinaus in den Komplex „ich denke, daß es morgen regnen wird" ein. Daraus, daß wir derartige Gedanken und Gefühle in der Introspektion haben, kann man leicht schließen, daß es auch die Gedanken und Gefühle gibt, welche als Komponenten in diese Komplexe eingehen; dies ist jedoch keine hinreichende Voraussetzung dafür, daß wir Wissen durch Bekanntschaft von ihnen haben. Entsprechend gibt es selbstverständlich auch mentale Komplexe wie „ich sehe gerade die Sonne", mit denen ich bekannt sein kann: Hier bezieht sich die Meta-Ebene der Reflexion dann nicht länger auf die innere, sondern die äußere Wahrnehmung.

Die mentalen Objekte, mit denen wir bekannt sein können, sind also einerseits unsere einfachen Empfindungen, andererseits und mit größerer Sicherheit aber auch Komplexe. Diese Komplexität kann einerseits bereits auf der Objektebene vorliegen wie bei meinem Gedanken, daß es morgen regnen wird, oder auf einer Meta-Ebene begründet sein, bei der das (einfache oder auch schon komplexe) mentale Objekt in einen Komplex eingebettet wird, welcher eine Reflexivität ausdrückt, in den also das Ich als wahrnehmendes Subjekt Einzug hält.

3.1. ERKENNTNIS UND WISSEN VON DINGEN

3. Die dritte Quelle des Wissens durch Bekanntschaft ist die Erinnerung, in welcher wir uns vergangene Sinnesdaten wieder ‚vor Augen führen' oder ‚ins Bewußtsein rufen' können, wobei der Begriff ‚Sinnesdaten' hier sehr weit zu fassen ist. Auch in der Erinnerung fällt es bei den Geschmacks- und Geruchsempfindungen leichter, von der physikalischen Ursache des Reizes zu abstrahieren und den Reiz in der Erinnerung in gewisser Weise erneut wahrzunehmen; natürlich ist dies auch bei anderen Sinneseindrücken oder Objekten der Introspektion möglich. In der Tat unterscheidet sich die Erinnerung in dieser Hinsicht nicht wesentlich von der direkten Wahrnehmung, soweit die Erinnerung noch ausreichend lebhaft ist. Ein signifikanter Unterschied zur Wahrnehmung von gegenwärtigen Sinnesdaten oder Objekten der Introspektion scheint mir zu sein, daß wir uns der Erinnerungen als zur Vergangenheit gehörig bewußt sein müssen, da wir uns sonst in gewisser Weise einem undurchdringlichen Wust von gegenwärtigen und erinnerten Sinnesdaten ausgesetzt sehen würden, ohne diese unterscheiden zu können.[6]

4. Eine eher problematische Quelle des Wissens durch Bekanntschaft ist die Bekanntschaft mit dem Selbst[7] als wahrnehmenden Subjekt, wobei

---

[6]Da das wahrnehmende Subjekt im Falle der Erinnerungen und der gegenwärtigen Wahrnehmungen identisch ist, muß sich also entweder das Sinnesdatum in der Erinnerung von dem der Wahrnehmung unterscheiden – was jedoch mit RUSSELLS Theorie kaum vereinbar ist, da keinerlei Transformation der Sinnesdaten stattfindet – oder es ist falsch, von *einer* Bekanntschafts-Relation zu sprechen, da so keine Differenzierung der Sinnesdaten hinsichtlich ihrer Herkunft erfolgen könnte. Dieser kritische Aspekt wird von RUSSELL leider nicht thematisiert; auch die psychologisch anspruchsvollere Diskussion der Erfahrungs- bzw. Bekanntschafts-Relation in [ONA] trägt nicht zur Klärung dieses Aspekts bei.
Eine mögliche Entgegnung auf diesen Einwand wäre, daß wir uns vergangener Sinnesdaten immer nur als Bestandteile von Komplexen erinnern, beispielsweise in der Form „ich erinnere mich gerade meiner vergangenen Rot-Wahrnehmung". Damit wäre das ehemalige rote Sinnesdatum zwar eindeutig als Erinnerung erkennbar und das Subjekt liefe nicht Gefahr, einer Vermischung der Erinnerung mit aktuellen Sinnesdaten anheimzufallen; andererseits wäre so ein weiteres Vordringen zu dem fraglichen Bestandteil des Komplexes, dem eigentlich erinnerten roten Sinnesdatum, nicht möglich. Damit erscheint auch RUSSELLS These fraglich, daß die Erinnerung als eine Quelle von Wissen durch Bekanntschaft mit vergangenen Sinnesdaten angesehen werden kann, da die erinnerten Sinnesdaten an sich im Prozeß der Erinnerung gar nicht mehr zugänglich sind.
Dieses Problem ist insofern von besonderer Bedeutung, als der Erinnerung in RUSSELLS System ein herausragender Stellenwert zukommt und der Prozeß der Bildung von Wissen durch Beschreibung, auf welchen ich im Anschluß zu sprechen kommen werde, entscheidend auf die Erinnerung als Quelle von Wissen durch Bekanntschaft zurückgreift.

[7]Hier ist strikt das eigene Selbst gemeint, also das, was man gemeinhin mit ‚Ich' bezeichnen würde. RUSSELL klammert hier sogar zunächst verkomplizierende Elemente wie die Identität des Ich über die Zeit aus und reduziert den Begriff auf das Objekt, ‚welches meine gegenwärtigen Sinneseindrücke hat'. (Siehe [ONA], S. 164.)

RUSSELL seine Einstellung dazu nach 1912 revidiert und unser Wissen vom Selbst als Wissen durch Beschreibung klassifiziert hat. Aus diesem Grund werde ich an dieser Stelle zunächst seine frühe Auffassung behandeln – deren zentrale Thesen wie die Definition des Selbst-Bewußtseins weiterhin ihre Gültigkeit behalten – und erst am Ende des nächsten Abschnittes auf Seite 86 seine spätere Meinung diskutieren, die das Selbst als uns nur per Beschreibung zugängliches Objekt klassifiziert.

Wie bereits angesprochen, kommt es häufig vor, daß man sich beispielsweise neben der Wahrnehmung eines Sinnesdatums in der Introspektion auch noch der Tatsache bewußt ist, daß man selbst es ist, der dieses Sinnesdatum wahrnimmt.[8] Wenn man also die Sonne wahrnimmt, ist man gegebenenfalls auch mit einem Komplex wie ‚meine Wahrnehmung der Sonne' bekannt, wenn man in der Introspektion gewissermaßen eine Meta-Ebene bezieht. Analog kann man einen Komplex wie ‚mein Hunger' wahrnehmen, wenn man hungrig ist. Die Bekanntschaft mit diesen komplexen mentalen Objekten impliziert nach RUSSELL jedoch nicht zwangsläufig, daß man auch mit der Komponente dieser Komplexe bekannt ist, welche das Selbst repräsentiert, also dem, was die Sonne wahrnimmt bzw. hungrig ist – wie schon auf Seite 80 dieser Arbeit erwähnt, ist die Bekanntschaft mit den Komplexen ja keine hinreichende Voraussetzung für die Bekanntschaft mit deren Komponenten. Diese Variante der Introspektion nennt RUSSELL *Selbst-Bewußtsein (self-consciousness)*; sie zeichnet sich dadurch aus, daß das Selbst eine Komponente der in der Introspektion wahrgenommenen Komplexe ist.

Dieses Selbst-Bewußtsein ist keineswegs identisch mit einem Bewußtsein des Selbst im Sinne einer Bekanntschaft mit dem Selbst, da es sich beim Selbst-Bewußtsein lediglich um ein Bewußtsein bestimmter komplexer mentaler Objekte handelt. Das Selbst ist uns auch in Gedanken kaum direkt zugänglich, da wir in der Introspektion zwar häufig auf die

---

[8]In [ONA] hat RUSSELL diesen Gedanken dahingehend präzisiert, daß wir uns streng genommen der Identität der beiden in einer solchen Introspektion vorkommenden wahrnehmenden Subjekte nicht sicher sein können. Dies kann man gut an dem Beispielsatz „ich denke, daß ich gerade eine Rot-Wahrnehmung habe" verdeutlichen. Wenn wir das Subjekt der Introspektion mit s bezeichnen, die Relation der Introspektion mit I, die Bekanntschafts-Relation mit B und das Objekt dieser Bekanntschaft mit o, sollte man also nicht von einer logischen Form wie $s\ I\ (s\ B\ o)$ ausgehen. Präziser und sicherer erscheint RUSSELL eine Form wie $s\ I\ ((\exists x)\ .\ x\ B\ o)$. (Siehe [ONA], S. 166.) Wenn die Identität der beiden Subjekte (repräsentiert durch s und die Scheinvariable x) auch nicht logisch notwendig ist, ergeben sich aus der von RUSSELL vorgenommenen Präzisierung jedoch keine signifikanten Konsequenzen für die hier betrachtete Thematik.

3.1. ERKENNTNIS UND WISSEN VON DINGEN

gerade beschriebenen mentalen Objekte stoßen, von denen das Selbst eine Komponente ist, dieses Selbst in der Introspektion jedoch niemals isoliert vorkommt. In *Knowledge by Acquaintance and Knowledge by Description* und den *Problems of Philosophy* hält RUSSELL es dennoch für wahrscheinlich, daß wir mit dem Selbst bekannt sind, wenn er dies auch nicht vorbehaltlos behauptet, sondern erst nach einiger Diskussion beinahe widerwillig einräumt:

> It does not seem necessary to suppose that we are acquainted with a more or less permanent person, the same to-day as yesterday, but it does seem as though we must be acquainted with that thing, whatever its nature, which sees the sun and has acquaintance with sense-data. Thus, in some sense it would seem we must be acquainted with our Selves as opposed to our particular experiences. But the question is difficult, and complicated arguments can be adduced on either side. Hence, although acquaintance with ourselves seems *probably* to occur, it is not wise to assert that it undoubtedly does occur.
> — [POP], S. 34f.

Die später von RUSSELL selbst favorisierte Alternative zu einer Bekanntschaft mit dem Selbst ist, daß wir von unserem Selbst lediglich ein erkenntnistheoretisch weniger elementares Wissen durch Beschreibung haben. Darauf gehe ich bei der Diskussion des Wissens durch Beschreibung im nächsten Abschnitt noch näher ein.

5. Die fünfte und letzte Quelle von Objekten, von denen wir ein Wissen durch Bekanntschaft haben, wird durch eine umfangreiche Gruppe von Universalien gebildet. Dazu gehören solche ‚allgegenwärtigen‘ Universalien wie die Röte, das Reden, die Unterschiedlichkeit, die Schnelligkeit oder auch die Schmerzhaftigkeit. Diese Universalien können in verschiedenen sprachlichen Formen auftreten, etwa wie in dieser Aufzählung als Substantive, aber auch als Verben, Adjektive oder Adverbien; in der Logik stehen Eigenschaften und Relationen für Universalien. Eine solche Universalie, mit der wir bekannt sind, nennt RUSSELL ein *Konzept* (*concept*); das ‚mentale Betrachten‘ eines solchen Konzepts nennt er *Vorstellen* (*conceiving*).

Die Bekanntschaft mit Universalien wird nach RUSSELL erworben; wir abstrahieren die Universalien aus unseren Wahrnehmungen. Im Gegensatz zu den radikalen Empiristen ist RUSSELL jedoch nicht der Auffassung, daß wir die Kenntnis *aller* Universalien auf diese Weise erworben haben, widerspricht also LOCKES *tabula rasa*-Ansatz. Vielmehr muß ein erster ‚Grundvorrat' an Universalien bereits vorhanden sein, um überhaupt die Bildung weiterer Universalien zu ermöglichen. (Siehe dazu auch Seite 120 dieser Arbeit.) So führt RUSSELL 1911 in *The Philosophical Implications of Mathematical Logic* aus:

> [...] it is to be remarked, in opposition to empirical theories, that mathematical knowledge needs premises which are not based on the data of sense. Every general proposition goes beyond the limits of knowledge obtained through the senses, which is wholly restricted to what is individual. If we say that the extension of the given case to the general is effected by means of induction, we are forced to admit that induction itself is not proved by means of experience.
> — [PIML], S. 291.

Nach dem Betrachten mehrerer roter Sinnesdaten sind wir irgendwann in der Lage, das Konzept der Röte als eine diesen Sinnesdaten gemeinsame Eigenschaft herauszugreifen. Dies wäre jedoch unmöglich, wenn wir nicht schon vorher psychologisch fundamentale Konzepte wie das der Induktion, der Ähnlichkeit und der Abstraktion hätten, auch wenn diese sicherlich in einem noch vor-bewußten Stadium vorhanden sind.

Unabhängig von der jeweiligen Quelle des Wissens durch Bekanntschaft haben die uns auf diese Weise bekannten Objekte eines gemein: Wir erfassen sie tatsächlich so, wie sie sind. Es findet keine Analyse in irgendeiner Weise statt, die Bekanntschaft besteht als eine nicht weiter analysierbare Relation zwischen dem erkennenden Subjekt und dem Objekt. Dieses Wissen durch Bekanntschaft ist das aus erkenntnistheoretischer Sicht einfachste und grundlegendste Wissen, welches man haben kann.

3.1.2 Wissen durch Beschreibung

Die zweite Kategorie unseres Wissens von Dingen ist das Wissen durch Beschreibung. Dies liegt genau dann vor, wenn wir eine Beschreibung kennen und wissen, daß diese Beschreibung auf exakt ein Objekt zutrifft. Damit bildet die Menge der Objekte, zu denen wir in einer Bekanntschafts-Relation stehen, trivialerweise eine Untermenge der uns durch Beschreibung zugänglichen Objekte: Zu jedem entsprechenden Objekt läßt sich nämlich leicht eine eindeutige Beschreibung konstruieren – einfache Beispiele wären ‚das rote Sinnesdatum, welches ich gerade wahrnehme' oder ‚meine Vorstellung von der Röte'; neben der Bekanntschaft mit einem Sinnesdatum haben wir

3.1. ERKENNTNIS UND WISSEN VON DINGEN

also immer auch Wissen durch Beschreibung davon. Im Normalfall wird mit ‚Wissen durch Beschreibung' jedoch ein Wissen von Dingen bezeichnet, mit welchen wir nicht bekannt sind oder, präziser, von denen wir nicht wissen, ob wir mit ihnen bekannt sind oder nicht wissen, auf welches uns bekannte Objekt diese Beschreibung zutrifft. Letzteres ist zum Beispiel bei der Beschreibung ‚die hungrigste Person in meinem Bekanntenkreis' der Fall:[9] Wir wissen, daß es genau ein Objekt geben muß, auf welches diese Beschreibung verweist, haben wahrscheinlich sogar Wissen durch Bekanntschaft mit dem betreffenden Objekt, können jedoch nicht angeben, auf welche Person die Beschreibung nun tatsächlich zutrifft.

Ein typischeres Beispiel für Wissen durch Beschreibung liegt vor, wenn wir an die Objekte ‚hinter' den uns durch Bekanntschaft zugänglichen Sinnesdaten denken. So sind wir beispielsweise davon überzeugt, daß unsere gegenwärtigen visuellen Sinnesdaten von einem physikalischen Objekt, vielleicht einem Buch, hervorgerufen werden, zu dem wir jedoch keinen direkten Zugang im Sinne von Wissen durch Bekanntschaft haben. Nichtsdestoweniger vermitteln uns verschiedenste Sinne handfeste und nicht bezweifelbare Hinweise auf das Vorhandensein des Objekts. Wir sind so daran gewöhnt, über unsere erkenntnistheoretisch sicheren Sinnesdaten zu den physikalischen Objekten vorzustoßen, daß dieser Schlußprozeß von uns vollkommen unbewußt vorgenommen wird; oft erscheinen uns die physikalischen Objekte sogar ‚realer' als unsere Sinnesdaten.

Bezeichnend für Wissen durch Beschreibung ist also, daß wir das Objekt, auf welches sich die Beschreibung bezieht, streng genommen gar nicht kennen – entweder als Objekt an sich (wie bei der Beschreibung ‚der gegenwärtige Masseschwerpunkt unseres Sonnensystems') oder nicht als dasjenige Objekt, auf welches die Beschreibung verweist (wie beim obigen Beispiel mit der hungrigsten Person im Bekanntenkreis). Unser Wissen von dem betreffenden Objekt beschränkt sich zunächst darauf, daß wir sicher sind, daß es dieses Objekt tatsächlich gibt und daß wir eine bestimmte Beschreibung angeben können, die auf genau dieses Objekt verweist – beispielsweise ‚die Quelle meines gegenwärtigen roten Sinnesdatums'. Eine derartige bestimmte Beschreibung hat generell die Form ‚der, die, das so-und-so' und zeichnet sich dadurch aus, daß sie exakt ein Objekt bezeichnet. Wenn wir also die bestimmte Beschreibung oder Eindeutigkeitsbedingung mit ϕ bezeichnen, wissen wir, daß E! $(\iota x)(\phi x)$ gilt. Ein Wissen durch Beschreibung ist damit als der einfachste Fall des Wissens von Wahrheiten anzusehen, denn ich weiß,

---
[9]Der besseren Anschaulichkeit des Beispiels wegen setze ich hier voraus, daß wir Wissen durch Bekanntschaft von (anderen) Personen haben können, obgleich dies streng genommen nicht der Fall ist bzw. stark von der Definition von ‚Person' abhängt.

daß es ein dieser Beschreibung entsprechendes Objekt tatsächlich gibt; dies ist bereits eine deutlich komplexere Ebene als das direkte Gegebensein der uns bekannten Objekte. Besonders auffällig wird diese Verbindung von Wissen durch Bekanntschaft und Wissen von Wahrheiten, wenn wir den uns bekannten Dingen Eigenschaften zuschreiben wie in $\psi(\iota x)(\phi x)$. Dies ist eindeutig ein Wissen *über* das Objekt.[10] Auf die hiermit verbundenen logischen Aspekte der bestimmten Beschreibungen bin ich ausführlich in Abschnitt 2.3 eingegangen.

Es bleibt noch der erkenntnistheoretische Status unseres Wissen vom Selbst zu klären. Wie oben beschrieben, tendierte RUSSELL bis 1912 noch zu der Einstellung, daß wir von unserem Selbst Wissen durch Bekanntschaft haben. Er hielt es jedoch von vornherein auch für denkbar – in der Tat war er nach der Abfassung von *The Problems of Philosophy* auch dieser Überzeugung – daß wir das Selbst nur per Beschreibung kennen, also kein direktes Wissen durch Bekanntschaft von ihm haben, sondern nur über Schlußprozesse Wissen über das Selbst erlangen können. Aufgrund der psychologischen Natur dieser Frage ist es natürlich praktisch unmöglich, einen strikten Beweis für die eine oder die andere Auffassung zu geben. Wie RUSSELL 1914 in *On the Nature of Acquaintance* schreibt, scheint ihn jedoch letztlich das schon von HUME beschriebene Unvermögen überzeugt zu haben, in der Introspektion so etwas wie das eigene Selbst klar zu erfassen. Weiter führt RUSSELL aus, daß selbst die Existenz einiger Menschen, die eine gedankliche Vorstellung von ihrem Selbst ansatzweise erkennen könnten, für die Einstufung des Selbst als Wissen durch Bekanntschaft nicht ausreichen würde: Wissen durch Bekanntschaft zeichnet sich schließlich gerade dadurch aus, daß es allumfassend und direkt ist. Bei der Wahrnehmung des Selbst in der Introspektion ist das offensichtlich nicht der Fall. (Siehe [ONA], S. 164.)[11]

---

[10]Wie RUSSELL deutlich hervorgehoben hat, ist die in der ersten Form, also E! $(\iota x)(\phi x)$, beschriebene Existenz des einzigen Objekts von völlig anderer logischer Struktur wie die implizierte Existenz in der zweiten Form $\psi(\iota x)(\phi x)$. (Siehe dazu auch Abschnitt 2.3 dieser Arbeit.)

Dennoch ließe sich möglicherweise die Auffassung vertreten, daß es sich erst im zweiten Fall wirklich um ein Wissen von Wahrheiten handelt, da unser Wissen im ersten Fall – die in der Aussage implizierte Existenz des Objekts – letztlich keine Eigenschaft ausdrückt und damit auch nicht über das Objekt hinausgeht. Schließlich handelt es sich dabei auch nach RUSSELLS Definition weiterhin um ein Wissen von Dingen. Unabhängig davon muß jedoch in jedem Fall ein logischer Schlußprozeß zur Erlangung von Wissen durch Beschreibung herangezogen werden, welcher notwendig auf dem Wissen von Wahrheiten basiert. Der erkenntnistheoretische Status der ersten Form wird also auch durch eine solche Interpretation nicht einfacher oder sicherer.

[11]Daß er auch weiterhin bei dieser Ablehnung der Bekanntschaft mit dem Selbst geblieben ist, läßt sich leicht aus einer Fußnote ableiten, welche er 1917 seinem Essay *Knowledge*

3.1. ERKENNTNIS UND WISSEN VON DINGEN

Eine mögliche Beschreibung für das Selbst wäre ‚das Objekt, welches das Subjekt aller dem Selbst-Bewußtsein zugehörigen mentalen Komplexe ist.' Wie oben beschrieben sind dies Komplexe wie ‚meine Wahrnehmung der Sonne' oder ‚mein Hunger'. Über das Selbst als wahrnehmendes Objekt in der Gegenwart geht diese Beschreibung zunächst nicht hinaus, da wir uns auch bei mentalen Prozessen wie dem Erinnern stets in der Gegenwart befinden.

In seinem Essay *The Ultimate Constituents of Matter* von 1915 beschreibt RUSSELL den Geist als eine Konstruktion aus mentalen Zuständen bzw. Geisteszuständen; wenn er sich damit auch nicht auf das Selbst bezieht, ist die Analogie doch deutlich erkennbar:

> We might regard the mind as an assemblage of particulars, namely, what would be called 'states of mind', which would belong together in virtue of some specific common quality.
> — [UCM], S. 98.

Eine sich explizit auf den eigenen Geist und damit das Selbst beziehende Version dieser Beschreibung ließe sich durch eine entsprechende Wahl der allen eigenen Geisteszuständen gemeinen Eigenschaften konstruieren. Auch würde ein derartig konstruiertes bzw. definiertes Selbst in seinem Sein über die Gegenwart hinausgehen, da die zur Definition herangezogenen Geisteszustände zunächst keiner zeitlichen Einschränkung unterliegen. Aus erkenntnistheoretischer Sicht ist eine solche Definition jedoch wenig befriedigend, da Entitäten wie Geisteszustände in ihrer Abstraktheit natürlich weit über das hinausgehen, was man bei einer Annäherung an das Thema über RUSSELLS Definition des Selbst-Bewußtseins einzuräumen bereit ist. Nichtsdestoweniger sollten diese Überlegungen ausreichen, die prinzipielle Möglichkeit der Angabe von Kriterien für eine bestimmte Beschreibung des eigenen Geistes und damit des Selbst darzulegen. In *Logical Atomism* wirft RUSSELL 1924 vielmehr eine andere Frage dazu auf:

> It is clear that the subject, if it is to be preserved at all, must be

---

by *Acquaintance and Knowledge by Description* für die Veröffentlichung seines Essaybandes *Mysticism and Logic* hinzugefügt hat. Er schreibt dort:

> I should now exclude 'I' from proper names in the strict sense, and retain only 'this'.
> — [MAL], S. 162.

Auf den hier vorausgesetzten Zusammenhang zwischen dem Selbst als Objekt, zu welchem wir in einer Bekanntschafts-Relation stehen, und der Benennung des Objekts komme ich noch auf Seite 98 dieser Arbeit zu sprechen.

preserved as a construction, not as an inferred entity; the only question is whether the subject is sufficiently useful to be worth constructing.
— [LA], S. 329f.

Hier ist schon deutlich der Einfluß des Neutralen Monismus zu erkennen; in der Kernphase seines stark empirisch orientierten Logischen Atomismus hätte RUSSELL als Substanz-Dualist dem Selbst sicherlich einen deutlich höheren Stellenwert eingeräumt.

Neben den uns durch Bekanntschaft vertrauten Universalien gibt es auch solche, von denen wir nur Wissen durch Beschreibung haben. RUSSELL gibt keine Beispiele dafür, führt aber aus, daß die uns durch direkte sensuelle Wahrnehmung auf der Ebene der Sinnesdaten bekannten Universalien, Relationen von Raum und Zeit, die Ähnlichkeit sowie einige abstrakt-logische Universalien zu den uns per Bekanntschaft vertrauten Universalien gehören. (Siehe [POP], S. 79.) Da der Maßstab des allumfassenden und direkten Wissens der uns bekannten Elemente sicherlich auch für die Universalien gelten muß, gehören all jene Eigenschaften und Relationen zu unserem Wissen durch Beschreibung, von denen wir nur eine ungefähre Vorstellung haben oder einfach nur wissen, daß es sie gibt. Eine Eigenschaft wie ‚gehört der Familie der Schabrackentapire an' dürfte damit für die meisten Menschen eine Universalie sein, von welcher sie bestenfalls Wissen durch Bekanntschaft haben.[12]

Jedes Wissen durch Beschreibung – und damit, wie wir gesehen haben, der absolute Hauptanteil unseres Wissens – muß sich jedoch irgendwie auf unser fundamentales Wissen durch Bekanntschaft zurückführen lassen; wäre dies nicht der Fall, könnten wir Aussagen, in denen entsprechende Beschreibungen vorkommen, überhaupt nicht verstehen:

> The fundamental epistemological principle in the analysis of propositions containing descriptions is this: *Every proposition which we can understand must be composed wholly of constituents with which we are acquainted.*
> — [KAKD], S. 159.

Dieses Prinzip, von späteren Autoren auch *Prinzip der Bekanntschaft* (*Principle of Acquaintance*) genannt, ist von zentraler Bedeutung für RUSSELLS Erkenntnistheorie und zeugt von seinen empiristischen Wurzeln; ver-

---

[12]Eigenschaften und Relationen dieser Art beziehen sich offensichtlich nicht auf Individuen, sondern auf Komplexe; gleiches gilt für viele der anderen Beispiele in dieser Arbeit wie ‚ist sterblich', ‚ist ein Mensch' &c.

3.1. ERKENNTNIS UND WISSEN VON DINGEN

gleichbare Ansätze lassen sich historisch über LOCKE bis zu ARISTOTELES zurückverfolgen.

Dem Prinzip entsprechend können bei der Verwendung von uneigentlichen Eigennamen und bestimmten Beschreibungen (und, im übertragenen Sinne, auch bei Universalien) Grade von ‚erkenntnistheoretischer Distanz' zu uns bekannten Dingen unterschieden werden: Eine Aussage über Bismarck, in der sein Name vorkommt, ist für Bismarck selbst – mit den oben beschriebenen Einschränkungen hinsichtlich der Möglichkeit der Bekanntschaft mit dem Selbst – eine Referenz auf sein Selbst, mit welchem er, wie hier vorausgesetzt wird, tatsächlich bekannt ist. Hier fungiert der Eigenname als echter Eigenname, er steht stellvertretend für ein bekanntes Objekt, von welchem das den Eigennamen verwendende Subjekt tatsächlich Wissen durch Bekanntschaft hat. Wenn jemand aber Bismarck nur vom Sehen her kennt, kennt er ihn nur durch Vermittlung seiner Sinnesdaten und daher per Beschreibung; für ihn ist dieser Name dann eigentlich eine Abkürzung für eine bestimmte Beschreibung. Zu dem Selbst, welches mit dem Eigennamen Bismarck benannt ist, kann er nicht durchdringen. Die Verwendung des Namens läuft für ihn auf eine variable Beschreibungsansammlung hinaus, die schließlich auf das eine Objekt – Bismarck – verweist; diese Beschreibung basiert dann immerhin noch auf den Sinnesdaten, welche das Subjekt von dem realen Bismarck hat. Wenn wir heute über Bismarck sprechen, haben wir gemeinhin nur ein mehr oder weniger verschwommenes historisches Wissen durch ein Lesen oder Hören von Aussagen wie „Bismarck war der größte Kanzler des Deutschen Reiches". Hier korrespondieren alle Wörter bis auf ‚Bismarck' und ‚Deutschen' mit Universalien. ‚Deutschen' jedoch führen verschiedene Menschen auf jeweils unterschiedliche subjektive Elemente von Wissen durch Bekanntschaft zurück: Dies können Erinnerungen an Reisen sein, Sinnesdaten gesehener Landkarten, gehörte Erzählungen &c. (Siehe [POP], S. 37f.)

Die fundamentalste Form unseres Wissens ist das Wissen durch Bekanntschaft. In einer derartigen Bekanntschafts-Relation stehen wir beispielsweise zu unseren Sinnesdaten und einigen Universalien. Dieses Wissen bildet nun in gewisser Weise den Grundstock, auf den alles andere Wissen unbewußt zurückgeführt wird; besonders deutlich wird dies bei unserem Wissen durch Beschreibung, welches die nächstkomplexere Form des Wissens darstellt. Bei dieser Art des Wissens von Dingen sind wir mit den betreffenden Gegenständen möglicherweise nicht bekannt, wissen jedoch, daß es diese gibt; ein typisches Beispiel für derartige Gegenstände sind die physikalischen Objekte als vermutete Verursacher unserer Sinnesdaten. Wissen von Wahrheiten schließlich kann als ein Wissen von Aussagen aufgefaßt werden, welche mit der Welt übereinstimmen. Auch hier gilt, daß die in diesen Aussagen vorkommenden Wörter für uns so analysierbar sein müssen, daß wir sie auf unser individuelles Wissen durch Bekanntschaft zurückführen können; andernfalls wären wir nicht in der Lage, die Aussagen überhaupt zu verstehen.

3.2 Logische Atome

Die reduktive Analyse ist, wie ich bereits dargelegt habe, als eines der methodologischen Grundprinzipien von RUSSELLS Philosophie des Logischen Atomismus anzusehen. Am Ende einer solchen Analyse stehen generell kleinste Entitäten – diese sind entweder die tatsächlich kleinsten Entitäten des jeweiligen Systems oder doch solche, die zu dem fraglichen Zeitpunkt als kleinste Entitäten des Systems angesehen werden. Daß diese sich im Nachhinein oftmals doch wieder als komplexere Objekte herausstellen, die einer weiteren Analyse unterworfen werden können, hat sich beispielsweise wiederholt bei der Frage nach den kleinsten Bausteinen der Welt in der Physik gezeigt. RUSSELLS Logischer Atomismus ist ein philosophisches System, dessen kleinste Einheiten rein logischer Natur sind; daher besteht kaum die Gefahr, daß sich diese schließlich doch noch als weiter analysierbar herausstellen könnten. Es handelt sich bei ihnen um Universalien – genauer um Relationen und Eigenschaften – sowie um die Individuen, zwischen welchen diese Relationen bestehen bzw. auf welche die Eigenschaften zutreffen.[13] Die Konstrukte, welche sich aus diesen Atomen bilden lassen – also gewissermaßen die Moleküle, um bei der Metapher zu bleiben – sind *Fakten* oder *Tatsachen* (*facts*), welche Sachverhalte beschreiben. Im aktuellen Abschnitt werde ich zunächst die logischen Atome in RUSSELLS System, also die Individuen und Universalien, thematisieren; die Diskussion der Fakten erfolgt dann im nächsten Abschnitt.

Die erste Gruppe der logischen Atome wird durch die Individuen gebildet; diese sind die kleinsten ‚Dinge' in RUSSELLS System. Sprachlich kann man mittels singulärer Termini, also Namen und bestimmter Beschreibungen, auf Individuen referieren. Während ich die bestimmten Beschreibungen schon ausführlich in Abschnitt 2.3 behandelt habe, wurden die Namen bislang nur am Rande erwähnt; bei der Erörterung gravierender Probleme in Bezug auf die Interpretation von RUSSELLS Ausführungen zu Individuen im nächsten Unterabschnitt wird es sich jedoch als notwendig erweisen, auch seine Theorie der Namen ausführlich zu besprechen. Bei der darauf folgenden Diskussion

---

[13]Eigenschaften können auch als Sonderfälle von Relationen, nämlich monadische Relationen, angesehen werden. Wenn ich im weiteren Verlauf dieses Abschnitts von Relationen spreche, so schließe ich dabei auch monadische Relationen ein und verzichte darauf, diese jedesmal explizit zu erwähnen.

3.2. LOGISCHE ATOME

der Universalien wird noch die Möglichkeit der Integration der Individuen in ein umfassenderes System thematisiert werden.

Die Eigenschaften und Relationen als Universalien bilden die zweite Gruppe der logischen Atome. Bei der Untersuchung der Universalien im zweiten Unterabschnitt wird sich herausstellen, daß RUSSELL verschiedene Arten von Universalien zu unterscheiden scheint, ohne aber genauer auf die Kriterien einer solchen Differenzierung einzugehen. Ich werde dort RUSSELLS eher spärliche Ausführungen zu den Universalien zusammenfassen und versuchen, ein an der Behandlung der Individuen orientiertes Bild seiner Vorstellung von Universalien zu skizzieren. Dabei wird sich zeigen, daß die Typentheorie der Schlüssel zu einem umfassenden Verständnis von RUSSELLS Auffassung der logischen Atome und den Komplexen ist, mit welchen wir vornehmlich in den normalen Sprachen und unserer Erfahrungswelt konfrontiert sind.

3.2.1 Individuen und singuläre Termini

Es ist gleich zu Beginn notwendig, auf einen signifikanten Unterschied zwischen RUSSELLS Erkenntnistheorie und seiner Ontologie einzugehen. Im Zuge des letzten Abschnitts bin ich auf Individuen eingegangen, mit welchen wir in einer Bekanntschafts-Relation stehen können; ein typisches Beispiel für diese Individuen sind die Sinnesdaten. Diese Individuen sind jedoch, wie sich gezeigt hat, teilweise wieder komplex, so daß es sich bei ihnen nicht generell um die logischen Atome von RUSSELLS ontologischem System handeln kann, denn diese müßten in jedem Fall einfach und nicht weiter analysierbar sein. So wird sich beispielsweise das rote, dreieckige Sinnesdatum, welches ich in diesem Moment wahrnehme, in logischer Hinsicht durchaus als ein komplexes Objekt erweisen, obgleich es vom erkenntnistheoretischen Standpunkt aus betrachtet sicherlich abgeschlossen und nicht weiter unterteilbar erscheint. Noch deutlicher wird diese Komplexität bei den Sinnesdaten der inneren Wahrnehmung. Dieser Umstand wirft die Frage auf, was ein logisches Individuum denn sonst sein soll, wenn die kleinsten Objekte, von welchen wir Wissen durch Bekanntschaft haben, dafür nicht – oder zumindest nicht generell – in Frage kommen. Die Erörterung dieser Frage auf den nächsten Seiten wird ergeben, daß es mehrere mögliche Interpretationen von RUSSELLS diesbezüglichen Ausführungen gibt.

Zur Annäherung an das Problem ist es sinnvoll, sich zunächst RUSSELLS relativ umfangreichen Ausführungen zur sprachlichen Referenz auf Individuen zuzuwenden, da sich hier weitere Hinweise hinsichtlich der Natur dieser noch relativ unbestimmten Entitäten finden. Es gibt zwei Typen sprachlicher Ausdrücke, welche sich auf Individuen beziehen, also singulärer Termini: Die Eigennamen und die bestimmten Beschreibungen, wobei letztere diesen Bezug zum Individuum nicht direkt, sondern über eine Untermenge aus dessen Eigenschaften und Relationen herstellen. Diese Menge von Beschreibungen gewährleistet eine eindeutige Referenz. Die in Abschnitt 2.3 ausführlich beschriebene Kennzeichnungstheorie erfährt durch RUSSELLS überarbeitete Auffassung von Individuen keine signifikante Modifikation; in letzter Konsequenz muß nur sichergestellt sein, daß die Eindeutigkeitsbedingung der bestimmten Beschreibung tatsächlich auf exakt ein Individuum zutrifft, wie die Individuen auch beschaffen sein mögen. Ausgesprochen ergiebig für die hier betrachtete Thematik ist hingegen eine Auseinandersetzung mit RUSSELLS Ausführungen zur Theorie der Namen, mit denen er sich am intensivsten im II. Kapitel der *Philosophy of Logical Atomism* beschäftigt hat:

Namen scheinen der landläufigen Überzeugung nach in der Sprache die Aufgabe zu erfüllen, direkt auf Dinge – Menschen, Tiere, Städte &c. – zu verweisen. So sind ‚Sokrates', ‚Romulus', ‚Bucephalus' und ‚London' Namen, die für völlig verschiedenartige Gegenstände – im weitesten Sinne des Wortes – stehen. Die Namen dienen also als die sprachlichen Repräsentanten dieser Gegenstände. In der Tat geht RUSSELL mit dieser Auffassung insofern konform, daß Namen auch bei ihm eine genau definierte Bedeutung haben, nämlich gerade das durch sie denotierte Objekt.

Bei einer eingehenden Beschäftigung mit Namen sieht man sich jedoch mit der Frage konfrontiert, was genau einige Namen tatsächlich benennen, was beispielsweise der Gegenstand ist, auf den der Name ‚Yorick' verweist. RUSSELL hat mit seiner in Abschnitt 2.3 besprochenen Kennzeichnungstheorie eine Interpretation derartiger sprachlicher Ausdrücke vorgelegt, die darauf hinausläuft, daß Namen, die keine Gegenstände denotieren, im strengen Sinne gar keine Namen sind; solche uneigentlichen Eigennamen müssen in der logischen Analyse vielmehr als bestimmte Beschreibungen betrachtet werden. Dabei wird der Name in der Analyse durch eine Kombination aus Quantoren und Eigenschaften ersetzt, welche die hervorstechendste Eigenschaft der Eigennamen, nämlich das garantierte Vorhandensein eines Denotats, nicht mehr hat. In Sätzen mit bestimmten Beschreibungen wird die Frage der Existenz des Denotats also zunächst offengelassen bzw. in ein Kriterium umgewandelt, welches unter Rückgriff auf die Empirie den Wahrheitswert des Satzes im Kontext modifiziert; der eindeutige Verweis auf den Gegenstand, soweit vorhanden, wird jedoch beibehalten. Die bestimmte Beschreibung ist für sich genommen bedeutungslos, ein unvollständiges Symbol, und bekommt eine Bedeutung erst im Satzzusammenhang. Auch uneigentliche Eigennamen wie ‚Yorick' fallen damit aus der Gruppe der echten bzw. logischen Namen

3.2. LOGISCHE ATOME 93

heraus. Wie sich im nächsten Absatz zeigen wird, könnten diese Namen auch aus anderen Gründen nicht als logische Eigennamen angesehen werden.

‚Sokrates', ‚Bucephalus' und ‚London' hingegen scheinen Namen zu sein, welche auch – läßt man die zeitliche Komponente zunächst einmal außer acht – tatsächlich Gegenstände denotieren. Wir wissen, daß es die wunderschöne Stadt an der Themse tatsächlich gibt und wir haben auch historische Belege dafür, daß das Pferd des Alexander und der redegewandte Philosoph aus Athen keine Erfindungen sind, sondern zweifellos im zeitlosen Inventar der Welt verzeichnet sein müßten. Für RUSSELL sind aber auch diese Namen keine logischen Eigennamen. Logische Eigennamen sind für ihn Symbole, deren Bedeutungen bzw. Denotate einfachste Gegenstände, also Individuen sind, was bei den Bedeutungen der eben aufgeführten Namen hingegen nicht der Fall ist. Sokrates, Bucephalus und London sind – wenn auch durchaus real existierende – *komplexe* Gegenstände, die jeder für sich nicht nur aus mehreren Objekten bestehen, sondern darüber hinaus auch noch über die Zeit betrachtet werden müssen. Für RUSSELL sind sie damit keine Individuen, sondern höchst komplexe (zeitliche) Folgen von (räumlichen) Mengen. Damit kommen auch diese in der Alltagssprache gebräuchlichen und unproblematischen Namen für RUSSELL nicht als logische Eigennamen in Betracht. Wie die eben vorgestellten nicht denotierenden Namen sind auch diese für ihn nichts anderes als Abkürzungen von Beschreibungen. Sokrates ist für uns der Lehrer des Plato; der Philosoph, der den Schierlingsbecher leerte; der Mann, von dem die Logiker sagen, daß er sterblich ist. So lassen sich unendlich viele Beschreibungen angeben. Dennoch können sowohl ‚Sokrates' als auch ‚London' nicht durch *bestimmte* Beschreibungen symbolisiert werden, da beide nicht auf ein Individuum verweisen. RUSSELL gibt zwar keine logische Interpretation derartiger umgangssprachlicher Namen an, aber eine solche müßte sowohl eine Eindeutigkeitsbedingung enthalten – da nur der eine Sokrates gemeint ist und es diesen auch geben muß – als auch auf einen komplexen Mengenbegriff zurückgreifen. Andererseits müßte vor der Durchführung eines solchen Vorhabens geklärt werden, was genau eigentlich denotiert werden soll, wobei etliche philosophische Probleme zu Tage treten. Um nur einige herauszugreifen: Aus welchen logischen Atomen besteht London? Ist Sokrates der Name des Körpers oder des Geistes von Sokrates? Ist er auch nach seinem Ableben noch Sokrates? Man sieht also, daß die Thematik der Benennungen wesentlich komplexer ist, als es zunächst scheint.

Wie die bereits angesprochenen uneigentlichen Eigennamen sind also auch die ‚echten', augenscheinlich denotierenden Eigennamen der Umgangssprache nach RUSSELL als konventionalisierte Abkürzungen für Beschreibungen anzusehen. Diese Beschreibungen sind jedoch nicht fest, sondern in einem

94   KAPITEL 3. RUSSELLS LOGISCHER ATOMISMUS

schon erstaunlichen Maße variabel:

> Common words, even proper names, are usually really descriptions.
> That is to say, the thought in the mind of a person using a proper
> name correctly can generally only be expressed explicitly if we replace
> the proper name by a description. Moreover, the description required
> to express the thought will vary for different people, or for the same
> person at different times. The only thing constant (so long as the
> name is rightly used) is the object to which the name applies. But
> so long as this remains constant, the particular description involved
> usually makes no difference to the truth or falsehood of the proposition
> in which the name appears.
>
> — [POP], S. 37.

Namen als Symbole für Dinge sind damit für die Kommunikation völlig ungeeignet. Mit Namen können wir nur Dinge bezeichnen, mit welchen wir in einer Bekanntschafts-Relation stehen. Selbst die echten Eigennamen in diesem Sinne sind jedoch nur in einer ‚Privatsprache' zu gebrauchen: Gesetzt den Fall, man ist mit seinem Selbst bekannt, kann man es mit dem Eigennamen ‚Ich' bezeichnen und diesen Namen entsprechend in den eigenen Gedanken verwenden; benutzt man diesen Namen dann aber zur Kommunikation, beispielsweise in einer Aussage wie „ich habe Zahnschmerzen", hat er für andere Personen nur noch die Funktion einer bestimmten Beschreibung. (Siehe [PLA], S. 198.) Entsprechendes gilt auch für den ambigen Eigennamen ‚dies' (‚this'), der nach RUSSELL der einzige Ausdruck der normalen Sprache ist, der die Funktion eines logisch korrekten Eigennamens erfüllt. (Siehe [PLA], S. 201.) ‚Dies' kann sich zu einem bestimmten Zeitpunkt sinnvollerweise immer nur auf genau ein Individuum bzw. Sinnesdatum beziehen. Dieses Sinnesdatum jedoch ist auch wieder nur der Person direkt zugänglich, die es wahrnimmt; nur diese kann den Namen dann als echten Eigennamen verwenden. In der Kommunikation wird er dann für andere Menschen wieder zu einer Beschreibung.

Kommunikation ist also überhaupt nur möglich, weil die in den Aussagen enthaltenen Namen bei der Kommunikation als (bestimmte oder unbestimmte) Beschreibungen des augenscheinlich durch den Namen denotierten Objekts funktionieren, ohne den Wahrheitswert der betreffenden Aussagen und die mit ihnen beschriebenen Sachverhalte zu modifizieren. Würde man an eine Sprache die Anforderung stellen, daß ihre Wörter nur sprecherübergreifend konstante Bedeutungen haben dürften, könnte man diese unmöglich zur Kommunikation nutzen:

3.2. LOGISCHE ATOME

> The whole question of the meaning of words is very full of complexities and ambiguities in ordinary language. When one person uses a word, he does not mean by it the same thing as another person means by it. I have often heard it said that that is a misfortune. That is a mistake. It would be absolutely fatal if people meant the same things by their words. It would make all intercourse impossible, and language the most hopeless and useless thing imaginable, because the meaning you attach to your words must depend on the nature of the objects you are acquainted with, and since different people are acquainted with different objects, they would not be able to talk to each other unless they attached quite different meanings to their words.
> — [PLA], S. 195.

Nachdem jetzt die negative Seite von RUSSELLS Auffassung der Eigennamen mit dem Ergebnis beschrieben wurde, daß von den Eigennamen der natürlichen Sprachen im strengen Sinne keine als logische Eigennamen in Betracht kommen können – sofern man das Pronomen ‚dies' einmal ausschließt –, stellt sich naturgemäß die Frage, was die logischen Eigennamen in RUSSELLS System nun eigentlich sind. RUSSELL stellt an logische Eigennamen zwei rigide Anforderungen: Sie müssen erstens einfache Gegenstände bezeichnen (siehe [PLA], S. 200.) und man muß zweitens, um den Eigennamen als solchen verwenden zu können, *Wissen durch Bekanntschaft* von dem denotierten Individuum haben. (Siehe [PLA], S. 201.)

Individuen definiert RUSSELL rein logisch als Terme der Relationen atomarer Fakten, Namen als Symbole für Individuen. (Siehe [PLA], S. 199f.) Damit sind die Individuen die kleinsten unabhängigen Objekte in seinem ontologischen System und Namen die einfachsten bedeutungstragenden Elemente in seinem Symbolsystem bzw. seiner Sprache. Diese Entsprechung in Kombination mit den im vorigen Absatz angeführten Kriterien für Eigennamen führt hinsichtlich der ontologischen Natur der Individuen in Zusammenhang mit den – hier im weitesten Sinne des Wortes gebrauchten – Sinnesdaten (oder auch der *Sensibilia*, also potentieller Sinnesdaten) zu fünf möglichen Lesarten von RUSSELLS Theorie:[14]

1. Die Menge der Individuen ist identisch mit der Menge der Sensibilia.

   Dies kann insofern ausgeschlossen werden, als unsere Sinnesdaten teilweise komplex sind und die Individuen als logische Atome *per definitionem* einfach und nicht weiter analysierbar sein müssen. Es gibt also in jedem Falle Sinnesdaten, die keine ontologischen Individuen sind.

---

[14]In der folgenden Aufzählung setze ich voraus, daß sowohl die Menge der Individuen wie auch die Menge der Sinnesdaten nicht leer sind.

96   KAPITEL 3. RUSSELLS LOGISCHER ATOMISMUS

2. Die Individuen bilden eine echte Untermenge der Sensibilia.

   Eine solche Konstellation ist möglich, aber aus folgendem Grund nur schwer zu vertreten: Als Individuen kämen hier wegen der bereits angeführten Voraussetzungen nur einfache Sinnesdaten in Betracht. Damit würden wir jedoch eine Ontologie entwickeln, welche völlig auf unsere Wahrnehmung begrenzt ist. Wie AYER ausgeführt hat, ist unsere Existenz in der Welt doch nurmehr ein höchst unwahrscheinlicher Zufall (siehe Seite 75 dieser Arbeit), weshalb eine Ausdehnung der ontologischen Sphäre über die Grenzen unserer Erkenntnis hinaus zumindest sinnvoll erscheint.

3. Die Sensibilia bilden eine echte Untermenge der Individuen in RUSSELLS System.

   Dies ist insofern nicht möglich, als daß es komplexe Sinnesdaten gibt. Siehe auch Punkt eins.

4. Die Sensibilia und die Menge der Individuen haben eine Schnittmenge, sind jedoch wechselseitig keine echten Untermengen voneinander.

5. Die Sensibilia und die Menge der Individuen haben keine gemeinsamen Elemente.

RUSSELL selbst legt sich hinsichtlich der Natur der Individuen nicht fest; in *The Philosophy of Logical Atomism* führt er aus:

> It remains to be investigated what particulars you can find in the world, if any. The whole question of what particulars you actually find in the real world is a purely empirical one which does not interest the logician as such. The logician as such never gives instances, because it is one of the tests of a logical proposition that you need not know anything whatsoever about the real world in order to understand it.
> — [PLA], S. 199.[15]

Wie oft bei RUSSELL ergeben sich die Probleme hier aus einer Vermischung zweier Systeme: Einer *idealen Sprache* (*ideal language*) wie er sie im Rahmen der *Principia Mathematica* entworfen hat – und welche, nebenbei

---

[15]WITTGENSTEINS vergleichbare Einstellung zu Beispielen hat bereits Generationen von Philosophen zum Verzweifeln gebracht. Erfreulicherweise tendierte RUSSELL zu einer gewissen Flexibilität hinsichtlich der Auslegung der eigenen Ansichten und sparte generell nicht mit Beispielen, wenn diese dafür auch – mit strengen Maßstäben betrachtet – sehr häufig falsch waren.

3.2. LOGISCHE ATOME

erwähnt, ganz ohne Eigennamen auskommt – und einer *normalen Sprache* (*ordinary language*). Er läßt sich einerseits seitenweise über die Verwendung von Namen bei der Kommunikation aus und spricht über die Voraussetzungen, die für die logisch korrekte Verwendung von Namen erfüllt sein müssen, räumt andererseits aber auch unumwunden ein, daß Namen in logischer Hinsicht nur auf Individuen verweisen dürfen, mit welchen wir möglicherweise oder sogar wahrscheinlich gar nicht bekannt sein können. Wenn RUSSELL eine strikte oder auch nur ungefähre Trennung leider nicht vornimmt, so ist eine solche doch unerläßlich, um seine verschiedenen Ausführungen zu diesem Thema konsistent betrachteten zu können; ohne eine solche Differenzierung wären viele seiner Äußerungen bestenfalls sinnlos und schlimmstenfalls schlicht falsch.

Mein Vorschlag zur Interpretation von RUSSELLS Ausführungen läuft darauf hinaus, eine Art Synthese der Punkte vier und fünf der eben vorgenommenen Aufzählung zu vertreten. Die beiden Punkte unterscheiden sich hinsichtlich der Schnittmenge der Menge der Individuen und der Menge der Sinnesdaten. Meines Erachtens können keine sicheren Aussagen darüber gemacht werden, ob es eine solche Schnittmenge gibt oder nicht. Ich komme damit zu folgendem Fazit:

Es muß zur konsistenten Interpretation von RUSSELLS Ausführungen eine grundlegende Unterscheidung vorgenommen werden, nämlich die zwischen logischen Namen von ontologischen Individuen – zu denen wir wahrscheinlich keinen Zugang haben und deren Namen damit nur in einem imaginären Index des Universums eine Rolle spielen könnten – und logischen Namen von epistemologischen Individuen, also (potentiellen) Sinnesdaten, die wir zumindest in unserer ‚Privatsprache' sinnvoll gebrauchen könnten, wenn auch aus den oben genannten Gründen nicht zur Kommunikation. Damit könnte dann zwischen einer ontologischen und einer epistemologischen Sphäre unterschieden werden, wobei sich RUSSELLS Aussagen meist relativ eindeutig einem dieser beiden Bereiche zuordnen lassen. Trotz der Trennung ist es nicht ausgeschlossen, daß sich die Bereiche partiell überlappen, beispielsweise einfachste Sinnesdaten als Individuen der epistemologischen Sphäre gleichzeitig Individuen und damit auch logische Atome der ontologischen Sphäre sind.

Darüber lassen sich jedoch keine definitiven Aussagen machen.[16]

Betrachtet man RUSSELLS Ausführungen zu Namen unter dieser Prämisse, ergibt sich ein ausgewogenes Bild: In der idealen Sprache mag es logisch korrekte Namen für alle logischen Individuen des ontologischen Systems geben; Konstrukte aus diesen Individuen – also Komplexe gleich welcher Art – haben keine solchen Namen. Unabhängig davon ist eine derartige Sprache nicht auf die Verwendung von Namen angewiesen, da eine Referenz auf die Individuen in jedem Fall auch über bestimmte Beschreibungen erfolgen könnte. Die Frage nach der korrekten Verwendung von Namen in Gedanken und in der Kommunikation stellt sich in einer solchen idealen Sprache nicht. Dafür haben diese noch einfacheren Anfangsdaten andere Vorteile, wie RUSSELL in *The Regressive Method of Discovering the Premises of Mathematics* am Beispiel der Mathematik ausführt:

> The advantage of obtaining simple logical premises in place of empirical premises is partly that it gives a greater chance of isolating a possible pervading element of falsehood, partly that it organises our knowledge, and partly that the logical premises have, as a rule, many more consequences than the empirical premises, and thus lead to the discovery of many things which could not otherwise be known.
> — [60], S. 275.

Wenn Überlegungen zu Gedanken und zur menschliche Kommunikation angestellt werden, ist hingegen eine normale Sprache zu betrachten. Meiner Unterteilung entsprechend sind hier die epistemologisch einfachsten Elemente, die Sinnesdaten, als Individuen des Systems in Betracht zu ziehen. Der gegenwärtige ‚Wahrnehmer' eines solchen Sinnesdatums ist – zumindest im Moment der Wahrnehmung – mit diesem Sinnesdatum bekannt. Damit sind beide Voraussetzungen dafür erfüllt, daß er einen logisch korrekten Namen für das Sinnesdatum, ‚dies', verwenden kann:

> So long as the names which I use really are names at the moment, i.e., are naming things to me, so long the things must be objects of which I am aware, since otherwise the words would be meaningless

---

[16]Folgendes Zitat von RUSSELL legt zumindest nahe, daß diese Schnittmenge leer ist:

> When I speak of 'simples' I ought to explain that I am speaking of something not experienced as such, but known only inferentially as the limit of analysis.
> — [LA], S. 337.

3.2. LOGISCHE ATOME

> sounds, not names of things. There is thus at any given moment a
> certain assemblage of objects to which I could, if I chose, give proper
> names; these are the objects of my 'awareness', the objects 'before my
> mind', or the objects that are within my present 'experience'.
> — [ONA], S. 130.[17]

Selbst der Vorgang des ‚Taufens', also das Vergeben von Namen für uns gegenwärtige Individuen, führt nicht dazu, daß kommunikationsfähige Eigennamen wieder in das System Einzug halten könnten, denn auch solche durch Benennung entstandenen Eigennamen sind wegen der notwendigen Bekanntschaft mit dem benannten Individuum wieder privat und unkommunizierbar. Dies ist der Fall, da es sich bei den benannten Individuen um Sinnesdaten handelt und ein numerisch identisches Sinnesdatum unmöglich von zwei verschiedenen Personen wahrgenommen werden kann. Die strikte Voraussetzung der Bekanntschaft mit dem benannten Objekt führt sogar dazu, daß ein von einem selbst vergebener, logisch korrekter Eigenname sich mit der Zeit zu einem uneigentlichen Eigennamen wandeln kann, wenn die Bekanntschaft mit dem denotierten Objekt nicht länger besteht, beispielsweise, weil das Individuum nicht länger wahrgenommen wird oder die lebhafte Erinnerung an das benannte Individuum mit der Zeit verblaßt ist.

Noch schwerer wiegt der Umstand, daß die durch Eigennamen bezeichneten epistemologischen Individuen nur eine kurze Existenz haben:

> I think things last for a finite time, a matter of some seconds or
> minutes or whatever it may happen to be.
> — [PLA], S. 203.[18]

Sätze mit logischen Eigennamen sind bei RUSSELL die einzigen singulären Sätze, da Sätze mit bestimmten Beschreibungen in der Analyse zu generellen Sätzen werden und es keine anderen Sätze gibt, die sich auf Individuen beziehen und quantorenlos sind.[19] Die logische Schlußfolgerung aus der Kommunikationsuntauglichkeit der Eigennamen ist, daß unsere Kommunikation

---

[17]Wie RUSSELL an anderer Stelle dieses Essays deutlich macht, sind die logisch korrekt benennbaren Objekte gerade jene, zu welchen wir in einer Bekanntschafts-Relation stehen. (Siehe [ONA], S. 162.)
[18]Wobei aus dem Kontext des Zitates nicht völlig klar wird, worauf RUSSELL sich hier mit ‚things' bezieht, auf die Sinnesdaten oder die physikalischen Objekte ‚hinter' den Sinnesdaten, die schließlich keine Individuen sind. Meine Lesart ist die, daß er sich auf die Sinnesdaten als Individuen bezieht.
[19]Siehe dazu auch die Fußnote über QUINE auf Seite 41 dieser Arbeit.

letztendlich ausschließlich auf generelle Sätze zurückgreift, Namen im logischen Sinne darin also überhaupt nicht vorkommen.[20]

3.2.2 Relationen und Universalien

Die zweite Gruppe der logischen Atome wird durch die spezifischen Eigenschaften der Individuen sowie die Relationen[21] gebildet, welche zwischen den verschiedenen Individuen bestehen. Eine Unterscheidung zwischen Eigenschaften und Relationen ist insofern sinnvoll, als daß Eigenschaften sich tatsächlich immer nur auf ein einzelnes Individuum beziehen und damit dessen logische Unabhängigkeit (von den anderen Individuen des Universums) nicht beeinflussen. Die Menge der Eigenschaften eines Individuums bleibt über alle möglichen Universen konstant, solange das Individuum Teil bzw. Element dieser Universen ist.[22] Bei Relationen können wieder solche unterschieden werden, die zwischen zwei, drei &c. Individuen bestehen. Typische Beispiele sind ‚ist größer als' als eine zweistellige Relation und ‚liegt zwischen ... und ...' als dreistellige Relation. Es ist sofort einsichtig, daß diese Relationen, anders als die Eigenschaften, über das einzelne Individuum hinausgehen. Selbst wenn man, meiner eben beschriebenen Konstruktion folgend, drei Individuen a, b und c, die in einem Universum U_1 in der Relation $aRbc$

---

[20]Die Unmöglichkeit der Kommunikation bezieht sich nicht notwendig auch auf (alle) Relationen; diese abstrahieren wir zwar teilweise aus unseren Sinnesdaten, speziell die erkenntnistheoretisch einfachen Relationen wie ‚größer als', ‚früher als' oder ‚rot', ihr Vorkommen in diesen ist jedoch nicht an bestimmte private Sinnesdaten gebunden und ein Wissen durch Bekanntschaft mit diesen Relationen daher auch personenübergreifend möglich. (Siehe dazu auch AYER in [1], S. 56.)

[21]Bei den Ausführungen in diesem Unterabschnitt unterscheide ich zwischen Eigenschaften und Relationen; wenn ich hier von Relationen spreche, sind also nur solche gemeint, die mindestens zweistellig sind.

[22]Laut AYER ist dies nicht richtig. Er geht davon aus, daß auch die Eigenschaften extern sind und die Identität des Individuums nicht beeinflussen. Demnach könnte meine aktuelle Rot-Wahrnehmung als Individuum in einem anderen Universum numerisch identisch, aber grün sein. (Siehe [1], S. 54f.)

RUSSELL selbst hat sich zwar 1911 in [62] mit dieser Thematik auseinandergesetzt und unterscheidet dort auch zwischen notwendigen und kontingenten Eigenschaften von Individuen, aber seine zu dem Zeitpunkt vertretene Auffassung von Individuen (und Universalien) ist deutlich verschieden von der, die er ab 1912 vertrat. Meines Wissens ist er auf die Frage, ob die Eigenschaften von Individuen nun wie deren Relationen extern und damit kontingent sind oder nicht, später nicht mehr explizit eingegangen. Seine Äußerungen über Individuen, speziell die Sinnesdaten als ‚epistemologische Individuen' und die schon angesprochene zeitlich kurze Existenz dieser Individuen (siehe [PLA], S. 203.), legen jedoch meines Erachtens den Schluß nahe, daß er alle oder doch zumindest einige ihrer Eigenschaften als notwendig betrachtet hat.

3.2. LOGISCHE ATOME

zueinander stehen, in ein anderes Universum U_2 überträgt, ist damit noch nicht sichergestellt, daß diese Relation auch dort zwischen ihnen besteht. Relationen sind damit, vereinfacht ausgedrückt, Ausdruck der Strukturen von Kombinationen von Individuen, die sich nicht auf die einzelnen Individuen beziehen, sondern auf deren spezifische Anordnung in der Welt. Der Begriff ‚Anordnung' bezieht sich hier sowohl auf die Anordnung der Individuen innerhalb der Relation – aRb ist oftmals verschieden von bRa – wie auch die Anordnung der Individuen der Relation innerhalb des Universums. Letzteres wird bei der Relation ‚liegt zwischen ... und ...' deutlich: modifiziert man die raumzeitliche Anordnung der drei Individuen innerhalb des Universums, könnte sich der mit der Relation beschriebene Sachverhalt durchaus ändern.

Daß Individuen existieren – und in gewisser Hinsicht auch noch die Art dieser Existenz, sei sie nun physikalisch, logisch oder epistemologisch – ist noch vergleichsweise einfach nachvollziehbar. Deutlich undurchsichtiger ist diese Problematik jedoch bei den Relationen, oder, um mit RUSSELL einen neutraleren Begriff zu verwenden, bei den *Universalien (universals)*. In seinen *Problems of Philosophy* vertrat er 1912 noch einen platonischen Realismus – er verteidigte dort die Ansicht, daß es tatsächlich so etwas wie eine perfekte Version einer jeden Eigenschaft und Relation geben würde, also ein perfektes Rot, ein ideales Dazwischenliegen, der Inbegriff der Schönheit &c. Jedes Rot und Dazwischenliegen, jede Schönheit, welche wir erfahren können, ist immer nur eine mehr oder weniger schlechte Repräsentantin dieses für uns unerreichbaren Ideals, wie RUSSELL im folgenden Zitat am Beispiel der Gerechtigkeit ausführt:

> If we ask ourselves what justice is, it is natural to proceed by considering this, that, and the other just act, with a view to discovering what they have in common. They must all, in some sense, partake of a common nature, which will be found in whatever is just and in nothing else. This common nature, in virtue of which they are all just, will be justice itself, the pure essence the admixture of which with facts of ordinary life produces the multiplicity of just acts. Similarly with any other word which may be applicable to common facts, such as 'whiteness' for example. The word will be applicable to a number of particular things because they all participate in a common nature or essence. This pure essence is what Plato calls an 'idea' or 'form'. [...] it is something other than particular things, which particular things can partake of. Not being particular, it cannot itself exist in the world of sense. Moreover it is not fleeting or changeable like the things of sense: it is eternally itself, immutable and indestructible.
> — [POP], S. 65f.

Der unbestreitbare Vorteil dieser Konzeption ist, daß sich das abstrakte Wesen der Universalien damit sehr anschaulich fassen läßt; ihnen kommt ein von unserer sich stets wandelnden und konfusen Welt losgelöstes Sein zu, in dem sie außerhalb von Zeit und Raum die Ideale verkörpern, von denen die Sachverhalte in unserer Welt nur unscharfe Schatten sind:

> The world of universals [...] may also be described as the world of being. The world of being is unchangeable, rigid, exact, delightful to the mathematician, the logician, the builder of metaphysical systems, and all who love perfection more than life.
> — [POP], S. 71.

Mit der Phrase ‚the world of being' , also ‚der Welt des Seins', will RUSSELL das besondere Wesen der Universalien, ihre, wie er es nennt, *Subsistenz* (*subsistence*) außerhalb von Zeit und Raum im Gegensatz zur Existenz in der raumzeitlichen Welt hervorheben.[23]

RUSSELL hat sich in seinen späteren Schriften nie wieder so deutlich mit dem Wesen der Universalien auseinandergesetzt, allerdings ist er verschiedentlich auf die erkenntnistheoretischen Aspekte der Universalien eingegangen, ohne jedoch signifikant von seinen diesbezüglichen Ausführungen aus den *Problems of Philosophy* abzuweichen. In *My Philosophical Development* schreibt er zu diesem Thema:

> I spoke about universals and our knowledge of them with a confident assurance which I no longer feel, though I have not any new opinions on the subject which I feel prepared to advocate with equal confidence.
> — [MPD], S. 102f.

Bei den Individuen hat es sich im letzten Unterabschnitt zur konsistenten Interpretation von RUSSELL als notwendig erwiesen, zwischen Individuen der epistemologischen und solchen der ontologischen Sphäre zu unterscheiden. Es stellt sich nun die Frage, ob auch bei den Eigenschaften und Relationen je nach dem sinnvollen Individuenbereich zwischen epistemologischen und ontologischen Eigenschaften und Relationen unterschieden werden muß. Meines Erachtens ist es sehr wahrscheinlich, daß es Eigenschaften und Relationen gibt, welche zur Beschreibung von Sachverhalten der epistemologischen

---

[23]Die Unterscheidung zwischen Subsistenz und Existenz hat hier einen mehr beschreibenden Charakter, in logischer Hinsicht unterscheiden sich die beiden nicht. Die Begriffsgleichheit mit den beiden Existenzabstufungen, die RUSSELL vor seiner Kennzeichnungstheorie vertrat (siehe Seite 34 dieser Arbeit), ist hier irreführend.

3.2. LOGISCHE ATOME

Sphäre geeignet sind, sich jedoch nicht sinnvoll auf die Individuen der ontologischen Sphäre anwenden lassen. Typische Beispiele dafür wären die Eigenschaft ‚ist rot' und die zweistellige Relation ‚wird wahrgenommen von'.[24] Ob der Tatsache, daß das Wesen der logischen Individuen von RUSSELL nicht näher beschrieben wurde, lassen sich über deren spezifische Eigenschaften und Relationen natürlich auch nur Mutmaßungen anstellen. Doch erscheint es mir auch hier sehr wahrscheinlich, daß die Eigenschaften der logischen Individuen und die zwischen ihnen bestehenden Relationen zumindest partiell nicht sinnvoll auch auf epistemologische Individuen anwendbar sind. Ein weiteres Problem wirft die Frage nach der Subsistenz solcher Universalien auf, die erst durch die menschliche Natur gebildet werden, wie die als Beispiel von GEIRSSON vorgenommene Klassifikation von Unkraut als unerwünschte, von Menschen nicht kultivierte und unkontrolliert wachsende Pflanze eindringlich demonstriert.

In *Logical Atomism* findet sich eine Passage, in der RUSSELL genauer auf diese Problematik eingeht. Dort erläutert er:

> I do not wish to maintain that there are no universals, but certainly that there are many abstract words which do not stand for single universals—e.g. triangularity and rationality. In these respects language misleads us both by its vocabulary and by its syntax. We must be on our guard in both respects if our logic is not to lead to a false metaphysic.
> — [LA], S. 331.

Das heißt, daß es für RUSSELL solche Universalien wie ‚Vernünftigkeit' oder ‚Dreieckigkeit', eventuell sogar Farben als Universalien (siehe [LA], S. 338.), nicht gibt – zumindest nicht als *einfache* oder *einzelne* (*single*) Universalien. Er geht allerdings weder näher auf die Frage ein, was genau einfache Universalien sind, noch, was die offenbar nicht zu den einfachen Universalien gehörenden sprachlichen Konzepte wie ‚Dreieckigkeit' in seinem Beispiel sonst beschreiben. RUSSELLS Wortwahl legt hier nahe, daß es auch *komplexe* Universalien gibt und daß es sich bei seinen Beispielen entsprechend um solche handelt. Komplexere Universalien wie ‚Dreieckigkeit' könnten demnach als Konstruktionen aus einfacheren Universalien, in diesem Beispiel vielleicht elementareren Konzepten aus der Geometrie, aufgefaßt werden.

---

[24]Ich gehe hier davon aus, daß die im letzten Unterabschnitt angesprochenen Mengen von ontologischen und epistemologischen Individuen *keine* Schnittmenge haben, also auch die einfachen Sinnesdaten nicht zu den ontologischen Individuen gehören.

Halten wir also zunächst fest, daß es einfache und komplexe Universalien gibt. Es stellt sich nun die Frage, ob *jedem* – und sogar jedem möglichen – sprachlichen Ausdruck einer Eigenschaft oder Relation eine (möglicherweise komplexe) Universalie entspricht. Wenn ich mich entscheide, einen speziellen Geruch an einem Frühlingsmorgen mit dem Begriff ‚spunkig' zu bezeichnen, entspricht diesem dann eine Universalie? Mehr noch: Es müßte sogar signifikant mehr Universalien als potentiell benennbare Eigenschaften bzw. Relationen geben, denn sonst wären extensional äquivalente Aussagefunktionen wie „$\hat{x}$ ist ein ungefiederter Zweibeiner" und „$\hat{x}$ ist ein Mensch", die ja dieselbe Menge beschreiben, auch gleich. Die Intensionen dieser Aussagefunktionen sind jedoch offenkundig unterschiedlich. Geht man wie RUSSELL davon aus, daß die Universalien jenseits von Zeit und Raum subsistieren, wäre dieser platonische Himmel schnell überfüllt, würde man alle diese Entitäten als Universalien ansehen.

Es erscheint mir schlüssiger, nur die einfachen Universalien als ‚echte' und damit subsistierende Universalien aufzufassen, während die komplexen Universalien nurmehr Konstrukte sind, welche sich auf die einfachen Universalien zurückführen lassen. Damit wären die komplexen Universalien nur scheinbar Universalien, wie die komplexen Dinge nur scheinbar Dinge (im Sinne von Individuen) sind.

Schließt man sich dieser Auffassung an – RUSSELL selbst hat, wie gesagt, diese Problematik nicht weiter thematisiert – liegt auch die Schlußfolgerung nahe, daß die einfachen Universalien die Eigenschaften und Relationen der einfachen Gegenstände, der Individuen sind. Ich werde auf den folgenden Seiten anhand einer Typen-Hierarchie skizzieren, wie sich die Universalien in RUSSELLS Ontologie einfügen.

Das Fundament von RUSSELLS Ontologie bilden die ontologischen Individuen – es handelt sich dabei genau um die Elemente des Individuen-Typs 0. Diese Individuen ließen sich auch, mit den im letzten Abschnitt aufgeführten Einschränkungen, innerhalb einer idealen Sprache logisch korrekt benennen. In einer normalen Sprache hingegen können Namen dieser Individuen aus verschiedenen Gründen nicht auftreten, unter anderem deshalb, weil wir kein Wissen durch Bekanntschaft mit diesen Individuen haben können; ich gehe hier wohlgemerkt wieder davon aus, daß auch einfachste Sinnesdaten *nicht* zu den ontologischen Individuen zählen (sonst wäre ‚dies' ein solcher Eigenname). Der Typ 1 der hier betrachteten Typen-Hierarchie wird nun durch *Mengen von Individuen* des Typs 0 gebildet. Wie in Abschnitt 2.4 dargelegt, entsprechen diesen *extensionalen* Mengen auch (jeweils mehrere) Aussagefunktionen; diese Aussagefunktionen haben als Kriterium ein *inten-*

3.2. LOGISCHE ATOME 105

sionales Element, welches gerade die Elemente der entsprechenden Menge aus der Menge aller Individuen herausgreift. Die Aussagefunktionen des 1. Typs beschreiben nun Eigenschaften und Relationen der ontologischen Individuen; es handelt sich bei ihnen also nicht um Eigenschaften und Relationen von (komplexen) Mengen, sondern von Dingen im strengen Sinne des Wortes, Individuen. Diese einfachen Eigenschaften und Relationen – genau die Elemente des 1. Typs der Hierarchie – sind in ihrer Intensionalität auch einfache Universalien, welche nach RUSSELLS Theorie *subsistieren*. Dabei ist es nach meinem Dafürhalten eher unwahrscheinlich, daß diese einfachen Universalien Entsprechungen in den normalen Sprachen haben. In einer Idealsprache hingegen gäbe es sicherlich Symbole für sie.

Noch einmal prägnant zusammengefaßt: Ontologische Individuen bilden den Typ 0 der Hierarchie; die Elemente dieses Typs *existieren* im strengen Sinne und lassen sich im Rahmen einer idealen Sprache sinnvoll benennen. Diese Individuen haben nun Eigenschaften und stehen in Relationen zueinander. Die Eigenschaften und Relationen können in zweifacher Weise betrachtet werden: einerseits *extensional* als Mengen, andererseits als Aussagefunktionen mit einem *intensionalen* Element, welche diese Mengen bilden. Diese Eigenschaften und Relationen bilden den Typ 1 der Hierarchie. Der intensionalen Komponente der Aussagefunktionen entspricht dabei jeweils eine *subsistierende* Universalie. Dieser logisch strengen Form nach subsistiert neben den Elementen des Typs 1 nichts, entsprechend existiert auch neben den Elementen des Typs 0 nichts. Soviel zum eigentlichen Fundament dieser Typen-Hierarchie.

Welche Konsequenzen ergeben sich nun aus diesem strengen Ansatz für die höheren Regionen der Hierarchie? Betrachtet man die Zahlen als Beispiel – die, wie in Abschnitt 2.5 ausgeführt, Elemente des Typs 2 sind – sind diese weiterhin als Mengen von Mengen respektive Aussagefunktionen von Aussagefunktionen anzusehen. Gemäß der Definition im letzten Absatz entspricht den Zahlen jedoch keine (einfache) Universalie, das intensionale Element des speziellen Zahlbegriffs subsistiert entsprechend nicht – die Zahl ist auf ihre Extension reduziert. Das ist durchaus mit RUSSELLS diesbezüglichen Ausführungen in der Philosophie der Mathematik vereinbar. Dieser hier besonders herausstechende, streng extensionale Ansatz ist typisch für RUSSELLS Betrachtungsweise aller komplexen Gegenstände und komplexen Universalien.

An der Typentheorie wird auch die Tatsache besonders deutlich, daß die komplexen Gegenstände – zum Beispiel Menschen als zeitliche Folgen von räumlichen Mengen – auch als Aussagefunktionen und damit als Relationen aufgefaßt werden können. Eine konsequente Unterscheidung zwischen Ding und Eigenschaft bzw. Relation ist nur in den ontologisch einfachsten Fällen, also zwischen Individuen und Elementen der Typen größer 0, möglich. Streng genommen sind alle Nicht-Individuen Komplexe, die entgegen unserer *common sense*-Sprachauffassung nicht Dingen, sondern Eigenschaften oder Relationen entsprechen. Unseren sprachlichen Nominalisierungen wie ‚Dreieckigkeit' entsprechen auf der logischen Ebene vielmehr Aussagefunktionen wie „$\hat{x}$ ist dreieckig". Es ist wieder unsere Sprache, die uns in die Irre führt:

> The theory of types is really a theory of symbols, not of things. In a proper logical language it would be perfectly obvious. The trouble that there is arises from our inveterate habit of trying to name what cannot be named. If we had a proper logical language, we should not be tempted to do that.
>
> — [PLA], S. 267.

Mit diesem typenorientierten Erklärungsansatz kann die im letzten Abschnitt vorgenommene Trennung von ontologischen und epistemologischen Individuen exakter erfaßt werden: Während die ontologischen Individuen den Typ 0 bilden, sind die einfachsten Elemente unserer Erkenntnis in dieser Hinsicht keine Individuen, da sie als höhertypige Komplexe aus diesen einfachsten Individuen angesehen werden müssen; zweifellos können auch diese Komplexe innerhalb der Hierarchie verortet werden, bilden möglicherweise auch einen einheitlichen Typ n, wobei dann eine Eigenschaft wie ‚ist ein einfachstes Wahrnehmungsobjekt' dem Typ $n+1$ angehören würde. Wie genau die Konstruktion unserer Wahrnehmungsobjekte aus den ontologischen Individuen erfolgen kann, entzieht sich den Möglichkeiten unserer Erkenntnis – selbst *daß* es diese letzten Individuen als theoretisches Ende des Analyseprozesses gibt, ist keineswegs sicher. RUSSELL ist jedoch mit LEIBNIZ der Auffassung, daß dies der Fall ist. (Siehe [LA], S. 337.)

Indirekt verteidigt RUSSELL in *Logical Atomism* den Ansatz, mit den epistemologischen Pseudo-Individuen eine höhere Ebene in der Typentheorie als ‚Pseudo-0-Typ' innerhalb einer abgeschlossenen Theorie zu verwenden:

> A logical language will not lead to error if its simple symbols (i.e. those not having any parts that are symbols, or any significant structure) all stand for objects of some one type, even if these objects are not simple. The only drawback to such a language is that it is incapable of dealing with anything simpler than the objects which it represents by simple symbols.
>
> — [LA], S. 337.

3.2. LOGISCHE ATOME

Eine derartige Verschiebung des Typs 0 kann jedoch nicht über die Tatsache hinwegtäuschen, daß ein solcher typenorientierter Sprachansatz zwar für ideale Sprachen durchaus Sinn macht, auf normale Sprachen jedoch kaum anwendbar ist.

Nach dieser relativ ausführlichen Erörterung der Problematik kann die ursprüngliche Frage, ob auch bei den Eigenschaften und Relationen eine Einteilung nach ontologischen und epistemologischen Gesichtspunkten erfolgen muß, nun mit vergleichsweise geringem Aufwand beantwortet werden: eine Differenzierung ergibt sich nämlich quasi von selbst durch den betrachteten Individuenbereich. Zwischen Individuen eines bestimmten Typs n können immer nur Relationen des Typs $n + 1$ bestehen. Betrachtet man die ontologischen Individuen, kommen als Eigenschaften und Relationen ohnehin nur die des Typs 1 in Betracht, die auch noch als Universalien subsistieren. ‚Verschiebt' man entsprechend den Typ 0 auf eine (hypothetische) Ebene n der einfachsten epistemologischen Komplexe und betrachtet diese damit als Individuen des Systems, gibt es eine neue Menge von Eigenschaften und Relationen, die sich auf diese anwenden lassen. Überschneidungen zwischen den Relationen des Typs 1 und des Typs $n + 1$ kann es im strengen Sinne nicht geben: Jede Eigenschaft und jede Relation kann sich immer nur auf einen bestimmten Typ beziehen. Auf den ersten Blick scheint es zwar, als gäbe es Relationen wie ‚Identität', die diesem Prinzip widersprechen, aber hier spielt einem wieder das Sprachverständnis des *common sense* einen Streich: Es gibt vielmehr eine unendliche Menge von Gleichheits-Relationen, in jedem Typ ab 1 eine. Eine exakte empirische Bestimmung der in einem gegebenen System auftretenden Eigenschaften und Relationen ergibt sich letztlich eindeutig durch die *Fakten*, welche ich im nächsten Abschnitt diskutieren werde.

In der Philosophiegeschichte gab es immer wieder Strömungen, die die Existenz bzw. Subsistenz von Universalien aus verschiedenen Gründen geleugnet haben. RUSSELL selbst bezieht sich neben den Idealisten bzw. Monisten, deren Argumente ich bereits in Abschnitt 2.1 dargelegt habe, auch auf zwei der wichtigsten Vertreter des Britischen Empirismus, nämlich BERKELEY und HUME. Diese waren wie die Idealisten der Überzeugung, daß es Universalien als solche nicht gibt und widersprachen damit ihrem Vorgänger LOCKE, der die Universalien mit dem Begriff *abstrakte Ideen* (*abstract ideas*) bezeichnete. BERKELEY und HUME argumentierten dahingehend, daß wir in unseren Gedanken nicht, um ein Beispiel zu geben, über die Dreieckigkeit als solche, also als Universalie nachdenken, sondern uns im Geiste ein Dreieck vorstellen und über dieses reflektieren, wobei wir dessen spezifische Eigenschaften – also dessen Winkel und Seitenlängen – außer acht lassen und so zu einer allgemeinen Vorstellung der Dreieckigkeit kommen. RUSSELL hält dies für eine recht genaue Beschreibung unserer mentalen Vorgänge, wendet allerdings ein, daß wir im Geiste, von diesem ersten Dreieck ausgehend, uns viele *ähnliche* Dreiecke vorstellen, um deren gemeinsame Eigenschaften erfassen zu können. Was BERKELEY und HUME somit tatsächlich nachgewiesen haben ist nach RUSSELL nichts weiter als die Tatsache, daß alle Eigenschaften sich auf zweistellige Relationen – nämlich die Ähnlichkeit mit einem bestimmten Individuum – zurückführen lassen. Relationen sind aber ebenso wie die Eigenschaften Universalien, womit BERKELEYS und HUMES Beweis als hinfällig angesehen werden muß. (Siehe [POP], S. 68f.)

Auf die erkenntnistheoretischen Begleitumstände des Erfassens von Relationen geht RUSSELL insofern ein, als er ausführt, daß wir die Konzepte von Eigenschaften und Relationen bilden, indem wir aus der Wahrnehmung abstrahieren. Es ist uns dabei jedoch nicht möglich, diese Relationen umgehend als solche zu erfassen: Wir sind immer darauf angewiesen, aus der Wahrnehmung von bestimmten gleichartigen Sachverhalten, also gewissermaßen gesättigten Relationen, nach und nach ein Konzept der jeweiligen Relation zu abstrahieren und dieses dann mit weiteren Wahrnehmungen sukzessive zu verfeinern. Eine zentrale Rolle kommt also auch hier der Ähnlichkeits-Relation zu. (Siehe dazu auch Abschnitt 3.1 dieser Arbeit.)

3.3 Fakten und Aussagen

Im letzten Abschnitt wurden die die kleinsten Elemente in RUSSELLS philosophischem System dargestellt: die Atome. Man könnte nun annehmen, daß sich durch eine vollständige Auflistung der dort vorgestellten Individuen ein adäquates Bild der Welt erstellen ließe; dies ist jedoch nicht der Fall:

> The existing world consists of many things with many qualities and relations. A complete description of the existing world would require not only a catalogue of the things, but also a mention of all their qualities and relations. We should have to know not only this that, and the other thing, but also which was red, which yellow, which was earlier than which, which was which between two others, and so on.
> — [OKEW], S. 60.

Der einfache Grund dafür ist, daß die Individuen voneinander *logisch unabhängig* sind: Jedes Individuum könnte theoretisch auch für sich alleine

3.3. FAKTEN UND AUSSAGEN

stehen und gewissermaßen ein eigenes Universum bilden.[25] Somit würde ein Index, in dem alle Individuen des Universums verzeichnet sind, einem Puzzlespiel ohne Motiv gleichen, bei dem die Umrisse aller Teile vollkommen identisch sind.

Die Relationen als zweite Gruppe der Atome stellen in RUSSELLS System die möglichen Verbindungen zwischen Individuen dar, ohne sich jedoch zunächst – in ihrer atomaren Form – auf bestimmte Individuen zu beziehen. Eine adäquate Beschreibung der Welt läßt sich mittels der logischen Atome allein also unmöglich geben. Was – um bei dem Bild zu bleiben – noch fehlt, ist die Verknüpfung der Puzzleteile untereinander, eine Beschreibung der Beziehungen zwischen den Individuen in Form einer vollständigen Aufstellung der Relationen, in welchen die Individuen des Universums zueinander stehen.[26] Ein derartiger imaginärer Eintrag im imaginären Verzeichnis der Welt ist ein *Faktum* oder eine *Tatsache* (*fact*). Diese Fakten *sind* gewissermaßen die Sachverhalte der Welt – gibt es also beispielsweise ein Individuum a in dieser Welt, welches rot ist (R) und außerdem größer als (G) ein zweites Individuum b, so gibt es im Index dieser Welt unter anderem auch die beiden Fakten Ra und aGb. Dieser Index ist dabei nicht losgelöst von den Individuen und Relationen, sondern besteht gerade aus diesen. Die Fakten sind, wenn man so will, die Struktur des Universums.

Aus dem eben Gesagten wird deutlich, daß die Fakten ebenso Teil der Welt sind wie die Individuen. Sie sind völlig objektiv und – von einigen besonderen Ausnahmen, auf die ich später noch eingehen werde, abgesehen – nicht von unserem Denken abhängig. Es gibt verschiedene Kriterien zur Einteilung dieser Fakten, zum Beispiel eine Differenzierung zwischen *singulären Fakten* (*particular facts*), die sich auf bestimmte Individuen beziehen, und *generellen Fakten* (*general facts*), die sich immer auf die Gesamtheit der Individuen beziehen, um nur ein Kriterium herauszugreifen. Im weiteren Verlauf dieses Abschnitts werde ich noch auf weitere derartige Differenzierungskriterien eingehen.

---

[25]Einen krassen Gegensatz dazu bildet LEIBNIZ' Monadologie, in welcher zwar auch jede fensterlose Monade als Individuum eine in sich geschlossene Einheit bildet, aber dennoch einen vollständigen ‚Bauplan' des Universums in sich trägt, welcher eine eindeutige Verortung der Monade innerhalb des Universums ermöglichen würde. Andererseits bewirkt LEIBNIZ' Konzept des Ganzen im Einzelnen auch, daß das Einzelne für sich zwar unabhängig ist, aber außerhalb der Gesamtheit dennoch unvollständig.

[26]Die Eigenschaften bzw. monadischen Relationen beziehen sich dabei nur auf ein einzelnes Individuum, für die wechselseitige Verknüpfung der Individuen sind also die mehrstelligen Relationen zuständig.

110 KAPITEL 3. RUSSELLS LOGISCHER ATOMISMUS

Da es sich bei den Fakten gewissermaßen um die Struktur der Welt handelt, ist sofort einsichtig, daß es keinen Dualismus zwischen wahren und falschen Fakten geben kann: Fakten sind einfach nur Fakten und *per se* zutreffend. Da es unsinnig ist, von falschen Fakten zu sprechen, ist es auch unsinnig, das entsprechenden Gegenteil zu behaupten, also daß Fakten wahr sind. Hingegen können *Aussagen* (*propositions*) als sprachliche Repräsentanten der Fakten – also Behauptungen, Glauben, Urteile &c. – durchaus falsch sein; ihr Wahrheitswert hängt von ihrer Übereinstimmung mit den entsprechenden Fakten ab. (Siehe [PLA], S. 182.)

Wie RUSSELL hervorhebt, sind Aussagen keinesfalls Namen für Fakten, da sich immer sowohl die wahre wie auch die zugehörige falsche Aussage auf ein und dasselbe Faktum beziehen. So hängen die Wahrheitswerte der beiden Aussagen „Sokrates ist tot" und „Sokrates ist nicht tot" von nur einem Faktum ab: die mit dem entsprechenden Faktum direkt korrespondierende bzw. strukturell übereinstimmende Aussage ist wahr, die andere falsch. Dies zeigt deutlich, wie unterschiedlich die Beziehung zwischen Aussage und Faktum zu der zwischen Name und Benanntem ist: Eine Aussage kann entweder mit den Fakten übereinstimmen oder nicht mit ihnen übereinstimmen und ist entsprechend wahr oder falsch. Ein Name hingegen kann ausschließlich ein Individuum bezeichnen – oder es handelt sich nicht um einen Namen. Eine Aussage aber bleibt auch dann eine Aussage, wenn sie falsch ist. Namen und Aussagen haben insofern Parallelen, als daß es auch zu jeder Aussage bzw. zu jedem Aussagenpaar (wobei das Paar durch die wahre und die entsprechend falsche Aussage gebildet wird) ein Faktum oder eine Faktenkonstellation gibt, das als Kriterium für deren Wahrheitswerte fungiert. (Siehe [PLA], S. 187f.)

Auf der metaphysischen Ebene sind die Fakten von größter Bedeutung, vom epistemologischen Standpunkt her betrachtet stehen die Aussagen im Mittelpunkt des Interesses. Sie Aussagen bilden den Dreh- und Angelpunkt der meisten unserer mentalen Aktivitäten. So involvieren beispielsweise ein *Glaube*[27] (*belief*) oder eine *Behauptung* (*statement*) immer eine Aussage und können damit ebenfalls wahr oder falsch sein. Man glaubt oder behauptet schließlich immer, daß etwas der Fall ist, also ein bestimmter Sachverhalt in der Welt vorliegt. Die entsprechende Behauptung oder der entsprechende Glaube ist genau dann wahr, wenn es tatsächlich ein Faktum gibt, welches mit der der Behauptung oder dem Glauben zugrundeliegenden Aussage übereinstimmt. Das Kriterium für die Wahrheit oder Falschheit einer Aussage

---

[27]Der Begriff ‚Glauben' hat hier nichts mit dem Glauben an *etwas* – wie beim Glauben an einen Gott – zu tun. Das Konzept beschreibt in diesem Zusammenhang vielmehr die einem Gedanken zugrundeliegende mentale Aktivität. ‚Überzeugung' könnte als alternative Formulierung herangezogen werden.

3.3. FAKTEN UND AUSSAGEN

sind also niemals die Individuen der Welt, sondern vielmehr deren Struktur, die ihren Ausdruck in den Fakten findet.

Zur Verdeutlichung des Verhältnisses von Fakten und Aussagen können einige Beispiele dienen: Der Wahrheitswert des Glaubens, daß es regnet, ist abhängig vom gegenwärtigen Zustand des Wetters; dieser Zustand des Wetters ist nun das entsprechende Faktum, das den Glauben über die ihm entsprechende Aussage wahr oder falsch macht. Die Wahrheit der Behauptung, daß zwei plus zwei vier ergibt, wird durch ein mathematisches Faktum garantiert; analog ist es auch ein mathematisches Faktum – wahrscheinlich sogar dasselbe –, welches die Behauptung, daß zwei plus zwei fünf ergibt, als falsch herausstellt. Ein Faktum wird sprachlich immer durch einen ganzen Satz, nämlich die dem Faktum entsprechende Aussage, ausgedrückt. Die Aussage ist die sprachliche Form des Faktums.

In einem logisch korrekten Symbolismus – einer idealen Sprache – gibt es nach RUSSELL eine *strukturelle Identität* bezüglich der Struktur eines Faktums und der Struktur der zugehörigen Symbole; ebenso korrespondiert die Komplexität des Symbols exakt mit der des Faktums.[28] In einer idealen Sprache würden die einzelnen Wörter einer Aussage also Stück für Stück mit den jeweiligen Komponenten des zugehörigen Faktums korrespondieren – mit Ausnahme solcher Wörter wie ‚und', ‚oder', ‚nicht', ‚wenn' &c., die eine andere Funktion ausüben. Für jedes logische Atom, also jedes Individuum und jede Relation, gäbe es genau ein Wort; ein Bezug auf komplexe Objekte müßte über Wortkombinationen ausgedrückt werden, deren Strukturen wiederum mit denen der Objekte in der Welt korrespondieren würden. Eine solche Sprache wäre völlig analytisch und würde die Struktur der entsprechenden Fakten exakt und auf einen Blick widerspiegeln. (Siehe [PLA], S. 197.)

Wenn man mit einem Individuum bekannt ist – im Sinne von Wissen durch Bekanntschaft –, kennt man dieses, wie in Abschnitt 3.1.1 bereits

---

[28]Bezüglich der Komplexität und der Isomorphie ist noch eine andere Tatsache interessant: Man kann eine Aussage verstehen, wenn man die Wörter versteht, aus denen sie zusammengesetzt ist, selbst wenn man diese Aussage zuvor nie gehört hat. Die Kenntnis von Lexikon, Grammatik und Syntax reichen aus, um jeden korrekt gebildeten Satz in einer Sprache verstehen zu können. Diese Eigenschaft gilt zwar für Aussagen, nicht jedoch für Wörter, die Individuen bezeichnen, wie beispielsweise das Wort ‚rot'. Hier ist es nicht möglich, die Bedeutung des Wortes durch das Lernen von Sprachen, das Nachschlagen in Wörterbüchern &c. zu erlernen. Die Bedeutung läßt sich nur durch *Bekanntschaft* (*acquaintance*) mit der entsprechenden Eigenschaft erlernen: Ein Blinder könnte die eigentliche Bedeutung dieses Wortes nicht erfassen. In diesem Sinne ist die Wortbedeutung einfach und nicht komplex. Es lassen sich naturgemäß nur komplexe Dinge analysieren und unsere Fähigkeit zur Analyse hängt davon ab, daß wir mit den den einfachen Symbolen zugehörigen Bedeutungen vertraut sind. (Siehe [PLA], S. 205.)

erwähnt wurde, vollkommen. Es ist dafür keineswegs notwendig, alle oder auch nur einige Fakten zu kennen, in denen es vorkommt. Es ist sogar eher umgekehrt: Um eine Aussage zu verstehen, ist es notwendig, die den in ihr vorkommenden Eigennamen entsprechenden Objekte des Faktums bereits zu kennen. Die Kenntnis des Einfachen wird für das Verstehen des Komplexen vorausgesetzt. Würde man in RUSSELLS Logischem Atomismus zu einem allumfassenden Wissen *über* ein spezielles Individuum gelangen, also über die Bekanntschaft mit ihm hinaus auch alle seine Eigenschaften kennen und sämtliche Relationen, in denen das Individuum vorkommt, so könnte man daraus – da jedes Individuum mit allen anderen durch verschiedenste Relationen verknüpft ist – die Welt als ein verknüpftes Ganzes deduzieren, was dazu führen würde, daß man von jedem einzelnen Individuum zumindest *etwas* wüßte. (Siehe [PLA], S. 204.) Dies geht aber nicht so weit wie bei LEIBNIZ' Monadologie, in welcher jede Monade einen ‚Bauplan' des ganzen Universums in sich birgt oder gar wie bei PLATO, bei dem das vollkommene Verständnis eines Objekts die Kenntnis des ganzen platonischen Himmels mit sich bringt.

Nach diesen eher allgemein gehaltenen Ausführungen werde ich jetzt verschiedene Typen von Fakten und Aussagen eingehender vorstellen; dies sind die atomaren und molekularen Aussagen mit den ihnen zugehörigen Fakten, die nicht-molekularen Aussagen mit mehr als einem Verb und die ihnen entsprechenden präpositionalen Fakten sowie, abschließend, die generellen Aussagen und Fakten:

1. Einfachste oder *atomare Fakten* beschreiben, daß einem benannten Individuum eine bestimmte Qualität zukommt. Ein Beispiel dafür ist „dies ist weiß".[29] Doch auch innerhalb der atomaren Fakten gibt es eine unendliche Hierarchie von unterschiedlich komplexen Fakten, deren einfachste Stufe, wie im Beispiel, durch eine monadische Relation mit nur einem Term gebildet wird. Die Fakten der nächsten Stufe beschreiben eine duale Relation, die zwischen zwei benannten Objekten besteht, wie „dies ist links von dem". Entsprechend geht es dann mit drei, vier, &c. Objekten und einer verknüpfenden Relation weiter. Die Aussagen, die diese atomaren Fakten ausdrücken bzw. mit ihnen korrespondieren, nennt RUSSELL entsprechend *atomare Aussagen*.

---

[29]Fakten haben, wie oben dargelegt, keine sprachliche Form, korrespondieren aber ausnahmslos mit Aussagen. Im weiteren Verlauf dieses Abschnitts werde ich wiederholt, wie an dieser Stelle, Fakten auf eine sprachliche Weise darstellen. Dies ist als eine aus stilistischen Gründen verkürzte Form zu verstehen – was damit ausgedrückt werden soll, ist, daß ich über das Faktum spreche, das mit der jeweils angegebenen sprachlichen Aussage korrespondiert.

3.3. FAKTEN UND AUSSAGEN

Der einzige Worttyp, der in atomaren Aussagen für ein bestimmtes Individuum stehen kann, ist ein Eigenname: andere Wörter könnten nur eine bestimmte Beschreibung des entsprechenden Individuums bilden, was in atomaren Aussagen jedoch schon aufgrund der strukturellen Vorgaben nicht möglich ist.

Die atomare Aussage „Sokrates ist sterblich" korrespondiert entweder mit dem Faktum, daß Sokrates sterblich ist, oder dem, daß Sokrates nicht sterblich ist; es kann nur eines dieser beiden Fakten geben. Der Wahrheitswert der Aussage hängt also nur von der Struktur der Welt ab, welche sich in den Fakten widerspiegelt. Es ist sichergestellt, daß es genau eines der beiden möglicherweise mit dieser Aussage korrespondierenden Fakten tatsächlich gibt. Entsprechend gibt es auch zu jedem Faktum zwei korrespondierende Aussagen, von denen die eine wahr und die andere falsch ist. Da es keine falschen Fakten gibt, ergeben sich die jeweiligen Wahrheitswerte der beiden Aussagen, wie schon erwähnt, durch die *Art der Übereinstimmung* mit dem korrespondierenden Faktum.

2. Neben den atomaren Aussagen gibt es auch logisch komplexere Gebilde, *molekulare Aussagen*, die ihrerseits aus (atomaren, generellen oder wieder molekularen) Aussagen aufgebaut sind. Die einzelnen Aussagen sind in ihnen durch *logische Konstanten* wie ‚und', ‚oder', ‚nicht', ‚wenn ... dann' &c., deren Bedeutungen sich aus ihren konstanten Wahrheitswertverläufen ergeben, verbunden. Ein einfaches Beispiel für eine molekulare Aussage ist folgender Satz: „Wenn es regnet, dann nehme ich meinen Regenschirm mit." Einige dieser Aussagen erlauben es uns, von uns bekannten Fakten auf andere Fakten zu schließen; die ganze praktische Anwendung der Logik als Schlußsystem basiert auf dem Vorhandensein derartiger molekularen Aussagen. (Siehe [OKEW], S. 64.)

Bei atomaren Fakten gibt es, wie eben dargelegt, immer zwei Aussagen, welche sich auf ein Faktum beziehen. Jede atomare Aussage bezieht sich entsprechend auf genau ein Faktum. Eine molekulare Aussage wie RUSSELLS Beispiel „Sokrates ist sterblich oder Sokrates lebt noch" (*p* oder *q*) bezieht sich hingegen auf zwei verschiedene Fakten. (Siehe [PLA], S. 208f.)[30] RUSSELL denkt nicht, daß es ‚disjunktive Fakten'

---

[30]Dieses Beispiel ist von RUSSELL etwas unglücklich gewählt, denn die beiden atomaren Aussagen dürften keine Negationen voneinander sein, wenn sie sich auf verschiedene Fakten bezögen. Die Verwendung eines Eigennamens garantiert jedoch, daß es Sokrates entweder noch gibt (sollte er nicht sterblich sein) oder gegeben haben muß (sollte er gestorben sein);

gibt, welche Aussagen der Art „p oder q" entsprächen; er ist allerdings der Ansicht, daß man dies auch nicht mit Sicherheit ausschließen kann. Der Wahrheitswert der Aussage „p oder q" hängt seiner Auffassung nach ausschließlich von der konstanten Bedeutung der logischen Verknüpfung und den mit den Aussagen p und q korrespondierenden Fakten ab; RUSSELL nennt derartige molekulare Aussagen *Wahrheitswertfunktionen (truth-functions)*.

3. RUSSELL denkt zwar nicht, daß molekulare Fakten zum Inventar der Welt gehören, nimmt aber dennoch an, daß es *negative Fakten* gibt. Er räumt ein, daß man eine instinktive Abneigung gegen diese Annahme verspürt, sieht aber keine gangbare Alternative zu dieser Überzeugung. (Siehe [PLA], S. 211.)[31] Die Problematik der negativen Fakten wird deutlich, wenn man eine Aussage wie „Sokrates ist eine Eiche" betrachtet. Es muß ein Faktum geben, welches mit dieser Aussage so korrespondiert, daß sie durch die Art der Übereinstimmung als eine falsche Aussage eingestuft werden kann. Es ist in der Tat naheliegend, das Bestehen eines Faktums wie „Sokrates ist keine Eiche" anzunehmen. RUSSELL hält es auch für schwer möglich, eine Regel anzugeben, wann ein Faktum positiv und wann negativ ist; das Wort ‚nicht' (oder, wie im letzten Beispiel, ‚keine') in der mit dem jeweiligen Faktum korrespondierenden wahren Aussage kann hier kaum als Kriterium herangezogen werden, da man sich für die Beurteilung auch auf das Feld der Wortbedeutungen begeben muß. (Siehe [PLA], S. 215.) Dennoch hält RUSSELL die Frage nach den negativen Fakten für mehr als eine reine Definitionssache, da sie für die Ontologie entscheidend ist.

4. Daß die Empirie für den Logiker nicht von wesentlicher Bedeutung ist, hat RUSSELL verschiedentlich hervorgehoben; er erstellt seine Systeme auf einer universellen Basis, die von einer empirischen Interpretation unabhängig ist. So scheinen die bisher vorgestellten Elemente des Logischen Atomismus – hier eingeschränkt auf die Repräsentation der Welt durch Individuen, Relationen und Fakten – durchaus geeignet,

---

die dritte Möglichkeit, daß es Sokrates nie gegeben hat oder erst in der Zukunft geben wird, entfällt. Ist Sokrates also nicht sterblich ($\neg p$), lebt er noch (q). Ist er hingegen nicht mehr lebendig ($\neg q$), ist er sterblich (p). Die molekulare Aussage ist also eine Tautologie. Dies heißt zwar nicht notwendig, daß p und q sich auf dasselbe Faktum beziehen, aber der Verdacht liegt zumindest nahe.

Meines Wissens hat sich RUSSELL nicht dahingehend geäußert, ob die atomaren Fakten logisch unabhängig voneinander sind, wie es bei WITTGENSTEIN der Fall ist.

[31]RUSSELL diskutiert in [PLA] noch einen diesbezüglichen Vorschlag von DEMOS, auf den ich an dieser Stelle jedoch nicht weiter eingehen werde.

3.3. FAKTEN UND AUSSAGEN 115

eine vollständige Beschreibung der Welt zu geben. Die Empirie zeigt jedoch, daß es eine spezielle Art von Fakten und Aussagen geben muß, die mit den bislang vorstellten Typen nicht angemessen repräsentiert werden können: die *nicht-molekularen Fakten mit mehreren Relationen* sowie deren korrespondierende Aussagen. Derartige Fakten stellen einen Sonderfall der atomaren Fakten dar.

Fakten dieser Art scheinen erst durch Menschen – oder, allgemeiner, psychologisch aktive Entitäten – in die Welt zu gelangen, denn es handelt sich bei ihnen ausnahmslos – wobei RUSSELL nicht kategorisch ausschließen will, daß es auch andere Fälle gibt – um mentale Aktivitäten, die das Verstehen einer Aussage involvieren. (Siehe [PLA], S. 227.)[32] Typische Beispiele sind „ich glaube, daß es heute regnen wird" und „ich wünschte, dies wäre größer als das". Statt der hier verwendeten Glaubens- und Wünschens-Relationen kommen auch alle anderen Relationen in Betracht, die eine mentale Entität – um es bewußt sehr weit zu fassen – mit einer oberflächlich betrachtet eigenständigen Aussage zu verknüpfen scheinen.[33] RUSSELL denkt bei dem Wort ‚glauben' allgemein an Aussagen der Form „A glaubt, daß p". Ein solcher Glauben liegt den meisten bewußten psychischen Vorgängen zugrunde; RUSSELL gibt folgendes Beispiel: Wenn uns jemand fragt, was für ein Tag heute ist, und wir antworten aufrichtig: ‚Dienstag', dann *glauben* wir, daß heute Dienstag ist. (Siehe [PLA], S. 217.) Nun ist es nicht sofort einsichtig, weshalb Fakten dieser Art nicht als ein Sonderfall der molekularen Fakten aufgefaßt werden können. Um dies zu verdeutlichen, muß der Status von p in Aussagen bzw. Fakten wie „ich glaube, daß p" genauer analysiert werden.

Auf den ersten Blick sieht es so aus, als würde mit Aussagen dieser Art einfach eine Relation von einem glaubenden Subjekt A zu einer Aussage p dargestellt; dies ist jedoch auf der logischen Ebene nicht der Fall. Man muß bedenken, daß diese zwei oder mehr Verben, ‚glauben' und das oder die Verben innerhalb von p, nicht nur auf der Aussage-

---

[32]Die Existenz dieser Fakten hängt natürlich von dem Umstand ab, ob diese psychologisch aktiven Entitäten überhaupt Terme einer Relation und damit Individuen sein können. RUSSELL scheint hier sicher davon auszugehen. Die Vervielfachung sowohl der Formen der Fakten wie auch der Fakten an sich, die sich zwangsläufig aus RUSSELLS Konzeption des Logischen Atomismus und des Substanz-Dualismus ergibt, führen zu einer Komplexität, die RUSSELL sicherlich lieber vermieden hätte. Ich bin der Überzeugung, daß diese Problematik auf seinen späteren Wandel zum Neutralen Monismus nicht ohne Einfluß war.

[33]RUSSELL merkt an, daß das Wollen noch ein Sonderfall sein mag – es scheint eher gezielt zum Faktum durchzudringen. Beim Wollen stellt sich auch die Frage nach der Wahrheit bzw. Falschheit nicht. (Siehe [PLA], S. 218.)

ebene, sondern auch im korrespondierenden Faktum an sich vorkommen – wenn auch nicht als Verben, sondern als mit diesen korrespondierende Relationen. Daß es sich bei Aussagen dieser Art jedoch um nur *ein* korrespondierendes Faktum – und daher um keine molekulare Aussage – handeln kann, leuchtet ein, wenn man sich Beispiele vor Augen führt, bei denen der Glaube falsch ist. Handelte es sich um molekulare Aussagen mit mehreren korrespondierenden Fakten, müßte p ein eigenständiges Faktum sein. Man kann jedoch auch etwas Falsches glauben, beispielsweise daß zwei plus zwei fünf ergibt. p wäre dann „zwei plus zwei ergibt fünf" – dies ist zwar durchaus eine sinnvolle falsche Aussage, jedoch keinesfalls ein Faktum, da es keine falschen Fakten gibt. RUSSELL ist der Überzeugung, daß es sich bei den hier betrachteten nicht-molekularen Fakten mit mehreren Relationen um irreduzible Fakten handelt. Die von RUSSELL vorgeschlagene Lösung besteht darin, das geglaubte p in einer Aussage nicht als eigenständige Einheit aufzufassen – unabhängig davon, ob es wahr ist oder nicht –, sondern es in seine Komponenten zu zerlegen, die dann als Elemente in das mit der ganzen Aussage korrespondierende Faktum eingehen. (Siehe [PLA]. S. 222ff.) Es gibt logisch betrachtet keine Entität, an die man glaubt; dieses p ist eine Schein-Entität, die auf der logischen Ebene in dem Faktum aufgeht, welches dem Glauben entspricht.

RUSSELLS Vorgehensweise erinnert hier an die Kennzeichnungstheorie. Auch dort bestand sein Weg zur Vermeidung der Annahme fragwürdiger Entitäten darin, die darauf verweisenden Komplexe – also die bestimmten Beschreibungen – in ihrer isolierten Form die Bedeutungshaftigkeit abzusprechen und eine solche erst über den Satzzusammenhang zu etablieren. Ähnlich hat das geglaubte p bei diesen Fakten einen problematischen Status – es kann weder Faktum noch Aussage sein – und wird von RUSSELL analog nur als scheinbar eigenständige, aber entsprechungslose Unterkomponente des umschließenden Faktums angesehen.

RUSSELL schlägt vor, die Verben wie ‚glauben', ‚wünschen' &c. *propositionale Verben* (*propositional verbs*) zu nennen (siehe [PLA], S. 227.); sie *scheinen* zwar nur die Funktion zu haben, eine Aussage mit einem Subjekt zu verknüpfen, aber diese Beschreibung ist dennoch am einleuchtendsten. Analog dazu nenne ich die den Aussagen mit solchen Verben entsprechenden Fakten *propositionale Fakten*.

Eine Besonderheit der Glaubensrelation ist, daß man alle möglichen Aussagen glauben kann, Aussagen, die wiederum verschiedenste logische Formen haben.[34] Dies führt dazu, daß selbst die Glaubensrelationen untereinander nicht formgleich sind, sondern daß, abhängig von p, unendlich viele Formen dieser Relationen unterschieden werden müssen. Dies läßt jedoch den Umstand unberührt, daß sich die Form des Faktums nicht aufgrund der jeweiligen propositionalen Relation ändert. Ob ich p also glaube, wünsche oder fürchte, hat keinen Einfluß auf die logische Form des entsprechenden Faktums.

5. Dis bisher behandelten Fakten waren ausnahmslos *singuläre Fakten*, das heißt, daß die Terme ihrer Relationen durch Individuen gebildet wurden; die Referenz auf diese Individuen auf der sprachlichen Ebene erfolgte über ihre jeweiligen Namen. Neben den singulären Aussagen gibt es jedoch auch generelle Aussagen, die Quantifizierungen über die Menge der Individuen oder sogar die Menge der Relationen vornehmen: die All- und die Existenzaussagen. Diesen entsprechen auf der Fakten-Ebene die *generellen Fakten*.

Was All- und Existenzaussagen behaupten, ist die Wahrheit aller bzw. einiger Werte der zugehörigen *Aussagefunktion*. RUSSELL definiert eine Aussagefunktion als einen Ausdruck, der einen oder mehrere indeterminierte Bestandteile, also Variablen, enthält und der zu einer Aussage wird, sobald diese Bestandteile determiniert sind. Das einzige, was man sinnvoll von Aussagefunktionen behaupten kann, ist, daß sie immer (notwendig), manchmal (möglich) oder niemals (unmöglich) wahr sind. (Siehe [PLA], S. 230f.)

Doch wie steht es mit dem Zusammenhang von generellen Aussagen und Fakten? Eine naheliegende Möglichkeit wäre, daß die Vorgehensweise hier ähnlich wie bei den molekularen Aussagen ist, eine generelle Aussage also auf mehrere singuläre Fakten verweist. Eine Aussage wie „es gibt rote Dinge" ist damit wahr genau dann, wenn es mindestens ein Faktum wie „dies ist rot" gibt. Entsprechend wäre die Aussage „alle roten Dinge sind nicht rund" wahr, wenn jedes Individuum, welches Term eines Faktums „dies ist rot" ist, nicht auch Term eines Faktums „dies ist rund" ist. Doch eine solche Interpretation der generellen Aussagen ist nicht möglich.

RUSSELL ist der Überzeugung, daß es generelle Fakten und Existenz-Fakten im Inventarium der Welt gibt, die mit den All- und den Existenzaussagen korrespondieren. Er nennt die generellen Aussagen auch

---

[34]Wie auch RUSSELL bleibe ich bei dieser Methode, über Aussagen und Fakten dieses Typs zu sprechen, auch wenn sie nahelegt, daß p eine abgeschlossene Einheit darstellt. Alternative Formulierungen wären möglich, sind aber sehr umständlich.

‚positive generelle Aussagen' und die Existenzaussagen ‚negative generelle Aussagen'; diese Benennung wird dem Umstand gerecht, daß sich die beiden Varianten durch Negation wechselseitig ineinander überführen lassen. Nachvollziehbar ist, daß es nun mindestens *ein* solches generelles Faktum geben muß – nämlich, daß das Inventarium der Einzelaussagen vollständig ist:[35]

> It is perfectly clear, I think, that when you have enumerated all the atomic facts in the world, it is a further fact about the world that those are all the atomic facts there are about the world, and that is just as much an objective fact about the world as any of them are.
> — [PLA], S. 236.

Analoges gilt jedoch auch für alle anderen generellen Aussagen: „Alle Menschen sind sterblich" kann erst als bewiesen angesehen werden, wenn jeder einzelne Mensch im Inventarium sterblich ist *und* alle Menschen betrachtet wurden. Selbst wenn alle weiteren Individuen auf das Kriterium ‚ist ein Mensch' hin untersuchen würden, wäre das kein Ausweg aus dieser Verpflichtung: Man wüßte analog nicht, wann man alle Individuen des Universums kontrolliert hat. (Siehe [OKEW], S. 65.) Aus atomaren Fakten allein kann also kein generelles Faktum abgeleitet werden: Wenn man jeden Menschen, den es auf der Welt gibt, untersucht und feststellt, daß er sterblich ist, so ist es doch eindeutig ein *neues* Faktum, daß sie *alle* sterblich sind. (Siehe [PLA], S. 236f.)

Hätte man eine Auflistung aller atomaren Fakten und die Information, daß es sich dabei tatsächlich um alle atomaren Fakten handelt – diese Information wäre dann natürlich ein generelles Faktum –, so könnte man aus dieser Liste mittels der logischen Schlußregeln alle weiteren möglichen Aussagen konstruieren und damit auch ein Wissen über alle Fakten der Welt erschließen.[36] RUSSELL vergleicht die atomaren Fakten und die ‚reine Logik' mit zwei sich gegenüberliegenden Polen, der eine völlig *a priori* und der andere völlig empirisch, wobei alle weiteren Fakten sich auf dem extrem großen Gebiet zwischen diesen Polen befinden. (Siehe [OKEW], S. 63.)[37]

---

[35]Das ist auch einer der Kritikpunkte, die RUSSELL gegen WITTGENSTEINS im *Tractatus Logico-Philosophicus* vertretene Version des Logischen Atomismus vorgebracht hat.

[36]Vorausgesetzt, daß die logischen Ableitungsregeln außerhalb dieser Fakten stehen und als sicher eingestuft werden können.

[37]Dies erinnert stark an QUINES *Two Dogmas of Empiricism*, in dem das Wissen als ein Feld oder Netz ähnlicher Struktur beschrieben wird, welches nur an den Rändern

3.3. FAKTEN UND AUSSAGEN

Es gibt auch generelle Fakten, die gar keine determinierten Bestandteile enthalten, also über die Menge der Individuen *und* die Menge der Relationen quantifizieren. Dies sind vornehmlich die Fakten der Logik, aber auch rein logisch darstellbare empirische Sachverhalte wie „es gibt exakt 30.000 Individuen".[38]

Mit generellen Aussagen ist es auch möglich, auf Individuen über bestimmte Beschreibungen statt über Namen zu referieren. Da bestimmte Beschreibungen als Aussagen über alle Individuen der Welt aufgefaßt werden müssen, sind die generellen Aussagen damit auch die einzigen Aussagen, mit denen das möglich ist.

Einen interessanten Sonderfall der generellen Fakten bilden die Fakten der Logik: diese sind reine Formen universeller Gültigkeit und beziehen sich damit nicht auf die Welt:

> [...] the completely general facts of the sort that you have in logic, where there is no mention of any constituent whatever of the actual world, no mention of any particular thing or particular quality or particular relation, indeed strictly you may say no mention of anything. That is one of the characteristics of logical propositions, that they mention nothing. [...] All those words that come in the statement of a pure logical proposition are words really belonging to syntax. They are words merely expressing form or connexion, not mentioning any particular constituent of the proposition in which they occur.
> — [PLA], S. 184.

Abschließend gehe ich nun noch kurz auf unsere Möglichkeiten der Erkenntnis von Fakten und damit eines *Wissens von Wahrheiten* ein. Wie bereits in Abschnitt 3.1 dargelegt, liefern uns unsere Sinne immer nur ein Wissen von Dingen, wobei wir allerdings durchaus in der Lage sind, aus diesem Wissen von Dingen ein Wissen von Wahrheiten zu generieren: so ist jede Zuschreibung einer Eigenschaft oder einer Relation auf ein Sinnesdatum schon als einfacher Fall von Wissen von Wahrheiten anzusehen. Derartige Wahrheiten, die wir unmittelbar aus unseren Erfahrungen bilden können,

---

in direktem Kontakt mit der Erfahrungswelt steht. Mit zunehmendem Abstand vom Rand wird das Wissen erfahrungsunabhängiger und sicherer – ‚sicher' ist hier im Sinne von schwerer durch die Erfahrung widerlegbar zu verstehen. (Siehe [29], speziell S. 42f.) Im Zentrum des Netzes finden sich dann auch die Gesetze der Logik, wobei selbst diese bei QUINE – im Gegensatz zu RUSSELLS Überzeugung – nicht dem analytischen Wissen zugerechnet werden dürfen.

[38]Ein Beispiel für eine solche Aussage findet sich im Anhang auf Seite 156.

sind ausnahmslos *singuläre Wahrheiten (particular truths)*, also Wahrheiten über einzelne Dinge, von denen wir nicht direkt zu einem Wissen von *generellen Wahrheiten (general truths)* vorstoßen können:

> [...] general truths cannot be inferred from particular truths alone, but must, if they are to be known, be either self-evident or inferred from premises of which at least one is a general truth. But all *empirical* evidence is of *particular* truths. Hence, if there is any knowledge of general truths at all, there must be *some* knowledge of general truths which is independent of empirical evidence, i.e. does not depend upon the data of sense.
>
> — [OKEW], S. 65.

Gehen wir davon aus, daß wir ein solches Wissen von generellen Wahrheiten haben, stellt sich damit die Frage, was diese hier von RUSSELL beschriebenen, von der Empirie und unseren Sinneswahrnehmungen unabhängigen ersten Wahrheiten sein könnten, die uns in die Lage versetzen, ein solches Wissen von generellen Wahrheiten zu bilden. Als Beispiele für derartiges Wissen nennt RUSSELL das empirisch nicht beweisbare, aber allen empirischen Generalisierungen zugrundeliegende *Induktionsprinzip* sowie die völlig selbst-evidenten Fakten der Logik, die sich ja nicht auf bestimmte Dinge beziehen, sondern allgemeingültig sind. Die Wahrheit der logischen Fakten beruht ausschließlich auf ihrer *logischen Form*. (Siehe [OKEW], S. 66f.)

3.4 Sinnesdatentheorie und Außenwelt

Ein wichtiges philosophisches Problem ist der Schritt von der unbezweifelbaren Sphäre unserer Gedanken zur Außenwelt, mit der wir im täglichen Leben fortwährend konfrontiert sind und in der wir ganz selbstverständlich agieren. Wie die Philosophiegeschichte gezeigt hat, ist es durchaus konsistent, die Existenz einer materiellen Welt außerhalb von uns zu leugnen. Nichtsdestoweniger sind solche Theorien wenig befriedigend, da sie die Philosophie weit von den Naturwissenschaften wegrücken, die ja gemeinhin gerade die Außenwelt beschreiben. Und die Naturwissenschaften sind, wie RUSSELL in *Logical Atomism* ausführt, sicherlich wesentlich besser als die Philosophie in der Lage, Wahrheiten aufzudecken. Er folgert daraus, daß die Philosophie bemüht sein sollte, sich an den wechselnden Vorgaben der Naturwissenschaften zu orientieren und ihnen einen soliden Unterbau zu offerieren. Als eindringliches Beispiel führt RUSSELL den von EINSTEIN eingeläuteten Paradigmenwechsel von konstanten Raum- und Zeitpunkten in der klassischen Physik

3.4. SINNESDATENTHEORIE UND AUSSENWELT

zu der Verschmelzung dieser Räume in der Relativitätstheorie an, also den Wechsel zwei tatsächlich getrennten Räumen mit drei räumlichen Dimensionen respektiver einer zeitlichen Dimension (deren Produktmenge $R^3 \times T$ das klassische Raum-Zeit-Kontinuum darstellt) zu einem vierdimensionalen Raum-Zeit-Kontinuum, in dem eine von der zeitlichen Dimension unabhängige Betrachtung des Raumes nicht länger möglich ist. Wie RUSSELL ausführt, ist der von ihm verfochtene Logische Atomismus als philosophisches System flexibel genug, um auch signifikante Strukturänderungen wie diese problemlos in seiner Raumkonstruktion zu berücksichtigen. (Siehe [LA], S. 328f; 339f.) Was RUSSELL mit seiner Philosophie zu etablieren sucht, ist nicht eine oberflächliche Unterstützung der Naturwissenschaften mit klassischen philosophischen Ansätzen, sondern vielmehr ein radikales Umdenken in der Philosophie – darauf hinzielend, daß die Philosophie selbst sich wissenschaftlicher Methoden bedient, um mit den Naturwissenschaften kompatibler zu werden.

In diesem Abschnitt werde ich RUSSELLS Konstruktion der physikalischen Außenwelt – was den Raum an sich wie auch die Materie angeht – aus potentiellen Sinnesdaten vorstellen. Diese Thematik bildet auch den Schwerpunkt seiner im März und April 1914 in Boston gehaltenen *Lowell Lectures*, veröffentlicht als *Our Knowledge of the External World*, sowie seines im selben Jahr in der Zeitschrift *Scientia* erschienenen Essays *The Relation of Sense-data to Physics*, der einige diesbezüglichen Kernthesen nochmals in komprimierter, aber leicht überarbeiteter Form präsentiert.

RUSSELL verfolgt bei diesem Projekt das Ziel, auf der Grundlage unserer Sinnesdaten einige der fundamentalen physikalischen Entitäten logisch zu konstruieren und damit den Entwurf einer philosophischen Grundlage für die Physik vorzulegen. Sein Vorgehen ist im Prinzip vergleichbar mit der Rückführung der Mathematik auf die Logik, nur daß in diesem Falle in Bereiche vorgestoßen wird, die sich im Gegensatz zur Logik und Mathematik in empirischen Sphären bewegen. Die Konstruktion muß auf Sinnesdaten als empirische Komponente zurückgreifen und mittels der Logik zu einer Interpretation der physikalischen Konzepte gelangen, welche den Ansprüchen der Physik auch tatsächlich genügt: nur so kann die Physik und damit die wohl fundamentalste der Naturwissenschaften von ihrem metaphysischen Ballast befreit werden:

> Our procedure here is precisely analogous to that which has swept away from the philosophy of mathematics the useless menagerie of metaphysical monsters with which it used to be infected.
> — [RSDP], S. 115.

122 KAPITEL 3. RUSSELLS LOGISCHER ATOMISMUS

Über die Konstruktion der Außenwelt hinaus ist es sogar möglich, mittels einer von WHITEHEAD erdachten Methode[39] die in der Mathematik und Physik vorausgesetzten Raum- und Zeitpunkte, die wohl auch als solche ‚metaphysischen Monstren' angesehen werden können und an deren Existenz RUSSELL auch 1914 noch glaubte (siehe [ONA], S. 137), zu konstruieren:

> Formally, mathematics adopts an absolute theory of space and time, i.e. it assumes that, besides the things which are in space and time, there are also entities, called "points" and "instants," which are occupied by things. [...] There is, so far as I can see, no conceivable evidence either for or against it. It is logically possible, and it is consistent with the facts. But the facts are also consistent with the denial of spatial and temporal entities over and above things with spatial and temporal relations. Hence, in accordance with Occam's razor, we shall do well to abstain from either assuming or denying points and instants. [...] Thus, although we shall derive points and instants from things, we shall leave the bare possibility open that they may also have an independent existence as simple entities.
> — [OKEW], S. 152f.

Dies werde ich am Ende dieses Abschnittes thematisieren.

Bevor ich nun jedoch auf die Konstruktion der physikalischen Welt zu sprechen komme, ist eine detaillierte Betrachtung unserer ‚Schnittstelle' zur Außenwelt, den schon verschiedentlich angesprochenen Sinnesdaten, notwendig. Dabei werde ich mit einer Untersuchung der allgemeinen Aspekte der Sinnesdaten beginnen und über eine Diskussion für dieses Projekt spezifischer Aspekte der Sinnesdaten direkt zu RUSSELLS Konstruktion der physikalischen Welt übergehen.

Die erste ausführliche, jedoch trotz – oder gerade wegen – ihrer Anschaulichkeit eher oberflächliche Schilderung seiner Sinnesdatentheorie ist im ersten Kapitel von RUSSELLS *Problems of Philosophy* zu finden.[40] Dort führt

---

[39]Zumindest behauptet RUSSELL, daß WHITEHEAD die Idee zu einer derartigen Konstruktion hatte; MIAH führt hingegen gewichtige Indizien dagegen an. (Siehe [23], speziell Abschnitte III. und V.) So hatte RUSSELL die Idee zu einer solchen Konstruktion bereits im Mai 1912 an der University of Wales in dem Vortrag *On Matter* [48] dargelegt; WHITEHEAD hingegen vertrat erst ab 1914 einen konstruktivistischen Ansatz, wie seine Notizen und auch seine erhaltenen Briefe an RUSSELL dokumentieren.

[40]Der Titel dieses Kapitels, *Appearance and Reality*, scheint mir ein Seitenhieb auf BRADLEYS gleichnamiges Werk zu sein, welches seinerzeit unter den Idealisten höchstes Ansehen genoß und, 1893 geschrieben, zum Zeitpunkt des Verfassens von RUSSELLS *Problems of Philosophy* bereits in der fünften Auflage war. Tatsächlich ist der von RUSSELL in den *Problems* vertretene Standpunkt dem BRADLEYS beinahe diametral entgegengesetzt.

3.4. SINNESDATENTHEORIE UND AUSSENWELT

er die Sinnesdaten als Ebene zwischen unserem Geist und der Außenwelt ein:

> Let us give the name of 'sense-data' to the things that are immediately known in sensation: such things as colours, sounds, smells, hardnesses, roughnesses, and so on. We shall give the name 'sensation' to the experience of being immediately aware of these things. Thus, whenever we see a colour, we have a sensation *of* the colour, but the colour itself is a sense-datum, not a sensation. The colour is that *of* which we are immediately aware, and the awareness itself is the sensation.
> — [POP], S. 4.

Tatsächlich geht RUSSELL zum Zeitpunkt der Abfassung der *Problems of Philosophy* noch von einer Existenz (im strengen Sinne) der Welt der Physik und der Materie aus:

> In the *Problems of Philosophy* and in all my previous thinking, I had accepted matter as it appears in physics. But this left an uncomfortable gulf between physics and perception, or, in other language, between mind and matter.
> — [MPD], S. 104.

Zur Welt der physikalischen Gegenstände haben wir keinen direkten Zugang, sondern sind auf die Vermittlung unserer Sinnesdaten angewiesen. Die Sinnesdaten bilden damit so etwas wie eine zwischengeschaltete Ebene; sie hängen sowohl vom wahrgenommenen physikalischen Objekt wie auch vom wahrnehmenden mentalen Subjekt ab.

Es stellt sich jedoch die Frage, weshalb RUSSELL eine solche Zwischenebene der Sinnesdaten überhaupt benötigt und nicht direkt von einer mentalen Wahrnehmung der materiellen Gegenstände der physikalischen Welt ausgeht, wie es doch der naiven Vorstellung entspricht. Ein Grund dafür ist, daß wir ein und denselben Gegenstand oft sehr verschiedenartig wahrnehmen. Wenn wir beispielsweise einen Tisch betrachten, so kann die Farbe des Tisches in unserer Wahrnehmung je nach den Lichtverhältnissen braun, schwarz, bei blendendem Licht auch fast weiß sein; dennoch scheint es absurd, einer Ansammlung von Molekülen alle oder auch nur eine dieser Farben direkt zuzuschreiben. Die Farbe kann also nicht vom physikalischen Tisch selbst ausgehen. Andererseits vermitteln uns unsere verschiedenen Sinne zweifelsfrei, daß dort ein Tisch ist; wir können ihn sehen, fühlen &c. – damit erscheint es jedoch ebenso absurd, die Farbe als rein mentales Element anzusehen. RUSSELL entgeht diesem Dilemma, indem er das Sinnesdatum dazwischenschaltet. Der Tisch ist zwar die Quelle dieser Sinnesdaten, allerdings geht auch der unbewußte Teil unserer Wahrnehmung und damit ein *scheinbar* subjektives Element in die Sinnesdaten mit ein. Würde beispielsweise ein Betrachter mit einer Sehschwäche den Tisch visuell wahrnehmen, wäre das Sinnesdatum entsprechend unscharf. So koppelt RUSSELL die Materie einerseits effektiv von den Sinneseindrücken ab, kann sie aber andererseits auch als eine Quelle der Sinnesdaten – wobei über die Kausalkette, die von der physikalischen Materie zum Sinnesdatum führt, jedoch nichts gesagt wird – beibehalten:

> [...] however much our sense-data—colour, shape, smoothness, etc.—may depend upon us, yet their occurrence is a sign of something existing independently of us, something differing, perhaps, completely from our sense-data, and yet to be regarded as causing those sense-data whenever we are in a suitable relation to the real table.
> — [PLA], S. 7.

Eine der meines Erachtens präzisesten Schilderungen der Sinnesdatentheorie ist in einem relativ unbekannten Artikel RUSSELLS zu finden, *The Nature of Sense-Data*, der 1913 in der Zeitschrift *Mind* veröffentlicht wurde. In diesem Artikel ist RUSSELL bemüht, die Sinnesdatentheorie gegen Einwände von HICKS zu verteidigen:

> Among objects with which we are acquainted, we can distinguish a certain kind in which the presentation is *sensible*. These may perhaps be defined as "presented objects simultaneous with the act of presentation". This definition excludes universals, because they are not in time and therefore not simultaneous with anything; and it excludes remembered objects, because these are earlier than the acts which remember them. Objects of sensible presentation I call "sense-data". Thus by definition a sense-datum is simultaneous with the act which has acquaintance with it. The word "sensation", as opposed to "sense-datum", may be used either for the act alone, or for the complex act-acquainted-with-object.
> — [NSD], S. 185.

RUSSELL entfernte sich nach und nach von der Sinnesdatentheorie – so kommt der Begriff ‚sense-data' in *The Philosophy of Logical Atomism* tatsächlich nur noch ein einziges Mal vor – und legte 1921 in *The Analysis of Mind* ausführlich seine Gründe dafür dar, die ich an dieser Stelle jedoch nicht im Detail diskutieren werde. Sein ausdrückliches Abstandnehmen von der Sinnesdatentheorie erfolgte nach seinem Wandel zum Neutralen Monismus und damit der in dieser Arbeit behandelten Periode; weiterhin setzt

3.4. SINNESDATENTHEORIE UND AUSSENWELT

RUSSELL später lediglich die *Wahrnehmung* (*sensation* bzw. *percept*) an die Stelle des Sinnesdatums, was für das hier vorgestellte Programm jedoch ohne signifikanten Einfluß bleibt. (Siehe [OKEW], S. 83.)

Nach diesen eher allgemein gehaltenen Ausführungen über RUSSELLS Sinnesdatentheorie komme ich nun auf speziellere Aspekte der Sinnesdaten zu sprechen, die für die Konstruktion der physikalischen Welt von besonderer Relevanz sind. Zum Zeitpunkt der Abfassung von *Our Knowledge of the External World* und *The Relation of Sense-data to Physics* war RUSSELL noch von der Gültigkeit der Sinnesdatentheorie überzeugt. Obgleich er später die Ansicht vertreten hat, daß die Sinnesdatentheorie zur Durchführung dieses Projekts nicht notwendig und sogar leicht verzichtbar ist, leidet doch dessen Verständlichkeit unter einer solchen Modifikation. Aus diesem Grund – und um RUSSELLS Originaltexten besser zu entsprechen – habe ich mich dazu entschlossen, das Projekt in seiner Originalform darzulegen.

Ob der Tatsache, daß die Sinnesdaten unseren einzigen Zugang zur Aussenwelt darstellen, muß sich eine Konstruktion dieser Welt auch notwendig auf die Sinnesdaten berufen, so sie nicht auf einer Menge von unbeweisbaren Annahmen *a priori* basieren soll; dies gilt sowohl für die Außenwelt, mit der wir täglich interagieren, wie auch für die ihrerseits aus dieser Außenwelt abstrahierte Welt der Physik. Letzten Endes muß sich auch das Erforschen von physikalischen Gesetzmäßigkeiten in Experimenten auf das Eintreten von vorhergesagten Sinnesdaten zurückführen lassen:

> We may succeed in actually defining the objects of physics as functions of sense-data. Just in so far as physics leads to expectations, this *must* be possible, since we can only *expect* what can be experienced. And in so far as the physical state of affairs is inferred from sense-data, it must be capable of expression as a function of sense-data. The problem of accomplishing this expression leads to much interesting logico-mathematical work.
> — [RSDP], S. 108f.

Wie RUSSELL bald feststellen mußte, ist dieser Ansatz zu eng; deshalb mußte er über die Sinnesdaten hinaus auch noch auf die Sinnesdaten anderer Menschen sowie die *Sensibilia* zurückgreifen. Sensibilia sind nach RUSSELLS Definition potentielle Sinnesdaten, also das, was ein imaginärer Betrachter zu einem gegebenem Zeitpunkt an einer bestimmten Stelle wahrnehmen könnte. (Siehe [RSDP], S. 110f.) Die Annahme der Sinnesdaten anderer Menschen dürfte seines Erachtens eher akzeptiert werden als die Annahme der Sensibilia, da der Solipszismus nur wenige Anhänger hat; dennoch ist eine solche

Voraussetzung natürlich in erkenntnistheoretischer Hinsicht sehr problematisch. (Siehe [RSDP], S. 116.) Darüberhinaus ist sie meines Erachtens auch verzichtbar, da RUSSELL für die Konstruktion der physikalischen Welt letztendlich ohnedies auf Sensibilia zurückgreifen muß und die Voraussetzung der Sinnesdaten anderer Menschen damit nicht länger notwendig ist.

Eine der Voraussetzungen für RUSSELLS Vorhaben ist, daß wir einen direkten Zugang zu einem möglichst einfachen Baustein der physikalischen Welt haben können; diesen fand er in den Sinnesdaten respektive Sensibilia, wobei er sich aber zunächst mit der damals vorherrschenden Auffassung auseinandersetzen mußte, daß diese nichts anderes als Sinneseindrücke und als solche mental und subjektiv sind. Seine Konstruktion setzt aber notwendig voraus, daß die Sensibilia nicht mental, sondern objektive Elemente der Welt der Physik sind.[41]

Unsere Vorstellung von Sinnesdaten ist eng mit dem subjektiven Wahrnehmungsakt verknüpft. Für RUSSELL ist dieser Wahrnehmungsakt jedoch kein abgeschlossenes und nicht weiter analysierbares Phänomen, sondern vielmehr eine Relation zwischen einem mentalen Individuum, dem Subjekt, und einem physikalischen Individuum – dem objektiven Sinnesdatum, oder, allgemeiner, dem Sensibile. Der eigentliche Akt der Wahrnehmung besteht nun darin, daß das physikalische Sinnesdatum dem mentalen Subjekt bewußt wird. Schließt man sich dieser Auffassung an, lassen sich auch problemlos jene scheinbaren Argumente für die Subjektivität der Sinnesdaten widerlegen, welche auf Unterschieden im menschlichen Wahrnehmungsapparat basieren. Bei RUSSELLS Konzeption wird der Wahrnehmungsapparat nämlich zu einer Komponente des Zwischenmediums – also des Mediums zwischen dem physikalischen (Mit-)Verursacher der Sensibilia und dem Subjekt – degradiert und hat damit keinen substantiell anderen Stellenwert als blaue Brillengläser oder Nebel, welche die vom physikalischen Objekt ausgehenden ‚Daten' verfremden. Das Sensibile bzw. Sinnesdatum steht ganz am Ende dieser Kette und ist damit das Endprodukt des unbewußten Teils unseres Wahrnehmungsvorgangs im Gehirn, welches dann möglicherweise durch ein Zuteilwerdenlassen von Aufmerksamkeit seitens des Geistes zu einer ‚echten' Wahrnehmung wird. Nichtsdestoweniger befindet sich das Sinnesdatum in RUSSELLS Konzeption nicht im Hirn, sondern dort, wo wir umgangssprachlich das wahr-

---

[41]An dieser Stelle wird einer der größten Vorzüge des Neutralen Monismus deutlich, dem RUSSELL sich später zuwandte – da Geist und Materie im Neutralen Monismus keine unterschiedlichen Substanzen mehr sind, ist die Kluft zwischen der hier noch mentalen Wahrnehmung und dem materiellen Wahrnehmungsobjekt nicht länger vorhanden. Die zwischengeschaltete Ebene der Sensibilia als physikalischer Komponente des mentalen Wahrnehmungskomplexes ist damit für RUSSELLS Theorie unnötig geworden.

3.4. SINNESDATENTHEORIE UND AUSSENWELT

genommene Objekt verorten würden, also an der räumlichen Position des physikalischen Verursachers des Sinnesdatums. Das Sinnesdatum ist damit, auf den Punkt gebracht, die objektive und physikalische Komponente einer tatsächlichen Wahrnehmung. Die Sensibilia sind noch umfassender, da sie sowohl die tatsächlichen Sinnesdaten wie auch alle potentiellen Sinnesdaten bezeichnen, also die objektiven physikalischen Individuen aller möglichen Wahrnehmungsvorgänge.[42]

Ein Sinnesdatum kann immer nur von einer Person wahrgenommen werden. RUSSELL führt dafür den Grund an, daß zwei Menschen unmöglich zu einem Zeitpunkt exakt denselben Raumpunkt einnehmen können, was eine notwendige Voraussetzung dafür wäre. Ein anderes Argument ergibt sich meines Erachtens daraus, daß es kaum zwei Menschen geben kann, deren Wahrnehmungsapparate so gleich aufgebaut sind, daß deren Sinnesdaten, selbst falls tatsächlich derselbe Raumpunkt an einem Zeitpunkt von ihnen belegt sein könnte, identisch sind. Dennoch sind die Sinnesdaten verschiedener Menschen hinreichend ähnlich, daß eine Kommunikation über die als die Verursacher dieser Sinnesdaten angenommenen Objekte möglich ist.[43]

An dieser Stelle ist es notwendig, kurz auf unser Raumkonzept einzugehen. Jedes wahrnehmende Subjekt hat eine Fülle von *privaten Räumen* (*private spaces*) – so hat jeder Wahrnehmungssinn einen eigenen Raum, wobei wir jedoch sehr früh lernen, Korrelationen zwischen diesen Sinnen und ihren entsprechenden Räumen herzustellen: Wenn wir einen Tisch in unserem visuellen Raum wahrnehmen, wissen wir, wo in unserem Tastraum wir durch Ausstrecken unserer Hand Tastempfindungen dieses Tisches bekommen können. Hören wir ein Geräusch in unserem akustischen Raum, wissen wir, wo in unserem visuellen Raum wir die Quelle dieses Geräusches ausfindig machen können. Selbst Wahrnehmungen ohne zugeordnete Sinnesorgane wie Kopfschmerzen lassen sich manchmal lokalisieren. Der Mensch ist so in der Lage, derart enge Verknüpfungen zwischen seinen privaten Räumen

---

[42]Hier ergibt sich noch eine Problematik, auf die RUSSELL nicht eingeht – neben den Sensibilia für alle möglichen Raumpunkte auf alle von diesen wahrnehmbaren Gegenständen müßten auch noch jeweils sämtliche möglichen Wahrnehmungsapparate berücksichtigt werden, um zur tatsächlichen physikalischen Komponente eines potentiellen Wahrnehmungsaktes zu gelangen. Dies erscheint zwar zunächst etwas bizarr, ist aber nichtsdestoweniger kein grundsätzlicher Einwand gegen die Durchführbarkeit dieses Projekts.

[43]Es würde den Rahmen dieser Arbeit sprengen, diesen Aspekt auch nur oberflächlich zu beleuchten. QUINE hat jedoch interessante Arbeiten zum Zusammenhang von Wahrnehmung, Spracherwerb und der Entwicklung höherer kognitiver Fähigkeiten vorgelegt, die sich zur Vertiefung der Thematik hervorragend eignen; exemplarisch möchte ich hier sein *The Roots of Reference* [27] von 1974 herausgreifen, in welchem auch die Rolle der Wahrnehmungsähnlichkeit detailliert untersucht wird.

herzustellen, daß er diese im Normalfall als nur einen Raum wahrnimmt. Ihrer Eigenständigkeit wird man sich im allgemeinen nur in Situationen bewußt, wenn die unbewußte Verknüpfung versagt und erwartete Sinnesdaten, zum Beispiel beim Ausstrecken der Hand nach einem halb ins Wasser eingetauchten Stab, ausbleiben. Zur sprachlichen Differenzierung werde ich die einzelnen privaten Räume die *Sinnesräume* und den sich aus ihrer Korrelation gebildeten Raum den *privaten Raum* nennen.

Zu jedem Sensibile gehören nun zwei Raumpunkte: Der Raumpunkt des (potentiellen) Betrachters[44] in einem neutralen Raum, sowie die Position des Sinnesdatums im privaten Raum des Betrachters. Für diese beiden Räume führt RUSSELL spezielle Begriffe ein: Um auch sprachlich von der Notwendigkeit des Vorhandenseins eines Betrachters mit Sinnesdaten an einem Raumpunkt Abstand zu nehmen, nennt RUSSELL eine solche potentielle Betrachterposition mit den zugehörigen neutralen Sensibilia eine *Perspektive (perspective)*. Den neutralen Raum, in welchem diese Perspektiven angeordnet sind, nennt er *Perspektiven-Raum (perspective-space)*.

Wenn wir uns bewegen, nehmen wir nacheinander immer verschiedene Positionen im Perspektiven-Raum ein. Beobachten wir dabei ein Objekt, beispielsweise einen Tisch, so haben wir in jedem der von uns dabei eingenommenen privaten Räume, also ‚an' oder ‚in' jeder Perspektive, verschiedene Sinnesdaten dieses Objekts, in jedem Raum eines, alle notwendig unterschiedlich voneinander, aber nichtsdestoweniger ähnlich. Die Ähnlichkeit ist bei räumlich nahe beieinanderliegenden Perspektiven gemeinhin am größten, was oftmals so weit geht, daß wir verschiedene Sinnesdaten des Objekts gar nicht mehr voneinander unterscheiden können. Neben den von uns tatsächlich eingenommenen Perspektiven gibt es noch unendlich viele andere, in welchen auch jeweils Sensibilia des entsprechenden Objekts vorhanden sind. Diese Sensibilia des Objekts nennt RUSSELL auch dessen *Erscheinungen* oder *Aspekte (appearances, aspects)* in den Perspektiven.

Damit stehen RUSSELL schließlich die Begrifflichkeiten und Konzepte zur Verfügung, auf deren Basis er die Definition eines physikalischen Objekts vornehmen kann: Er definiert ein physikalisches Objekt als die Menge seiner Erscheinungen, was stark an seine Zahlendefinition erinnert: Eine Zahl n ist für RUSSELL die Menge aller n-elementigen Mengen; analog ist für ihn ein physikalischer Gegenstand definiert als die Menge aller seiner Sensibilia und damit des physikalischen Elements aller möglichen Wahrnehmungen des

---

[44]Mit ‚Betrachter' ist die wahrnehmende Person gemeint; aus stilistischen Gründen verwende ich diesen Ausdruck, auch wenn ich mich damit nicht notwendig, wie es der Begriff nahelegt, auf eine visuelle Wahrnehmung festlege.

3.4. SINNESDATENTHEORIE UND AUSSENWELT

Objekts.[45]

Zu jedem Gegenstand θ gehört eine Menge κ der Perspektiven, die eine Erscheinung von θ enthalten. θ ist damit Element der Produktmenge $\kappa \times \kappa$. Betrachtet man analog eine Perspektive als Menge der in ihr vorhandenen Erscheinungen, so ist sie wieder Element der Produktmenge der Gegenstände, von denen in ihr Erscheinungen zu finden sind. (Siehe [RSDP], Abschnitt VII.)

Unklar bleibt dabei, wie eine Anordnung der Perspektiven in dem bereits erwähnten neutralen Perspektiven-Raum erfolgen soll; eine derartige Anordnung darf, will man RUSSELLS Konstruktion tatsächlich vollständig auf Grundlage unserer Wahrnehmungen vornehmen, nicht vorausgesetzt werden: die Struktur muß in jedem Falle auch von den Sinnesdaten bzw. Sensibilia ausgehen.

RUSSELL strukturiert den Perspektiven-Raum zunächst über Erscheinungen von physikalischen Objekten. Ausgehend von einem Gegenstand θ lassen sich die Perspektiven κ mit Erscheinungen von θ räumlich anordnen. RUSSELL bringt das Beispiel einer Penny-Münze, deren Erscheinungen er zunächst nach einem Kriterium wie der Form der Erscheinung und danach nach deren Größe sortiert. Auf diese Weise lassen sich beispielsweise die Erscheinungen des Penny, in denen er völlig rund aussieht, zunächst nach dem Motiv und dann nach der Größe der Erscheinung sortieren; so erhält man eine imaginäre Achse von Perspektiven, welche den Penny an der Stelle schneidet, an der die Erscheinungen am größten sind. Entsprechend bilden die Erscheinungen des Penny, in welchen dieser die Form eines Rechtecks hat, die Seitenansicht, wobei sich diese dann ebenfalls nach ihrer Größe anordnen lassen. Hier wird jedoch ein von RUSSELL nicht thematisiertes Defizit dieser Anordnung deutlich: Es ist bei einigen Gegenständen nicht auszumachen, wie die Einordnung der Erscheinung erfolgen soll. So könnte eine rechteckige Erscheinung des Penny von bestimmter Größe irgendwo auf einem imaginären Kreis bestimmten Abstandes um den Penny liegen. In diesem und ähnlich gelagerten Problemfällen kann eine eindeutige Anordnung der Erscheinungen also nicht ausschließlich auf den Erscheinungen der Gegenstände selbst basieren, sondern es muß auf weitere Indizien zurückgegriffen werden, wie sie sich nur aus Erscheinungen weiterer Gegenstände in den fraglichen Perspektiven ergeben können. Damit ist die Strukturierung der Perspektiven letztlich eine Frage von Ähnlichkeit und angewandter Geometrie.

---

[45]In [OKEW] ergänzt RUSSELL die Definition noch um eine zeitliche Komponente, indem er den Gegenstand als (zeitliche) Serie aller möglichen Wahrnehmungen des Objekts definiert, die den Gesetzen der Physik gehorcht. (Siehe [OKEW], S. 115f.)

Der Perspektiven-Raum hat sechs Dimensionen: Er ist ein dreidimensionaler Raum, wobei jeder Raumpunkt wieder eine dreidimensionale Perspektive aufspannt. Dieser neutrale Perspektiven-Raum ist nun der Raum, der als Konstrukt an die Stelle des physikalischen Raumes – sowohl im *common sense* wie auch in der Physik – treten soll. Es muß dabei noch geklärt werden, wie eine Verortung der Gegenstände und der Betrachter in diesem neutralen Raum erfolgen kann, wie also gleichsam der im vorigen Absatz erstellte Raum mit den strukturierten Erscheinungen der Gegenstände mit den Gegenständen und Betrachtern selbst in Deckung gebracht werden kann.

Einem Gegenstand kann ein eindeutiger Raumpunkt zugeordnet werden, indem zunächst wie eben beschrieben verfahren wird: Die Menge der Perspektiven, in denen Erscheinungen des Gegenstandes vorkommen, werden gemäß Kriterien der Ähnlichkeit und Größe räumlich strukturiert angeordnet. Der Raumpunkt des Gegenstandes läßt sich exakt bestimmen, indem dafür der Schnittpunkt zweier Perspektivenachsen des fraglichen Gegenstandes herangezogen wird. Im Beispiel mit dem Penny könnte dafür auch der Schnittpunkt der Achse von Perspektiven, in denen der Penny völlig rund erscheint, mit der Ebene, auf der alle rechteckigen Erscheinungen des Penny liegen, herangezogen werden. Mit dieser Verankerung ist es nun möglich, eine Korrelation zwischen den privaten Räumen und dem Perspektiven-Raum herzustellen: Der Punkt, an dem im privaten Raum die Erscheinung eines Gegenstandes zu finden ist, entspricht der Perspektive des zugehörigen Gegenstandes im Perspektiven-Raum. Analog läßt sich auch die Betrachter-Perspektive eines Sensibile bestimmen, indem eine ‚Kreuzpeilung' mit zwei Sensibilia der fraglichen Perspektive vorgenommen wird. Jedes Sensibile steht damit eindeutig mit zwei Raumpunkten in Verbindung: Der Perspektive, *an* der es potentiell wahrgenommen wird, sowie der Perspektive, *von* der es potentiell wahrgenommen wird. Trotz dieser Korrelation ist für RUSSELL die Feststellung wichtig, daß wir es beim Perspektiven-Raum und dem privaten Raum mit zwei getrennten Systemen zu tun haben, wie in *The Nature of Sense-Data* deutlich wird:

> Dr. Dawes Hicks invites me [...] to consider whether visual space is "caused" by physical space. Of course both are systems of relations, and neither alone is either cause or effect. But I should say that, in the same sense and to the same degree in which colours are caused by their physical correlates, the complexes consisting of colours with visual-spatial relations are caused by the complexes consisting of their physical correlates with physical-spatial relations.
> — [NSD], S. 188.

3.4. SINNESDATENTHEORIE UND AUSSENWELT

Abschließend möchte ich noch auf einen weiteren Aspekt dieses Projekts eingehen. Wie ich oben geschildert habe, ging RUSSELL 1912 noch von einer eigenständigen und unabhängigen Existenz der physikalischen Welt aus. Neben den eben diskutierten physikalischen Gegenständen glaubte er an die Existenz von Raum- und Zeitpunkten, wie sie von der Physik als gegeben vorausgesetzt werden. WHITEHEAD jedoch, der zu jener Zeit an den Vorbereitungen zum geplanten vierten Band der *Principia Mathematica* arbeitete, konnte RUSSELL davon überzeugen, daß die Existenz der Raum- und Zeitpunkte nicht mehr unhinterfragt akzeptiert werden muß, sondern daß sich diese auf geradezu geniale Weise durch logische Konstrukte aus *Ereignissen* (*events*) ersetzten lassen:

> As regards points, instants, and particles, I was awakened from my 'dogmatic slumbers' by Whitehead. Whitehead invented a method of constructing points, instants, and particles as sets of events, each of finite extent. This made it possible to use Occam's razor in physics in the same sort of way in which we had used it in arithmetic.
> — [MPD], S. 103.

Bevor ich nun auf die Konstruktion dieser Raum- und Zeitpunkte und Partikel zu sprechen komme, gilt es, deren Konstruktionselemente, also die gerade angesprochenen Ereignisse, eingehender zu betrachten. In *An Outline of Philosophy* schreibt RUSSELL dazu:

> Everything in the world is composed of "events"; that, at least, is the thesis I wish to maintain. An "event", as I understand it, is something having a small finite duration and a small finite extension in space; or rather, in view of the theory of relativity, it is something occupying a small finite amount of space-time. [...] Events are not impenetrable, as matter is supposed to be; on the contrary, every event in space-time is overlapped by other events.
> — [OOP], S. 287.

Diese Ereignisse sind – zumindest auf der hier betrachteten epistemologischen Ebene – in der Tat nichts anderes als Sinneswahrnehmungen, tatsächliche (im Sinne von Sinnesdaten) sowie potentielle (im Sinne von Sensibilia):

> When I speak of an "event" I do not mean anything out of the way. Seeing a flash of lightning is an event; so is hearing a tyre burst, or smelling a rotten egg, or feeling the coldness of a frog. [...] we infer that there are events which are not data and happen at a distance

from our own body. Some of these are data to other people, others
are data to no one.
— [OOP], S. 287f.

Es würde zu weit führen, die sehr komplexe Konstruktionstheorie an dieser Stelle auch nur mäßig detailliert darzulegen, weshalb ich mich auf eine sehr grobe Skizzierung des Prinzips beschränken werde, die auf RUSSELLS Ausführungen in der IV. Vorlesung von *Our Knowledge of the External World* basiert:[46]

Die Raum- und Zeitpunkte der Physik haben, wie die Punkte in der Geometrie, keine Ausdehnung. Ereignisse haben jedoch in jedem Fall eine finite Ausdehnung, sowohl in räumlicher wie auch in zeitlicher Hinsicht. Es ist sofort nachvollziehbar, daß sich auf der Grundlage finiter Ausdehnungen keine ausdehnungslosen Punkte konstruieren lassen können. Was für einen Wert aber können ‚ausgedehnte Punkte' für die Physik haben?

Die von WHITEHEAD angeregte Lösung läuft darauf hinaus, einen Punkt in einem beliebigen Raum über eine Verschachtelung von Ereignissen in diesem Raum zu definieren, die jeweils eine bestimmte Ausdehnung – sei es ein Volumen, eine räumliche Länge, eine Dauer, oder Ähnliches – haben. Einen Punkt definiert er so als kleinsten gemeinsam belegten Raum einer Menge von Ereignissen. Punkte sind damit nicht mehr ausdehnungslose Entitäten, sondern Konstrukte mit einer – minimalen – finiten Ausdehnung. Dies kann anhand eines Beispiels zur Konstruktion von Zeitpunkten verdeutlicht werden:[47]

In dem zu betrachtenden Raum gibt es eine Anzahl – wobei noch ungeklärt ist, ob endlich oder unendlich viele – Ereignisse; jedes dieser Ereignisse hat eine spezifische Dauer, also einen Beginn und ein Ende. Wie läßt sich nun beispielsweise der dem Beginn eines Ereignisses entsprechende Zeitpunkt in diesem Raum konstruieren?

Zunächst müssen einige generelle Eigenschaften dieser Ereignisse thematisiert werden. Die Ereignisse stehen in einer zeitlichen Sequenz; von zwei Ereignissen kann eines früher als das andere, später als das andere oder es können beide gleichzeitig sein. Diese drei Möglichkeiten schließen sich keineswegs aus: Wenn Ereignisse sich überlappen, sind sie gleichzeitig, das früher beginnende Ereignis ist früher als das andere, das später endende später als das andere. Damit kann eines von zwei gleichzeitigen Ereignissen sowohl

---

[46]In [RSDP] wird dieser Aspekt überhaupt nicht behandelt.

[47]Die hier nicht näher behandelte Konstruktion von Raumpunkten beruht auf exakt dem gleichen Prinzip.

3.4. SINNESDATENTHEORIE UND AUSSENWELT

früher wie auch später als das andere sein.

Die Ereignisse lassen sich nun zu Mengen zusammenfassen. Einen Zeitpunkt in diesem System definiert RUSSELL als eine Menge von jeweils paarweise gleichzeitigen Ereignissen (die zur Bestimmung des Zeitpunktes herangezogen werden kann), ergänzt um alle mit diesen wieder paarweise gleichzeitigen Ereignisse des Raumes. Überlappen sich also zwei Ereignisse, sind sie gleichzeitig; sollen diese einen Zeitpunkt markieren, gehören zu der fraglichen Zeitpunkt-Menge alle Ereignisse des Raumes, die zeitgleich mit der Überlappung der beiden Ereignisse sind. Eine solche Menge beschreibt folglich immer eine Zeit*spanne*, hat also eine Ausdehnung.

Jedes Ereignis muß ‚zu' einem bestimmten Zeitpunkt sein, es muß also mindestens eine solche Ereignis-Menge geben, deren Element es ist. Aus der Definition ist ersichtlich, daß ein Ereignis Element aller Zeitpunkt-Mengen ist, die zwischen (einschließlich) seinem Beginn und (einschließlich) seinem Ende liegen.

So etwas wie eine *absolute* Zeit läßt sich mit dieser Methode nicht konstruieren; die Zeit ist immer auf Ereignisse bezogen, Zeitpunkte lassen sich nur über eine Referenz auf Ereignisse zu einem Zeitpunkt angeben. Oft ist es aber nicht ohne weiteres möglich, eine solche Ereignismenge anzugeben, um über deren Gleichzeitigkeit einen Zeitpunkt zu bezeichnen. Daher definiert RUSSELL die Menge der *Anfangsgleichzeitigen (initial contemporaries)* eines Ereignisses E als die Menge aller Ereignisse, die gleichzeitig mit E sind, aber nicht später als E beginnen. Die Menge der Anfangsgleichzeitigen eines Ereignisses bildet und bezeichnet also den Zeitpunkt des Beginns respektive die kürzestmögliche Zeitspanne um den Beginn des Ereignisses.

Diese Definition von Zeitpunkten erfüllt, auch wenn sie zunächst etwas absonderlich erscheint, so gut wie alle Anforderungen, die *common sense* wie auch Physik an Zeitpunkte stellen. Von zwei verschiedenen Zeitpunkten liegt der erste immer eindeutig vor oder hinter dem zweiten; die durch die Zeitpunkte gebildete Folge ist auch asymmetrisch und transitiv. Die mathematischen Kriterien einer Folge werden von den so konstruierten Zeitpunkten eines Raumes also erfüllt. Das einzig mögliche Problem dieser Definition tritt zutage, wenn man sich die Frage nach der Kompaktheit der so gebildeten Folge stellt: Ist die Folge nicht kompakt, so würden zwei Ereignisse, von denen das eine direkt das andere ablöst, gleichzeitig sein; ist sie hingegen kompakt, würden unendlich viele Zeitpunkte dazwischenliegen. Dieses Kriterium ist nun von größter Bedeutung und erfordert eine ausführlichere Betrachtung.

Bei diesem Problem räumt RUSSELL ein, daß es sich um eine empirische Frage handelt, die nicht eindeutig beantwortet werden kann. Wie bei der in

Abschnitt 3.2.1 erörterten Frage nach der Natur der Individuen können auch hier wieder zwei Ansätze unterschieden werden: Auf der streng erfahrungsorientierten Ebene können wir nur von Ereignissen ausgehen, deren zeitliche und räumliche Ausdehnung noch oberhalb der uns durch unsere physiologische Struktur auferlegten Grenzen liegt. Glaubt man den Erkenntnissen der Physik, gibt es jedoch auch Ereignisse mit signifikant kleineren Ausdehnungen, zum Beispiel den Zeitraum, in dem ein Lichtstrahl eine Distanz von einem Meter zurücklegt oder der Raum, der von einem Wassermolekül eingenommen wird.

Zumindest in der Wahrnehmung gibt es untere Grenzen für die Dauer von Ereignissen, weshalb die Vorstellung einer kompakten Zeit im privaten Raum zumindest problematisch erscheint; ähnliche Probleme gibt es auch mit Raumpunkten im privaten Raum. Wollen wir von einer Kompaktheit ausgehen, müssen wir entweder die Existenz von Ereignissen annehmen, die jenseits unserer Wahrnehmungsschwelle liegen, oder die Voraussetzung akzeptieren, daß wir eine unendliche Anzahl an Ereignissen simultan wahrnehmen können. (Siehe [OKEW], S. 126.)

Akzeptiert man diese Voraussetzung nicht, geht man also auf der ontologischen Ebene von einer nicht kompakten Folge von Raum- und Zeitpunkten aus, ist dieser Ansatz alles andere als unproblematisch. Zumindest theoretisch könnten so nämlich die Zeit- und Raumpunkte aneinandergereiht werden. Die Philosophiegeschichte macht deutlich, daß eine solche Überzeugung den Paradoxien Tür und Tor öffnet: Dem Verfechter einer solchen Theorie dürfte es recht schwer fallen, ZENOS Schildkröte noch einmal den Siegerkranz zu entreißen.

Abschließend ist es noch aufschlußreich, sich der Frage zuzuwenden, weshalb wir im alltäglichen Leben stillschweigend von einem quasi allumfassenden Raum ausgehen, in welchem wir als Einzelpersonen agieren und den wir mit anderen Personen teilen. Es wurde schon angesprochen, daß wir aufgrund der in unser frühesten Entwicklung entdeckten Korrelation unserer Sinnesräume zu einem umfassenderen Raumkonzept gelangen, das die Daten unserer Sinne in nur ein strukturiertes Raumgefüge überträgt. Es kommt selten vor, daß durch nicht übereinstimmende Sinnesdaten an der konsistenten Struktur dieses privaten Raumes gezweifelt wird. Tritt ein solcher Fall ein, so suchen wir die Lösung des Problems nicht in der vorausgesetzten Raumkonstruktion, sondern zunächst in den Sinnesdaten selbst: Wir versuchen zu erklären, weshalb uns ‚die Sinne einen Streich spielen' und die Sinnesdaten daher von unseren Erwartungen abweichen. Diese Abweichungen sollten vielmehr als Korrespondenzprobleme in der Konstruktion des umfassenden

3.4. SINNESDATENTHEORIE UND AUSSENWELT

privaten Raumes betrachtet werden, denn die Daten der einzelnen Sinne sind in solchen Fällen gemeinhin durchaus konsistent und in ihren jeweiligen Sinnesräumen schlüssig.

Ähnlich ist es mit der Konstruktion des übergreifenden Perspektiven-Raumes. Unser ganzes Leben über bewegen wir uns wahrnehmend durch unzählige Perspektiven; an jeder einzelnen Perspektive entfaltet sich gleichsam ein neuer privater Raum, wobei uns die Ähnlichkeit unserer Wahrnehmungen die Möglichkeit des Erkennens – oder der Bildung – einer Struktur gibt. Wir stellen fest, daß bestimmte sensuelle Bewegungsrückmeldungen unseres Körpers – die beispielsweise eine schrittweise Vorwärtsbewegung signalisieren – mit einer scheinbaren Vergrößerung der vor uns liegenden Gegenstände einhergehen. Unsere Sinnesdaten dieser Gegenstände behalten vielleicht Farbe und Struktur bei, werden aber absolut größer; eventuell wird ein vormaliges Sinnesdatum plötzlich zu einer Vielzahl solcher Daten, wenn wir beispielsweise bei der Annäherung an ein Schild zunächst nur die Umrisse der Wörter, ab einer bestimmten Entfernung dann auch die einzelnen Buchstaben erkennen können. Entsprechend führt ein Drehen oder Neigen des Kopfes dazu, daß das Sinnesdatum des beobachteten Objekts *de facto* unverändert bleibt, nur seine Position in unserem Sichtfeld sich zu verändern scheint. Die entwicklungspsychologischen Aspekte kann ich an dieser Stelle, so interessant sie auch sein mögen, nicht näher untersuchen; sicher ist jedoch, daß wir schließlich zu einem Weltbild gelangen, in dem es einen Raum gibt, durch den wir uns wahrnehmend bewegen und mit dem wir interagieren. In diesem Raum gibt es noch andere Wesen wie uns, mit welchen wir kommunizieren können und deren Aussagen uns in dem Eindruck bestärken, daß wir diesen einen Raum teilen und ihn gleich, oder zumindest sehr ähnlich, wahrnehmen. Diese *common sense*-Überzeugung bildete den Ausgangspunkt für die Raumkonstruktion in der Physik, die diesen Raum – der, folgt man RUSSELL, eine sehr komplexe Konstruktion ist – und die Objekte darin als einfachste Grundlage der Naturwissenschaft ansieht. Das von der Physik auf dieser Basis erstellte Raummodell bildete wiederum die Grundlage der Raumkonzepte anderer Naturwissenschaften.

Nach diesen Ausführungen erscheint RUSSELLS Ziel einer systematischen Rekonstruktion der einfachsten Begriffe der Physik aus den physikalischen Sensibilia mit Methoden der Logik wohl nicht nur verständlich, sondern ungemein wert- und reizvoll. RUSSELL behauptet keineswegs, mit seiner – hier natürlich stark verkürzt und vereinfacht dargestellten – Konstruktion von Gegenständen, Raum- und Zeitpunkten sowie den hier nicht dargelegten Überlegungen zur Kontinuität ein schlüssiges oder gar vollständiges Konzept für eine Rückführung der Physik auf unsere Wahrnehmungen vorzulegen; er will vielmehr eine mögliche Vorgehensweise im Ansatz skizzieren und so die *prinzipielle* Durchführbarkeit eines derartigen Programms demonstrieren, wobei er auch gegen seine eigene Vorgehensweise noch prinzipielle Vorbehalte hat:

> A complete application of the method which substitutes constructions for inferences would exhibit matter wholly in terms of sense-data, and even, we may add, of the sense-data of a single person, since the sense-data of others cannot be known without some element of inference. This, however, must remain for the present an ideal, to be approached as nearly as possible, but to be reached, if at all, only after a long preliminary labour of which as yet we can only see the very beginning.
> — [RSDP], S. 116.

RUSSELL ist aber dennoch retrospektiv der Überzeugung, daß sein Projekt zur Konstruktion der Außenwelt – wenn auch, wie eben dargelegt, mit Makeln belastet – einen relativ großen Stellenwert hat, wie sich folgendem Zitat von 1959 entnehmen läßt:

> I did not offer the above theory as the only theory which would explain the facts, or as necessarily true. I offered it as a theory which is consistent with all known facts and as, so far, the only theory of which this can be said. In this respect it is on the same level as, for example, Einstein's General Theory of Relativity. All such theories go beyond what the facts prove and are acceptable, at least *pro tem.*, if they solve puzzles and are not at any point incompatible with known facts. This is what I claim for the above theory, and it is as much as any general scientific theory ought to claim.
> — [MPD], S. 108.

In Anbetracht der Tatsache, daß selbst die vergleichsweise problemlose Konstruktion der Mathematik aus der Logik ein monumentales Unterfangen war – unabhängig davon, inwieweit eine Voraussetzung von zusätzlichen Prämissen das Ergebnis nun mehr oder weniger befriedigend erscheinen läßt – kann man in der Tat kaum mehr erwarten. Eine konsequente Durchführung eines solchen Programms, wenn sie denn möglich wäre, würde wohl Generationen von Physikern und Logikern beschäftigen. Tatsächlich wurde die Grundidee von den Neopositivisten des Wiener Kreises aufgegriffen und bildete über etliche Jahre eine sehr einflußreiche Schule, die die Bildung einer Universalwissenschaft auf der Grundlage von einfachsten Beobachtungen zu etablieren suchte. Mit einigem Recht darf wohl CARNAPS *Der Logische Aufbau der Welt* von 1928 als kongeniale Fortführung des in *Our Knowledge of the External World* skizzierten Programms angesehen werden. CARNAP konstruiert die Außenwelt ebenfalls aus Sinnesdaten und utilisiert dabei die Methoden der symbolischen Logik. Eine Untersuchung der Gemeinsamkeiten von RUSSELLS und CARNAPS Vorgehensweise und eine Bewertung von RUSSELLS Programmentwurf auf der Grundlage der entsprechenden Aspekte von CARNAPS Werk wäre sicherlich ein höchst gewinnbringendes Unterfangen, ist im Rahmen dieser Arbeit jedoch leider nicht durchführbar.

3.5 Zusammenfassung und Bewertung

RUSSELLS Philosophie der Mathematik ist, wie sich im 2. Kapitel gezeigt hat, von zwei Leitprinzipien geprägt: der Analyse und Ockham's Razor. Beide haben sich in RUSSELLS Philosophie erst ab 1900 sukzessive herausgebildet und stehen methodologisch im Zentrum seines Logizismus. Die ausgesprochen erfolgreiche Anwendung dieser Prinzipien auf dem Gebiet der Mathematik suchte RUSSELL ab 1912 verstärkt auch auf andere, weniger technische Bereiche der Philosophie zu übertragen. In diesem Abschnitt werde ich zunächst eine kurze Zusammenfassung der Kernthesen von RUSSELLS Logischem Atomismus geben, um die in diesem Kapitel angesprochenen Aspekte nochmals aufzufrischen und ihren Zusammenhang zu verdeutlichen. Dabei werde ich auch auf die Frage eingehen, inwieweit eine – möglicherweise von Ockham's Razor geleitete – Analyse auch als Prinzip hinter der Philosophie des Logischen Atomismus ausgemacht werden kann. Eine Diskussion der Kernthese dieser Arbeit, inwieweit RUSSELLS Logischer Atomismus also tatsächlich seine Wurzeln in RUSSELLS Beschäftigung mit der Philosophie der Mathematik hat, folgt im nächsten Kapitel.

RUSSELL geht von einem Isomorphismus von (idealer) Sprache und Welt aus. Die Sprache bezieht sich mit ihren Aussagen auf die Welt, und die Art der Übereinstimmung der Aussagen mit der Welt ist das Kriterium für den Wahrheitswert dieser Aussagen. Die den Aussagen entsprechenden Sachverhalte der Welt sind die Fakten. Sowohl die sprachlichen Aussagen wie auch die Fakten treten in vielfältigen Formen auf, aber – speziell in den normalen Sprachen – entspricht nicht jedem Aussagetyp auch direkt ein Faktum. Die Fakten können unterteilt werden in singuläre Fakten, wozu neben den atomaren auch die negativen und die nicht-molekularen Fakten mit mehreren Relationen zählen, und generelle Fakten. Zu den Fakten dieser Typen gibt es korrespondierende Aussagen, wobei jedem Faktum zwei Aussagen entsprechen, eine wahre, die strukturell direkt mit dem Faktum übereinstimmt, und eine falsche, die das Gegenteil der wahren Aussage ausdrückt. Über diese korrespondierenden Aussagen hinaus gibt es auch solche, denen zunächst keine Fakten entsprechen: molekularen Aussagen. Sie bestehen aus mehreren (atomaren, generellen oder auch wieder molekularen) Aussagen, die durch logische Konstanten wie ‚und', ‚oder' &c. verknüpft sind; den logisch verknüpften Einzelaussagen entsprechen dann jeweils Fakten. Der Wahrheitswert solcher molekularer Aussagen ergibt sich durch die Wahrheitswerte der einzelnen Aussageteile und die konstanten Wahrheitswertverläufe der logischen Verknüpfungen. Den Zusammenhang von Fakten und Aussagen sowie eine Diskussion der verschiedenen Fakten- und Aussagetypen habe ich in Abschnitt 3.3 dargelegt.

Der beste Weg zum Verständnis der Struktur der Welt führt dann auch über die Struktur der Sprache: Ein Indiz für die Komplexität – und damit auch für die Analysierbarkeit – der Fakten ist der Umstand, daß die den Fakten entsprechenden Aussagen aus Wörtern bestehen, die jeweils auch in anderen Aussagen Verwendung finden. Dabei ist es offensichtlich, daß die verschiedenen Aussagen, in denen ein Wort wie ‚Sokrates' vorkommt, auch auf der Ebene der Fakten etwas gemein haben müssen: das, was mit dem Wort ‚Sokrates' korrespondiert. Entsprechendes gilt auch für Wörter wie ‚sterblich'.[48] Die Schlußfolgerung liegt nahe, daß es auch bei den Fakten möglich ist, bestimmte Komponenten zu verändern oder zwischen Fakten auszutauschen.[49] (Siehe [PLA], S. 192f.) RUSSELL bemängelt an der eigenen Vorgehensweise, daß es eleganter und wünschenswerter wäre, von der Komplexität der Fakten zur Komplexität der Aussagen vorzudringen, also umgekehrt von der Welt hin zur repräsentierenden Sprache. Rechtfertigend erklärt er, daß sich die Komplexität der Fakten auf ihrer nichtsprachlichen Ebene zwar durchaus intuitiv erkennen läßt, sich die Fakten außerhalb der Sprache aber zwangsläufig jeder Analyse entziehen. (Siehe [PLA], S. 196.)

Durch die Untersuchung der sprachlichen Aussagen hat sich herausgestellt, daß auch die mit den Aussagen korrespondierenden Fakten als objektive Bestandteile der Welt komplex sind. Eine genauere Untersuchung der Komponenten der Fakten nimmt RUSSELL entsprechend wieder über die Sprache vor. Die Analyse der Aussagen macht deutlich, daß zwei Worttypen sich direkt auf letzte, den Fakten untergeordnete Elemente der Welt beziehen: Namen und Verben bzw. Verbalphrasen. So führt auch die Analyse der korrespondierenden Fakten zu deren Bestandteilen: dies sind die in Ab-

---

[48]Exakter wäre hier die Verwendung einer Verbalphrase wie ‚ist sterblich', in der das Eigenschaftswort mit einer Kopula versehen wird – dies verdeutlicht den ‚ungesättigten' Charakter der Eigenschaft.

[49]In der Sprachwissenschaft werden diese Austauschoperationen auf Wort- oder Phrasenebene mit dem Begriff ‚Paradigma' bezeichnet.

3.5. ZUSAMMENFASSUNG UND BEWERTUNG

schnitt 3.2 beschriebenen logischen Atome, die durch die Namen denotierten Individuen, also gewissermaßen die kleinsten ‚Dinge', sowie deren durch die Verben beschriebenen Eigenschaften und Relationen. Einschränkend muß hier jedoch von der Auffassung Abstand genommen werden, daß alle Dinge und Eigenschaftsbeschreibungen unserer normalen Sprache als Repräsentanten für logische Atome in Betracht kommen: Die Gegenstände und Konzepte unseres normalen Umfeldes sind hochgradig komplex und müssen als Konstruktionen aus einfachsten Elementen angesehen werden, wie am von mir in Abschnitt 3.4 vorgestellten Beispiel der Konstruktion der Materie aus Sensibilia deutlich wird. Dennoch sind uns diese einfachsten Elemente des Systems zumindest teilweise in der Erfahrung direkt zugänglich – wobei sich dies, wie ich gezeigt habe, nicht mit allen diesbezüglichen Äußerungen RUSSELLS in Einklang bringen läßt. Von den uns in der Erfahrung direkt zugänglichen Elementen wie ‚meine gegenwärtige Rot-Wahrnehmung' haben wir ein Wissen durch Bekanntschaft; unser Wissen von diesen Dingen ist damit direkt und allumfassend. Unter den uns so unmittelbar zugänglichen Objekten sind an erster Stelle unsere in Abschnitt 3.4 beschriebenen Sinnesdaten zu nennen, aber es gehören auch andere Objekte wie einfachste Universalien dazu. Wissen wir hingegen nur um die Existenz gewisser Dinge, zum Beispiel ‚das Objekt, welches meine gegenwärtige Rot-Wahrnehmung verursacht', haben wir von diesen nurmehr ein Wissen durch Beschreibung. Das Wissen durch Beschreibung ist in erkenntnistheoretischer Hinsicht deutlich abstrakter als das Wissen durch Bekanntschaft. RUSSELL ist der Überzeugung, daß sich unser ganzes Wissen –einschließlich unseres Wissens von Wahrheiten, also von Aussagen, die auf Fakten verweisen – letzten Endes dem Prinzip der Bekanntschaft folgend auf das fundamentale Wissen durch Bekanntschaft zurückführen lassen muß.

Nachdem im aktuellen Kapitel ein umfassenderes Bild des Logischen Atomismus gezeichnet wurde, ist es nun auch möglich, auf dieser Grundlage einige Vorzüge dieses philosophischen Systems als Ganzes aufzuzeigen – daß der Logische Atomismus in sich schlüssig ist, stellt ja noch kein zwingendes Argument dafür dar, auch an seine Gültigkeit zu glauben. Für RUSSELL ist der Umstand, daß es in der Welt offensichtlich komplexe Objekte gibt – am deutlichsten wird dies bei den Fakten –, ein eindringliches Indiz dafür, daß die Methode der Analyse beim Erkennen der Strukturen der Welt hilfreich sein kann. (Siehe [PLA], S. 192.) Darüber hinaus hat der Logische Atomismus anderen philosophischen Systemen gegenüber den signifikanten Vorteil, sehr flexibel zu sein und sich damit den wechselnden Voraussetzungen der Naturwissenschaften anpassen zu lassen; für RUSSELL ist dies von besonderer Bedeutung, da er die Rolle der Naturwissenschaften für das Erreichen gesicherten Wissens immer wieder hervorhebt. Auf diese Flexibilität werde ich jetzt noch etwas genauer eingehen.

Die Universalität und Flexibilität des Logischen Atomismus zeigt sich in zwei Bereichen: Auf der einen Seite können mit der reduktiven Analyse viele komplexe Schein-Entitäten als solche entlarvt werden und müssen damit nicht länger zu den metaphysischen Voraussetzungen des jeweiligen Systems zählen. Stellt sich so beispielsweise im Rahmen einer Naturwissenschaft heraus, daß bestimmte bislang vorausgesetzte Grundbegriffe modifiziert werden müssen – zum Beispiel Licht als Welle oder Teilchen in der Physik – oder sich als überflüssig erwiesen haben, kann der logische Atomismus als philosophischer Unterbau bestehen bleiben, insofern er diese Modifikation innerhalb seines Systems abbilden kann – eine Konstruktion wird dann einfach durch eine andere ersetzt oder gar fallengelassen. Bei hinreichend einfachen Grundentitäten des philosophischen Systems ist das in jedem Fall möglich.

Der zweite Aspekt dieser Flexibilität liegt in den verschiedenen Interpretationsmöglichkeiten hinsichtlich der Natur der Individuen begründet, welche ich in Abschnitt 3.2.1 angesprochen habe: RUSSELLS Ausführungen machen es notwendig, zwischen zwei Betrachtungsweisen der Logischen Atome zu unterscheiden. Oft spricht RUSSELL davon, daß die Sinnesdaten und die daraus abstrahierbaren Universalien das Fundament des Logischen Atomismus darstellen und daß sich das System von diesen ausgehend entwickeln läßt; dies ist die streng empirische Version, bei der sich RUSSELLS Ontologie an der Empirie orientiert. Es ist auch diese Auffassung, die die Schilderungen des Logischen Atomismus in der Sekundärliteratur dominiert. Andererseits bezieht RUSSELL sich aber auch oft, wie ich gezeigt habe, auf kleinste Elemente, die uns in der Erfahrung nicht mehr zugänglich und damit noch fundamentaler als die – teilweise ohnedies komplexen – Sinnesdaten sind. Damit sind die Sinnesdaten aber eindeutig nicht länger kleinste, nicht weiter analysierbare Objekte und kommen auch nicht mehr als ontologische Individuen in Betracht.

Diese sich augenscheinlich widersprechenden Systeme lassen sich aber als zwei *Interpretationen* des Logischen Atomismus auffassen, wenn man diesen als ein globaleres System versteht, dessen hervorstechendstes Kennzeichen die dem System zugrundeliegende Logik ist. Das Primat der Logik für die Philosophie hat RUSSELL immer wieder hervorgehoben; die offensichtliche Komplexität der Welt ist Garant für die Fruchtbarkeit der Analyse als Methode; daß die Analyse des Komplexen ein Ende hat und daß dieses im Erreichen des Einfachen, der logischen Atome, besteht, war für RUSSELL sehr wahrscheinlich, wenn er es auch nicht dogmatisch voraussetzte. *Diese*

3.5. ZUSAMMENFASSUNG UND BEWERTUNG

Überzeugungen machen meines Erachtens den Logischen Atomismus als philosophisches System aus; damit ist es für das System als solches letzten Endes unerheblich, ob die Sinnesdaten als logische Atome und damit fundamentale Entitäten des Systems angesehen werden, was einer empirisch orientierten Interpretation entspräche, oder ob diese fundamentalen Entitäten unbestimmt als ‚logisch einfache Individuen' bezeichnet werden, womit eine spezifische Interpretation ausbliebe.

Die empirische Interpretation des Systems bleibt insofern mit der logischen Form des Systems vereinbar, als die Typentheorie, wie ich in Abschnitt 3.2.2 gezeigt habe, als Strukturmodell der Ontologie des Systems herangezogen werden kann und komplexere Elemente wie die Sensibilia, insofern sie sich auf einem einzigen Typ ansiedeln lassen, als alternativer 0-Typ aufgefaßt werden können. Damit ist es jedoch unmöglich, in der Analyse eines solchen Systems zu Elementen vorzudringen, die fundamentaler als dieser neue 0-Typ sind.

Nachdem ich jetzt meine Auffassung des Logischen Atomismus als logisches Schema eines philosophischen Systems dargelegt habe, bleibt die Frage zu erörtern, inwieweit die Analyse und Ockham's Razor, die von mir als Kernprinzipien von RUSSELLS Philosophie der Mathematik ausgemacht wurden, sich im Logischen Atomismus wiederfinden.

Daß die Analyse Dreh- und Angelpunkt des Logischen Atomismus ist, liegt auf der Hand. Der Entwurf des Systems erfolgte durch RUSSELLS Analyse der Sprache, deren Isomorphismus mit der Welt ein Vordringen zu den logischen Atomen ermöglichte. Besonders deutlich wird der Analyseprozeß bei der Betrachtung der empirischen Interpretation. Die Analyse nimmt ihren Ausgang bei unserem vagen und ungeordneten Wissen, geht parallel über die Analyse der sprachlichen Aussagen als ‚Träger' dieses Wissens und die Möglichkeiten unserer Erfahrung zur Unterscheidung von tatsächlich unbezweifelbarem Wissen (Wissen durch Bekanntschaft) und abgeleitetem Wissen (Wissen durch Beschreibung) hin zu einer Klassifizierung der Komponenten der Welt. Diese Komponenten sind im Falle der Aussagen die Fakten. Eine Analyse der Aussagen macht deutlich, daß auch die Fakten Bestandteile haben müssen und daß diese den einfachen Objekten unserer Wahrnehmung, den Sinnesdaten, sowie deren Eigenschaften und Relationen entsprechen.

Die generelle Form des Logischen Atomismus kann als Abstraktion der empirischen Interpretation angesehen werden, bei der über die Natur der logischen Individuen und der Relationen keine weiteren Aussagen gemacht werden. Ein solches System hat den entscheidenden Vorteil, nicht auf den Menschen – oder, allgemeiner, wahrnehmende Individuen – hin ausgerichtet zu sein, da Sinneswahrnehmungen und Möglichkeiten der Erkenntnis hier keine Rolle spielen. Die Aussage des Systems reduziert sich dann im Endeffekt darauf, daß alles (soll heißen: jede beliebige Welt) in letzter Analyse aus logischen Individuen besteht, die in bestimmten Relationen zueinander stehen. Eine ideale Sprache könnte diese Individuen, Eigenschaften und Relationen benennen bzw. bezeichnen und damit dazu herangezogen werden, eine sprachliche Repräsentation der Struktur der Welt, also ihrer Fakten, zu erstellen.

Hier wird auch deutlich, welche Rolle Ockham's Razor als leitendes Prinzip der Analyse spielt: Eine derart generelle Konzeption des Logischen Atomismus geht von nur zwei unterschiedlichen Arten von Entitäten aus: logisch einfachsten Dingen – wie auch immer diese beschaffen sein mögen – und logisch einfachsten Relationen. Erstere existieren, letztere subsistieren. Alles, was darüber hinaus geht – ob es nun sprachliche Formen dafür gibt oder nicht – muß als Konstruktion aus diesen logischen Atomen aufgefaßt werden.

Kapitel 4

Fazit und Ausblick

Im nun folgenden Resümee führe ich die in dieser Arbeit angestellten Betrachtungen des Logizismus und des Logischen Atomismus zusammen, wobei ich auf die abschließenden Bewertungen der beiden vorherigen Kapitel zurückgreifen werde. Dort habe ich bereits dargelegt, inwieweit die beiden von mir ausgemachten Kernprinzipien von RUSSELLS Philosophie in der Philosophie der Mathematik respektive im Logischen Atomismus verkörpert sind. Im Verlauf dieses Kapitels wird sich schließlich herausstellen, daß die These dieser Arbeit – daß der Logische Atomismus als ein philosophisches System anzusehen ist, welches seinen Ursprung in RUSSELLS Philosophie der Mathematik hat – als bewiesen anzusehen ist. Weiterhin werde ich in diesem Kapitel noch in aller Kürze einen Ausblick auf RUSSELLS philosophische Entwicklung ab 1921 geben, wobei dieses Jahr mit der Veröffentlichung von *The Analysis of Mind* den Beginn eines neuen Abschnitts in RUSSELLS philosophischer Entwicklung markiert.

Im ersten Kapitel dieser Arbeit habe ich zwei Prinzipien vorgestellt, die ich als Kernprinzipien von RUSSELLS Logizismus wie auch seines Logischen Atomismus ausgemacht habe: Die Methode der Analyse und Ockham's Razor als leitendes Prinzip dieser Analyse. Wie ich im zweiten Kapitel gezeigt habe, wurden beide Prinzipien von RUSSELL erstmals bei der Durchführung seines Programms zur Rückführung der Mathematik auf die Logik mit Erfolg angewendet. Die Methode der Analyse stand naturgemäß am Anfang eines solchen Unterfangens, da die Mathematik hinsichtlich ihrer Strukturen und der Natur ihrer einfachen Begriffe untersucht werden mußte, um überhaupt das Konzept eines logisch fundierten Parallelsystems zur Mathematik entwickeln zu können. Bei der Durchführung des Programms stellte sich bald heraus, daß ein praktischer Seiteneffekt des Logizismus darin bestand, daß er die Mathematik von belastenden metaphysischen Voraussetzungen befreien konnte – daß dies nicht zu den vorrangigen Zielen gehörte wird daran deutlich, daß weder FREGE noch RUSSELL diesen Vorteil sofort erkannten und beide trotz ihrer logischen Zahlenkonstruktion nicht am damals allgemein akzeptierten platonischen Status der Kardinalzahlen zweifelten. Ihr ursprünglich mit dem Logizismus verfolgtes Ziel war vielmehr, KANTS Auffassung zu widerlegen, daß die Mathematik als *synthetisch a priori* einzustufen ist.

Wann genau RUSSELL die ‚ontologische Nützlichkeit' von Ockham's Razor für seine Philosophie tatsächlich erkannte, kann wohl nicht exakt festgemacht werden. In *My Philosophical Development* behauptet RUSSELL retrospektiv, daß er im Zusammenhang mit der gerade angesprochenen logischen Zahlendefinition den Wert dieses Prinzips erkannt hat. (Siehe [MPD], S. 71.) Allerdings paßt das nur sehr bedingt ins Bild der *Principles*, die schon als Inbegriff eines platonischen Realismus angesehen werden können;[1] und auch nicht dazu, daß RUSSELL an anderer Stelle erwähnt hat, daß er diese Erkenntnis zwar in Zusammenhang mit der Zahlendefinition, allerdings speziell bei der Keine-Mengen-Theorie hatte (siehe [MD], S. 14.) – nur hat RUSSELL diese nicht vor 1906 aufgestellt. So schreibt RUSSELL auch 1938 im Vorwort zur zweiten Auflage der *Principles*:

> The doctrines of Pythagoras, which began with arithmetical mysticism, influenced all subsequent philosophy and mathematics more profoundly than is generally realized. Numbers were immutable and eternal, like the heavenly bodies; numbers were intelligible: the science of numbers was the key to the universe. The last of these beliefs has mislead mathematicians and the Board of Education down to the present day. Consequently, to say that numbers are symbols which mean nothing appears as a horrible form of atheism. At the time when I wrote the "Principles," I shared with Frege a belief in the Platonic reality of numbers, which, in my imagination, peopled the timeless realm of Being.
> — [POM], S. ix–x.

Meines Erachtens kann RUSSELLS Kennzeichnungstheorie von 1905 als seine erste konkrete und zielgerichtete Anwendung von Ockham's Razor angesehen werden. Einer der Beweggründe für das Aufstellen der Theorie bestand gerade darin, problematische Schein-Entitäten wie ‚der gegenwärtige König von Frankreich' oder ‚das runde Quadrat', für die RUSSELL vormals keinen einheitlichen Existenzbegriff verwenden konnte, dadurch in das einfache Existenz-Schema zu bringen, daß ihnen in der Isolation jede Bedeutung

---

[1]Dies wird besonders deutlich im IV. Kapitel der *Principles*, speziell in §46.

abgesprochen wurde. Er nannte derartige bestimmte Beschreibungen fortan ‚unvollständige Symbole' und zeigte, daß diese erst in einem Aussagekontext eine Bedeutung bekommen. RUSSELL schrieb 1903 in den *Principles*:

> On the whole, grammar seems to me to bring us much nearer to correct logic than the current opinions of philosophers; and in what follows, grammar, though not our master, will yet be taken as our guide.
> — [POM], §46.

Mit der Kennzeichnungstheorie wurde schließlich deutlich, daß diesem Führer nur mit großer Vorsicht zu folgen ist – hinter der Kennzeichnungstheorie steht nämlich gerade die Einsicht, daß die grammatische Form von Aussagen oft nicht deren logische Form ist.

Es war dann auch die Kennzeichnungstheorie, die von RUSSELL als prototypische Lösung für vergleichbare Probleme mit Schein-Entitäten herangezogen wurde; eines der wichtigsten Beispiele dafür ist seine im Zusammenhang mit der Verzweigten Typentheorie entwickelte Keine-Mengen-Theorie. Die Einfache Typentheorie war nicht dazu geeignet, die Bildung der semantischen Paradoxien zu vermeiden; zur Erreichung dieses Ziels erwies es sich als notwendig, von der Vorstellung Abstand zu nehmen, daß Mengen-Symbole denotieren. Analog zur Behandlung der bestimmten Beschreibungen in der Kennzeichnungstheorie bezeichnete RUSSELL auch die Mengen-Symbole als unvollständige Symbole und zeigte, daß Aussagen mit Mengen-Symbolen als Aussagen über Aussagefunktionen aufgefaßt werden können; das war für RUSSELL dann auch deren logische Form:

> It soon appeared that class-symbols could be treated like descriptions, i.e., as non-significant parts of significant sentences.
> — [MD], S. 13.

Mit der Keine-Mengen-Theorie war RUSSELL in der Lage, die mit dem Mengen-Konzept verbundene Probleme, deren Diskussion in den *Principles* noch viel Raum beanspruchte, zu lösen. Damit konnte er den logischen Apparat für die *Principia Mathematica* nochmals signifikant verkleinern. (Siehe [MPD], S. 75.)

Diese beiden weniger technischen Aspekte seiner Philosophie sollten ausreichen, um die Rolle von Ockham's Razor für RUSSELLS Philosophie der Mathematik zu verdeutlichen. Auf weitere Anwendungen, speziell im Bereich der eigentlichen Logik und Mathematik – wobei die Anwendung dort im Gegensatz zu den gerade angesprochenen Beispielen nicht im Sinne von *ontologischer* Sparsamkeit verstanden werden kann – gehe ich im Rahmen dieser Arbeit nicht weiter ein.

Nach dieser Darstellung kann man folgende Zwischenbilanz ziehen, was RUSSELL um das Jahr 1910 – welches die Vollendung der Arbeit an der *Principia Mathematica* markiert – anbetrifft: Nach seiner Abkehr vom Idealismus um die Jahrhundertwende verschrieb er sich mit einer geradezu unvorstellbaren Energie der Philosophie der Mathematik.[2] Zu den wichtigsten Innovationen RUSSELLS in der Zeit bis 1910 fallen die Erweiterung der klassischen Logik um Relationen, der Logizismus als neue Philosophie der Mathematik, die Kennzeichnungstheorie und natürlich die Typentheorie. Die Auswirkungen der hier aufgeführten Elemente seiner Philosophie reichen weit über die Mathematik hinaus. Als großes Prinzip hinter diesen Entdeckungen und Entwicklungen steht, wie ich gezeigt habe, die – teilweise durch Ockham's Razor angeleitete – Methode der Analyse.

Ich komme nun darauf zu sprechen, inwieweit die sukzessive Entwicklung der Philosophie des Logischen Atomismus aus der hier skizzierten Situation heraus dazu geführt hat, daß RUSSELL die Prinzipien, die er mit größtem Erfolg in der Philosophie der Mathematik anwandte, auch bei der Konstruktion des Logischen Atomismus eingesetzt hat.

Bereits 1907 äußerte sich RUSSELL in seinem Vortrag *The Regressive Method of Discovering the Premises of Mathematics* folgendermaßen zum Verhältnis von Mathematik und Philosophie:

> Mathematics being admittedly more certain than any other knowledge, most philosophers have based their theory of knowledge to a large extent upon mathematics; and any new discovery as to mathematical method and principles is likely to upset a great deal of otherwise plausible philosophising, as well as to suggest a new philosophy which will be solid in proportions as its foundations in mathematics are securely laid.
> — [60], S. 283.

Das in den *Principles* und der *Principia Mathematica* vorangetriebene logizistische Programm hat gezeigt, daß sich die ganze Komplexität der Mathematik aus wenigen logischen Prämissen herleiten läßt, die Mathematik daher gewissermaßen in der Logik aufgeht. Diese herausragende Rolle der Logik

---

[2]Eine eindringliche Schilderung der Probleme und Anstrengungen dieser Schaffensperiode findet sich in [TABR], Bd. 1, S. 152f sowie im V. Kapitel von [16].

sieht RUSSELL jedoch keinesfalls auf die Mathematik beschränkt: „It all comes back to logic in the strictest and most formal sense." ([PLA], S. 178.) Tatsächlich ist dies gewissermaßen das Credo des Logischen Atomismus: Die Methoden der Logik stehen im Mittelpunkt dieser Philosophie, wobei in diesem Fall jedoch nicht, wie im Logizismus, ein streng formales und exakt bestimmtes System von Wissen durch präzise analytische Methoden auf den zu seiner Herleitung notwendigen Kern reduziert werden sollte, sondern das vage, subjektive und oft inkonsistente System unseres Alltagswissens den Untersuchungsgegenstand darstellt.

Das Primat der Logik für RUSSELLS Philosophie wird auch bei folgender – für RUSSELL sicherlich schmeichelhafter – Charakterisierung von KILMISTER deutlich. Er nennt RUSSELL:

> [...] a man of immense integrity, willing to follow the dictates of his logic even when it went against all his previous convictions – just as, outside philosophy he was willing to follow the dictates of his conscience even when it went against all the social canons.
> — KILMISTER in [20], S. ix.

Wie RUSSELL 1924 in seinem Essay *Logical Atomism* ausführt, würde er philosophische Systeme am ehesten nach der ihnen zugrundeliegenden Logik klassifizieren (siehe [LA], S. 323.); dies kann als Stütze für KILMISTERS Behauptung angesehen werden. Trotz diverser Weiterentwicklungen und Modifikationen seiner Philosophie ist RUSSELL seit der Jahrhundertwende immer ein Pluralist und, wenn man so will, logischer Atomist – wobei ‚logischer' an dieser Stelle bewußt klein geschrieben ist – geblieben. Dies kann in Verbindung mit dem eben gesagten sicherlich als weiterer Hinweis auf eine Kontinuität in RUSSELLS Philosophie aufgefaßt werden.

Ein wichtiger Faktor für die logische Ausrichtung von RUSSELLS Erkenntnistheorie liegt in seiner 1911 erstmals detailliert vorgestellten Analyse des Wissens von Dingen, wobei dem fundamentalen Wissen durch Bekanntschaft eine besondere Bedeutung zukommt. Das Wissen durch Bekanntschaft ist, wie ich ausführlich dargelegt habe, auf der einen Seite unser Schlüssel zur Wahrnehmung der Außenwelt; auf der anderen Seite kommt diesem Wissen aber auch eine herausragende Rolle zu, was die Fundierung unseres komplexeren Wissens angeht, denn unser ganzes Wissen läßt sich nach RUSSELLS Prinzip der Bekanntschaft dahingehend analysieren, daß es in letzter Konsequenz ausschließlich auf dem fundamentalen Wissen durch Bekanntschaft beruht. Das ist auch die Voraussetzung dafür, daß wir Aussagen überhaupt verstehen können.

Der zweite Typ des Wissens von Dingen, das Wissen durch Beschreibung, bezeichnet hingegen ein abstrakteres Wissen. Ein solches haben wir von Objekten, um deren Existenz wir sicher wissen, die wir jedoch nicht kennen (im Sinne von Wissen durch Bekanntschaft) oder nicht wissen, daß wir sie kennen. Kennzeichnend für das Wissen durch Beschreibung ist, daß wir eine bestimmte Beschreibung dieses Objekts angeben können, beispielsweise ‚der Verursacher meiner gegenwärtigen Rot-Wahrnehmung'. Damit drängt sich geradezu ein Vergleich mit RUSSELLS Kennzeichnungstheorie auf: Auch dort gibt es die abstraktere Form der (nicht sichergestellten) Referenz, nämlich die bestimmten Beschreibungen, sowie die Namen als garantiert denotierende Symbole. Die Parallelität geht so weit, daß sich in der späteren Theorie nur die Dinge logisch korrekt benennen lassen, zu denen wir in einer Bekanntschafts-Relation stehen: Nur bei diesen wissen wir wirklich sicher, daß es sie gibt und daß sie so sind, wie sie uns erscheinen. Es wäre sicherlich zu weit gegriffen, RUSSELLS Unterscheidung von Wissen durch Bekanntschaft und Wissen durch Beschreibung als eine empirische Version seiner Kennzeichnungstheorie zu bezeichnen, aber einige unverkennbare Gemeinsamkeiten sind dennoch vorhanden.

Am Ende des letzten Kapitels habe ich ausführlich dargelegt, weshalb die Analyse als wichtigstes Prinzip des Logischen Atomismus betrachtet werden muß. RUSSELLS Analyse nimmt aber nicht bei der Struktur der Welt ihren Ausgang, sondern bei der Sprache – der von ihm vorausgesetzte Isomorphismus zwischen (idealer) Sprache und der Struktur der Welt dient dabei als Garant für die Fruchtbarkeit dieser Methode. Unser Wissen als Untersuchungsgegenstand liegt jedoch in einer normalen Sprache vor, die, wie sich gezeigt hat, in vielen Bereichen logisch inkonsistent ist und auch sonst elementar von einer idealen Sprache abweicht. Mit RUSSELLS Typentheorie ist es möglich, Formationsregeln für eine ideale Sprache anzugeben und anhand dieser Regeln auch die Unzulänglichkeiten der normalen Sprachen auszumachen. RUSSELL geht mit diesem Hintergrund davon aus, daß eine weitreichende logische Analyse unserer normalen Sprache *theoretisch* möglich ist und daß eine solche Analyse, auf unser Wissen angewandt, in letzter Konsequenz zu einer idealsprachlichen Repräsentation der Aussagen unseres Wissenssystems führen könnte. Ein sicherer Hinweis darauf ist RUSSELLS Überzeugung, daß sich unser ganzes Wissen letztlich auf Wissen durch Bekanntschaft zurückführen läßt und daß dieses einen sicheren Zugang zur Welt darstellt. Dieser sichere Zugang ist dann auch das Verbindungsglied, das es ob des Isomorphismus von Sprache und Welt ermöglicht, unser Wissen mit der Struktur der Welt in Deckung zu bringen.

Neben der Analyse findet sich auch das zweite Leitprinzip, Ockham's

Razor, in RUSSELLS Logischem Atomismus wieder. Die wohl prägnantesten Beispiele dafür sind die logische Konstruktion von Raum, Materie sowie Raum- und Zeitpunkten – und damit absolut grundlegender Begriffe aus Physik und *common sense* – aus den kleinsten Elementen, zu denen wir einen vollkommenen direkten und sicheren Zugang haben: Den Sinnesdaten oder, allgemeiner, Sensibilia und fundamentalen Eigenschaften und Relationen, die wir aus den Sinnesdaten abstrahiert haben. Mittels dieser Konstruktionen ist RUSSELL in der Lage, einen ersten Entwurf für eine alternative, auf unseren Sinnesdaten basierende ‚Welt' für Physik und *common sense* vorzulegen. Die Ähnlichkeit dieses Projektes mit dem Logizismus – also Analyse der Grundbegriffe des ersten Systems und daran anschließend die Konstruktion eines strukturell übereinstimmenden Parallelsystems aus einfachsten Elementen und damit eine Reduzierung der metaphysischen Voraussetzungen bei gleicher Aussagekraft – macht deutlich, wie sehr RUSSELL von der Nützlichkeit von Ockham's Razor überzeugt war. Mehr noch, in der VIII. Vorlesung der *Philosophy of Logical Atomism* legt er sogar seine Auffassung dar, daß der Logische Atomismus als erster Schritt zur Entwicklung einer Technik angesehen werden kann, die gerade der Anwendung von Ockham's Razor zur reduktiven Analyse von gegebenen Wissenssystemen, beispielsweise den Naturwissenschaften, dienen soll:

> [...] That maxim [Occam's Razor] comes in, in practice, in this way: take some science, say physics. You have there a given body of doctrine, a set of propositions expressed in symbols—I am including words among symbols—and you think that you have reason to believe that on the whole these propositions, rightly interpreted, are fairly true, but you do not know what is the actual meaning of the symbols that you are using. The meaning they have *in use* would have to be explained in some pragmatic way [...] and you go through, if you are analysing a science like physics, these propositions with a view to finding out what is the smallest empirical apparatus—or the smallest apparatus, not necessarily wholly empirical—out of which you can build up these propositions. What is the smallest number of simple undefined things at the start, and the smallest number of undemonstrated premises, out of which you can define the things that need to be defined and prove the things that need to be proved? [...] [That problem] is one which requires a very great amount of logical technique; and the sort of thing that I have been talking about in these lectures is the preliminaries and first steps in that logical technique.
> — [PLA], S. 270f.

In diesem Lichte müssen auch die kleinsten Elemente in RUSSELLS On-

150   KAPITEL 4. FAZIT UND AUSBLICK

tologie als ‚Bausteine' betrachtet werden, die der Konstruktion der zuvor analysierten Schein-Entitäten dienen. RUSSELL hat den Zusammenhang von Individuen, Relationen, den konstruierten Gegenständen der Physik und der Welt als System 1915 in seinem Essay *The Ultimate Constituents of Matter* sehr prägnant beschrieben; da sich eine bessere Zusammenfassung dieser Aspekte kaum geben läßt, werde ich den fraglichen Absatz hier in vollem Umfang wiedergeben:

> The world may be conceived as consisting of a multitude of entities arranged in a certain pattern. The entities which are arranged I shall call 'particulars'. The arrangement or pattern results from relations among particulars. Classes or series of particulars, collected together on account of some property which makes it convenient to be able to speak of them as wholes, are what I call logical constructions or symbolic fictions. The particulars are to be conceived, not on the analogy of bricks in a building, but rather on the analogy of notes in a symphony. The ultimate constituents of a symphony (apart from relations) are the notes, each of which lasts only for a very short time. We may collect together all the notes played by one instrument: these may be regarded as the analogues of the successive particulars which common sense would regard as successive states of one 'thing'. But the 'thing' ought to be regarded as no more 'real' or 'substantial' than, for example, the role of the trombone. As soon as 'things' are conceived in this manner it will be found that the difficulties in the way of regarding immediate objects of sense as physical have largely disappeared.
>
> — [UCM], S. 97.

Mit dem Logischen Atomismus hat RUSSELL gewissermaßen eine Philosophie um seine analytische Methode herum entworfen, die durch ontologische Sparsamkeit und ein unbedingtes Primat der logischen Analyse hervorsticht. Die Logik und die Erkenntnisse, die RUSSELL im Zusammenhang mit seiner Philosophie der Mathematik erworben hat, sind in den Entwurf des neuen Systems eingegangen. So überrascht es auch nicht, daß die Typentheorie, wie ich in Abschnitt 3.2.2 gezeigt habe, verstehen hilft, wie die Welt nach RUSSELLS Auffassung konstruiert ist. Dies gilt insbesondere unter der Prämisse, daß sich der Logische Atomismus auch als ‚uninterpretierte' Form auffassen läßt, in der die erkenntnistheoretischen Aspekte völlig in den Hintergrund treten.

Die These dieser Arbeit ist damit als bewiesen anzusehen: RUSSELLS Philosophie des Logischen Atomismus kann durchaus als die Übertragung der Erkenntnisse aus seiner Philosophie der Mathematik auf allgemeinere philosophische Gebiete, vornehmlich die Erkenntnistheorie und die Ontologie, angesehen werden. Zu einem ähnlichen Ergebnis kommt auch KILMISTER:

> [...] once this [Russell's logical and mathematical] work is clearly set in its context, and understood, all the rest falls into place as applications to general philosophy of the ideas generated in the philosophy of mathematics – though, it must be admitted, to a general philosophy that has to be prepared to receive them.
> — KILMISTER in [20], S. x.

Auf den folgenden Seiten werde ich abschließend noch skizzieren, welche Richtung RUSSELLS Philosophie in den Jahren nach 1918 einschlug und inwiefern diese ebenfalls von den in dieser Arbeit vorgestellten Prinzipien geprägt ist. 1919 erschien RUSSELLS Essay *On Propositions: What They Are and How They Mean*, der thematisch gewissermaßen zwischen dem Logischen Atomismus und dem Neutralen Monismus anzusiedeln ist; einige Autoren wie WEITZ rechnen ihn noch dem Logischen Atomismus zu (siehe [69], S. 70.), während andere bereits RUSSELLS vollzogenen Wechsel zum Neutralen Monismus darin zu erkennen glauben. (Siehe TULLY in [68], S. 220.) Unabhängig von der Kategorisierung dieses Essays muß jedenfalls *The Analysis of Mind* von 1921 als erstes größeres Werk betrachtet werden, in dem diese – von RUSSELL zuvor mehrfach kritisierte – philosophische Richtung von ihm vertreten wird:

> The view that seems to me to reconcile the materialistic tendency of psychology with the anti-materialistic tendency of physics is the view of William James and the American new realists, according to which the "stuff" of the world is neither mental nor material, but a "neutral stuff," out of which both are constructed. I have endeavoured in this work to develop this view in some detail as regards the phenomena with which psychology is concerned.
> — [AMi], S. xix.

Dieser Wandel zum Neutralen Monismus kam jedoch keineswegs überraschend; bereits 1914 hat sich RUSSELL in *On the Nature of Acquaintance* kritisch mit dem Neutralen Monismus in den Versionen von MACH und JAMES auseinandergesetzt. Sein Kritik setzte vor allen Dingen an dem Problem an, daß der Neutrale Monismus keine angemessene Repräsentation für das Phänomen der Bekanntschaft (entsprechend dem Wissen durch Bekanntschaft) geben kann, welches für RUSSELL in vielerlei Hinsicht absolut fundamental ist. RUSSELL gibt in diesem Essay folgende Kurzcharakterisierung der Theorie:

152   KAPITEL 4. FAZIT UND AUSBLICK

> 'Neutral Monism'—as opposed to idealistic monism and materialistic monism—ist the theory that the things commonly regarded as mental and the things commonly regarded as physical do not differ in respect of any intrinsic property possessed by the one set and not by the other, but differ only in respect of arrangement and context. The theory may be illustrated by comparison with a postal directory, in which the same names come twice over, once in alphabetical and once in geographical order; we may compare the alphabetical order to the mental, and the geographical order to the physical.
> — [ONA], S. 139.

Diese Kontexte sind mental, wenn ein solches Objekt Teil meiner gegenwärtigen Wahrnehmungsempfindungen ist oder durch Assoziation in meinem Gedankenfluß auftritt; sie sind hingegen physikalisch, wenn das Objekt beispielsweise den Gravitationsgesetzen unterliegt oder Lichtstrahlen reflektiert. Gedanken unterscheiden sich also nicht substanziell von Dingen.

RUSSELL zögerte auch nicht, schon in der kritischen Betrachtung seine prinzipielle Sympathie für den Neutralen Monismus auszudrücken, da dieser schließlich strukturell signifikant einfacher als der von ihm vertretene Dualismus war:

> In favour of the theory, we may observe, first and foremost, the very notable simplification which it introduces. That the things given in experience should be of two fundamentally different kinds, mental and physical, is far less satisfactory to our intellectual desires than that the dualism should be merely apparent and superficial. Occam's Razor, 'entia nun multiplicanda præter necessitatem', which I should regard as the supreme methodological maxim in philosophizing, prescribes James's theory as preferable to dualism if it can possibly be made to account for the facts.
> — [ONA], S. 145.

In diesem Essay kommt RUSSELL jedoch letztlich zu dem Schluß, daß der Neutrale Monismus den Tatsachen nicht Rechnung tragen kann. Er führt fünf Argumente gegen des Neutralen Monismus ins Feld, die sich im Kern alle auf mentale Aspekte beziehen. (Siehe [ONA], S. 158f.) Das RUSSELLS Ansicht nach größte Problem besteht dabei darin, daß die für ihn fundamentale Unterscheidung zwischen dem Subjekt und dem Objekt der Wahrnehmung im Neutralen Monismus nicht berücksichtig werden kann:

> [...] I conclude that neutral monism, though largely right in its polemic against previous theories, cannot be regarded as able to deal

with all the facts, and must be replaced by a theory in which the difference between what is experienced and what is not experienced by a given subject at a given moment is made simpler and more prominent than it can be in [a] theory which wholly denies the existence of specifically mental entities.

— [ONA], S. 159.

Damit war der Neutrale Monismus in RUSSELLS Denken allerdings keinesfalls *ad acta* gelegt. Seine wenige Monate vor *On the Nature of Acquaintance* in *Our Knowledge of the External World* vorgelegte Methode zur Konstruktion der Materie aus Sinnesdaten kam dem Neutralen Monismus schon sehr nahe, was im Nachhinein nicht zuletzt daran zu erkennen ist, daß er diese in *The Analysis of Mind* in sein neues System zu integrieren sucht:

> The stuff of which the world of our experience is composed is, in my belief, neither mind nor matter, but something more primitive than either. Both mind and matter seem to be composite, and the stuff of which they are compounded lies in a sense between the two, in a sense above them both, like a common ancestor. As regards matter, I have set forth my reasons for this view on former occasions, [hier verweist eine Fußnote explizit auf [OKEW], [UCM] und [RSDP]] and I shall not now repeat them.
>
> — [AMi], S. 2.

In *The Philosophy of Logical Atomism* schließlich findet sich 1918 eine weitere Würdigung der Theorie des Neutralen Monismus:

> I have naturally a bias in favour of the theory of neutral monism because it exemplifies Occam's razor. I always wish to get on in philosophy with the smallest possible apparatus, partly because it diminishes the risk of error, because it is not necessary to deny the entities you do not assert, and therefore you run less risk of error the fewer entities you assume. The other reason—perhaps a somewhat frivolous one—is that every diminution in the number of entities increases the amount of work for mathematical logic to do in building up things that look like the entities you used to assume.
>
> — [PLA], S. 221f.

Später in dem Essay sagt RUSSELL sogar über den Neutralen Monismus: „I feel more and more inclined to think that it may be true" ([PLA], S. 279.) und merkt an, daß einige Probleme im Zusammenhang mit dieser Theorie noch einer Lösung bedürften; die wichtigsten davon sind die Repräsentation der atomaren Fakten mit mehreren Relationen sowie möglicherweise die Behandlung der *egozentrischen Individuen* (*emphatic particulars*) wie ‚dies‘, ‚jetzt‘, ‚hier‘ &c. (Siehe [PLA], S. 279f.) Wie TULLY anmerkt, erfolgte die Behandlung des ersten Problems in *The Analysis of Mind* und, vertieft, in *An Outline of Philosophy*. Dem Problem der Konstruktion der egozentrischen Individuen widmete sich RUSSELL hingegen erst in *An Inquiry into Meaning and Truth*. (Siehe [68], S. 218.)

Diese kurze Darstellung läßt meines Erachtens schon deutlich erkennen, daß RUSSELL den von ihm in der Philosophie der Mathematik utilisierten Prinzipien auch über seine von mir in dieser Arbeit ausführlich thematisierte Periode des Logischen Atomismus hinaus verhaftet geblieben ist.

# Anhang A

Formal-logische Aspekte

A.1 Die logische Definition der Kardinalzahlen

Nach den Ausführungen zur Definition der Kardinalzahlen in Kapitel 2.2 bleibt noch zu klären, wie die Zahlendefinitionen von FREGE und RUSSELL sich auf einer formal-logischen Ebene darstellen lassen. Trotz der Differenzen hinsichtlich des im Hauptteil dieser Arbeit geschilderten Mengenaufbaus unterscheiden sich die logischen Aspekte nicht; der Unterschied besteht vielmehr darin, daß der Skopus der Aussagefunktionen sich für RUSSELL nur auf Individuen erstreckt, während FREGE Mengen als Konstruktionselemente heranzieht. In der folgenden Darstellung beziehe ich mich, RUSSELL folgend, auf Individuen.

Der Zahl 0 entspricht die leere Menge, also beispielsweise die Menge aller Dinge, die nicht mit sich selbst identisch sind; dieses Kriterium läßt sich folgendermaßen darstellen:

$$(x) \cdot x \neq x \qquad (A.1)$$

Die 1 ist die Menge aller Mengen mit einem Element. Diese Menge läßt sich mit den Kriterien bilden, daß es in der Menge mindestens ein Element gibt und daß jedes Element der Menge mit diesem ersten Element identisch ist:

$$(\exists c)(x) \cdot x = c \qquad (A.2)$$

Bei größeren Zahlen n wird die Formel entsprechend komplexer, folgt jedoch immer dem Prinzip, daß die Existenz von mindestens n voneinander verschiedenen Individuen beschrieben wird, wobei jedes Element der Menge eines dieser n Individuen sein muß; zur Illustration hier die schon komplexere Darstellung der Zahl 3:

$$(\exists u, v, w) : u \neq v \, . \, u \neq w \, . \, v \neq w \, . \, (x) \, . \, x = u \, \vee \, x = v \, \vee \, x = w \quad \text{(A.3)}$$

Die Formeln müssen, um für die Zahlendefinition herhalten zu können, zu Mengen extensional äquivalent sein, es muß sich bei ihnen also um *Aussagefunktionen* handeln. Es gibt in ihnen jedoch keine freien Variablen, folglich scheint es sich bei ihnen um *Aussagen* zu handeln. Doch der erste Blick täuscht.

Diese Aussagen quantifizieren über Individuen; Individuen sind jedoch nicht die Elemente der Zahlen, sondern *Mengen von Individuen* – Zahlen sind schließlich, ruft man sich RUSSELLS Typentheorie ins Gedächtnis, Elemente des zweiten Typs. Für gewöhnlich werden in logischen Aussagen bestimmten Individuen Eigenschaften zu- oder abgesprochen oder Relationen zwischen Individuen untersucht. In diesen Beispielen ist jedoch die einzige auftretende Relation die Identität. Im Gegensatz zu den in der Logik üblicheren Aussagen wie „alle Menschen sind sterblich" oder „einige Raben sind schwarz" scheint es bei den Formeln oben eher schwierig, sie mittels der normalen Sprache auszudrücken. Sie ähneln eher Aussagefunktionen wie ϕx. Hier handelt es sich bei x um eine freie Variable und es wäre sinnlos, von ϕx zu behaupten, daß es sich dabei um eine wahre oder falsche Aussage handelt. ϕ ist vielmehr eine Eigenschaft, die für bestimmte für x eingesetzte Werte zu einer wahren oder falschen Aussage wird; in gewisser Hinsicht wirkt ϕ wie ein Filter, der aus der Menge aller Elemente des Skopus genau jene herausgreift, welche eben die Eigenschaft ϕ haben. So haben auch die obigen, den Kardinalzahlen entsprechenden Aussagen eher eine Filtereigenschaft, nur daß sie nicht Individuen filtern, sondern aus allen möglichen Kombinationen von Individuen in der Welt – allen Individuen-Mengen – genau jene mit der passenden Anzahl Elemente herausgreifen. Die die Auswahl bzw. die Menge repräsentierende ‚freie Variable' tritt nur insofern nicht direkt hervor, als innerhalb der Formel über ihre Elemente quantifiziert wird. Der eigentliche Skopus der Aussagen wird also nicht durch Individuen, sondern durch Mengen gebildet, deren Elemente dann in den Aussagen untersucht werden.

Verständlicher wird es, wenn die jeweiligen Aussagen als Teil einer Definition auftreten. So könnte die Zugehörigkeit einer Menge M zur Kardinalzahl

3 folgendermaßen definiert werden:

$$M \in 3 \ . \equiv : .$$
$$(\exists u, v, w) : . \ u \in M \ . \ v \in M \ . \ w \in M \ . \ u \neq v \ . \ u \neq w \ . \ v \neq w \ :$$
$$x \in M \ . \ \supset_x \ . \ x = u \ \lor \ x = v \ \lor \ x = w \quad \text{Df.} \tag{A.4}$$

Dies ist eine rein logische Formulierung der Bedingung, die eine Menge erfüllen muß, wenn sie zur Menge 3 gehört.

A.2 Die Eindeutigkeitsbedingung in der Kennzeichnungstheorie

Eine intuitiv verständliche logische Formel, die ausdrückt, daß es genau ein Objekt mit der Eigenschaft ϕ gibt, ist folgende:[1]

$$(\exists x)(\phi x \land (\forall y)(\phi y \to x = y)) \tag{A.5}$$

Umgangssprachlich ließe sich dieser Ausdruck folgendermaßen formulieren: „Es gibt ein Objekt x, das die Eigenschaft ϕ hat; für alle Objekte y gilt, daß jedes von ihnen, wenn es ebenfalls die Eigenschaft ϕ hat, mit x identisch ist." – Ein solches Objekt mit der Eigenschaft ϕ gibt es also garantiert, und wenn sich weitere finden lassen, dann sind sie mit dem ersten identisch; ergo gibt es genau ein Objekt mit der entsprechenden Eigenschaft.

Die entsprechende logische Formalisierung dieser Überlegungen ist von RUSSELL selbst wie folgt dargestellt worden:[2]

$$(\exists c) : \phi x \ . \equiv_x \ . \ x = c \tag{A.6}$$

Übertragen in eine heute üblichere Notation, wie sie zum Beispiel von SUPPES in *Introduction to Logic* verwendet wird, und durch Umbenennung der Variablen ergibt sich:

---

[1]Da ich in diesem Abschnitt auf SUPPES' logisches System eingehen werde, werde ich hier von der logischen Notation der *Principia Mathematica* abweichen und SUPPES' Notation verwenden.

[2]Siehe [PM], S. 30 – im Kontext dieser Formel wird auch die Behauptung aufgestellt, daß eben jene Äquivalenz besteht, die hier nachgewiesen werden soll; den Beweis bleibt RUSSELL jedoch schuldig.

FORMAL-LOGISCHE ASPEKTE

$$(\exists x)(\forall y)(\phi y \leftrightarrow x = y) \qquad (A.7)$$

Eine äquivalente Form findet sich auch bei CARNAP in *Meaning and Necessity*. (Siehe CARNAP in [6], S. 142f.) Nun gilt es nachzuweisen, daß Satz A.5 äquivalent ist zu Satz A.7 und damit auch zu Satz A.6. Dazu werde ich zunächst überprüfen, ob Satz A.5 Satz A.7 logisch impliziert. Sollte dies der Fall sein und auch noch die umgekehrte Richtung ableitbar sein, also Satz A.7 auch Satz A.5 implizieren, dann gilt gemäß dem *Äquivalenzgesetz für Biimplikation und Implikation*, daß Satz A.5 äquivalent ist zu Satz A.7. Da es sich bei RUSSELLS Originalformulierung in Satz A.6 nur um eine alternative Schreibweise von Satz A.7 handelt, gilt die Äquivalenz entsprechend auch für ihn.

Bevor diese Untersuchung sich jedoch in technischen Feinheiten fortsetzt, ist es nötig, die Aufmerksamkeit den logischen Ableitungsregeln zuzuwenden. Suppes' *Introduction to Logic* ist die hier von mir verwendete Grundlage; jedoch hat SUPPES' System gerade im Bereich der singulären Termini einige eklatante Schwächen. Diese werde ich hier ansatzweise darlegen, um an ihnen die Notwendigkeit aufzuzeigen, sein System um mindestens eine Ableitungsregel zu erweitern, die eine sinnvolle und komfortable Auseinandersetzung mit den formal-logischen Aspekten der hier behandelten Problematik im Rahmen seines Systems überhaupt erst ermöglicht.

Man betrachte dazu folgende Prämissen:

Zeile	Aussage	frei, Regel	Präm.
1	$(\exists x)(\phi x \wedge (\forall y)(\phi y \to x = y) \wedge \psi x)$	P	1
2	$(\exists x)(\phi x \wedge (\forall y)(\phi y \to x = y) \wedge \neg\psi x)$	P	2

Diese Prämissen sind nicht *vereinbar*, das heißt, es ist unmöglich, beide zugleich als wahr anzusehen.[3] Um die Nichtvereinbarkeit der beiden Prämissen zu beweisen, muß mit den gültigen Regeln ein Widerspruch abgeleitet werden:

Zeile	Aussage	mit	frei, Regel	Präm.
3	$\phi\alpha \wedge (\forall y)(\phi y \to \alpha = y) \wedge \psi\alpha$	1	ES $^x/_\alpha$	1
4	$\phi\beta \wedge (\forall y)(\phi y \to \beta = y) \wedge \neg\psi\beta$	2	ES $^x/_\beta$	2
5	$\psi\alpha$	3	VR	1
6	$\neg\psi\beta$	4	VR	2
7	$\psi\alpha \wedge \neg\psi\beta$	5, 6	AR	1, 2

---

[3]Das kann man sich leicht anhand eines umgangssprachlichen Beispiels verdeutlichen: Es hieße beispielsweise zu behaupten, daß die kleinste Primzahl gerade und nicht gerade zugleich ist.

In Zeile 4 ist es notwendig, als Individuenkonstante zur Substitution von x aus Zeile 2 mittels der Existenzspezifikation ES eine andere Individuenkonstante als das in Zeile 3 gewählte α zu nehmen, da diese Wahl nach SUPPES unzulässig wäre. (Siehe SUPPES in [66], S. 83.) Dies führt im Endeffekt dazu, daß der vermeintliche Widerspruch in Zeile 7 keiner ist, da die beiden sich widersprechenden Eigenschaften in der Konjunktion von zwei unterschiedlichen Individuen ausgesagt werden – obgleich jedoch der Kontext der Beispielprämissen zweifelsfrei nur die Möglichkeit offen läßt, daß es sich bei α und β um ein und denselben Gegenstand handelt, nämlich den mit der eindeutigen Eigenschaft ϕ.

Diese Schwäche scheint mir nicht hinnehmbar zu sein; ich ergänze SUPPES' System um eine neue Regel, die eine Alternative zu seiner Existenzspezifizierung ES darstellt und auf dieser basiert. Sie soll ES allerdings nicht ersetzen, sondern vielmehr alternativ zur Verfügung stehen und genau dann angewendet werden, wenn die zu substituierende Variable durch einen Existenzquantor gebunden ist *und* einer Eindeutigkeitsbedingung unterliegt, also sichergestellt ist, daß nur ein einziges Objekt die Eigenschaft der Eindeutigkeitsbedingung aufweist. Ich nenne diese neue Regel EES für *eindeutige Existenzspezifizierung* und lege fest, daß der Name der Individuenkonstante wie bei ES gewählt werden kann, diesem jedoch bei der Anwendung des ESS zur Identifikation der Eindeutigkeitsbedingung diese Eigenschaft in Klammern angehängt wird. Abweichend von den auch geltenden Regeln der ES darf eine bereits verwendete Individuenkonstante bei der EES erneut benutzt werden, falls die Eindeutigkeitsbedingung der zu substituierenden Variable mit der an die Individuenkonstante angehängten Bedingung identisch ist. Weiterhin möge – obgleich dies nicht zwingend notwendig ist – in allen Fällen der hier dargelegten Struktur EES als Ersatz für ES angewendet werden.

Zur Demonstration der Anwendung hier die – erfolgreiche – Ableitung eines Widerspruchs aus den oben vorgegebenen Prämissen:

Zeile	Aussage	mit	frei,	Regel	Präm.
3	$\phi\alpha \wedge (\forall y)(\phi y \to \alpha = y) \wedge \psi\alpha$	1		EES $^x/_{\alpha(\phi)}$	1
4	$\phi\alpha \wedge (\forall y)(\phi y \to \alpha = y) \wedge \neg\psi\alpha$	2		EES $^x/_{\alpha(\phi)}$	2
5	$\psi\alpha$	3		VR	1
6	$\neg\psi\alpha$	4		VR	2
7	$\psi\alpha \wedge \neg\psi\alpha$	5, 6		AR	1, 2

In den folgenden Ableitungen werde ich Gebrauch von dieser neuen Ableitungsregel machen.

Zurück zur oben skizzierten Beweisidee: Ich beginne mit dem ersten Teil, dem Nachweis, daß Satz A.7 aus Satz A.5 logisch folgt:

Zeile	Aussage	mit	frei, Regel	Präm.
1	$(\exists x)(\phi x \wedge (\forall y)(\phi y \to x = y))$		P	1
2	$\phi\alpha \wedge (\forall y)(\phi y \to \alpha = y)$	1	EES $^x/_{\alpha(\phi)}$	1
3	$\phi\alpha$	2	VR	1
4	$(\forall y)(\phi y \to \alpha = y)$	2	VR	1
5	$\phi y \to \alpha = y$	4	AS $^y/_y$	1
6	$\alpha = y$		α, y, P^*	2*
7	$\alpha = y \wedge \phi\alpha$	3, 6	α, y, AR	1, 2*
8	ϕy	7	y, PM 13.159	1, 2*
9	$\alpha = y \to \phi y$	6, 8	BB	1
10	$(\phi y \to \alpha = y) \wedge (\alpha = y \to \phi y)$	5, 9	Aufbau-R.	1
11	$\phi y \leftrightarrow \alpha = y$	10	ÄBI	1
12	$(\forall y)(\phi y \leftrightarrow \alpha = y)$	11	AG $^y/_y$	1
13	$(\exists x)(\forall y)(\phi y \leftrightarrow x = y)$	12	EG $^\alpha/_x$	1

Nun muß noch, wie oben skizziert, die andere Richtung bewiesen werden – Satz A.7 muß Satz A.5 logisch implizieren:

Zeile	Aussage	mit	frei, Regel	Präm.
1	$(\exists x)(\forall y)(\phi y \leftrightarrow x = y)$		P	1
2	$(\forall y)(\phi y \leftrightarrow \alpha = y)$	1	EES $^x/_{\alpha(\phi)}$	1
3	$\phi\alpha \leftrightarrow \alpha = \alpha$	2	AS $^y/_\alpha$	1
4	$(\phi\alpha \to \alpha = \alpha) \wedge (\alpha = \alpha \to \phi\alpha)$	3	ÄBI	1
5	$\alpha = \alpha \to \phi\alpha$	4	VR	1
6	$\phi\alpha$	5	T, MP	1
7	$\phi y \leftrightarrow \alpha = y$	2	AS $^y/_y$	1
8	$(\phi y \to \alpha = y) \wedge (\alpha = y \to \phi y)$	7	ÄBI	1
9	$\phi y \to \alpha = y$	8	VR	1
10	$(\forall y)(\phi y \to \alpha = y)$	9	AG $^y/_y$	1
11	$\phi\alpha \wedge (\forall y)(\phi y \to \alpha = y)$	6, 10	AR	1
12	$(\exists x)(\phi x \wedge (\forall y)(\phi y \to x = y))$	11	EG $^\alpha/_x$	1

Dies ist auch der Fall – damit ist die Äquivalenz der oben vorgestellten intuitiv verständlichen Formalisierung und der von RUSSELL dargelegten Formel bewiesen.

Literaturverzeichnis

[1] AYER, A. J., *Russell and Moore – The Analytic Heritage*, London, Basingstoke: Macmillan 1971.

[2] BOGEN, JAMES, Eintrag ‚relations' in: Honderich, Ted [Hrsg], *The Oxford Companion to Philosophy*, Oxford, New York: Oxford University Press ²1995 [¹1995].

[3] BRADLEY, F. H., *Appearance and Reality – A Metaphysical Essay*, London: George Allen & Unwin $^{2:6}$1916 [¹1893].

[4] BROAD, C. D., „Critical and Speculative Philosophy" in: *Contemporary British Philosophy: Personal Statements*, herausgegeben von J. H. Muirhead, London: George Allen & Unwin 1924.

[5] CARNAP, RUDOLF, „Die logizistische Grundlegung der Mathematik", in: *Erkenntnis* 2 (1931), 91–105.

[6] CARNAP, RUDOLF, *Meaning and Necessity – A Study in Semantics and Modal Logic*, Chicago, London: The University of Chicago Press ⁵1966 [¹1947].

[7] CASSIN, CHRYSTINE E., „Russell's Distinction between the Primary and Secondary Occurrence of Definite Descriptions" in: [21].

[8] COPI, IRVING M., *The Theory of Logical Types*, London: Routledge & Kegan Paul 1971.

[9] DIPERT, RANDALL R., Eintrag ‚logic, history of' in: *Encyclopædia Britannica 2002*, Encyclopædia Britannica Inc.

[10] FREGE, GOTTLOB, „Über Sinn und Bedeutung" in: *Zeitschrift für Philosophie und philosophische Kritik* 100 (1892), S. 25–50. Abgedruckt in: ders., *Funktion, Begriff, Bedeutung*, herausgegeben von Günther Patzig, Göttingen: Vandenhoek & Ruprecht ⁷1994 [¹1962].

[11] GABRIEL, GOTTFRIED, FRIEDRICH KAMBARTEL, CHRISTIAN THIEL [Hrsg], *Gottlob Freges Briefwechsel mit D. Hilbert, E. Husserl, B. Russell, sowie ausgewählte Einzelbriefe Freges*, Hamburg: Meiner 1980.

[12] GEACH, P. T., „Russell on Meaning and Denoting" in: *Analysis* 19 (1958–1959), S. 69–72. Abgedruckt in [21].

[13] GLOCK, HANS-JOHANN, Eintrag ‚numbers' in: ders., *A Wittgenstein Dictionary*, Oxford, Cambridge (Mass.): Blackwell ²1996 [¹1996].

[14] GÖDEL, KURT, „Über formal unentscheidbare Sätze der *Principia Mathematica* und verwandter Systeme I" in: *Monatshefte für Mathematik und Physik* 38 (1931), S. 173–198.

[15] GRIFFIN, NICHOLAS, *Russell's Idealist Apprenticeship*, Oxford: Clarendon Press 1991.

[16] GRIFFIN, NICHOLAS [Hrsg], *The Selected Letters of Bertrand Russell – The Private Years 1884–1914*, London, New York: Routledge ²2002 [¹2001].

[17] HOCHBERG, HERBERT, „Russell's Reduction of Arithmetic to Logic" in: [21].

[18] HYLTON, PETER, *Russell, Idealism, and the Emergence of Analytic Philosophy*, Oxford: Clarendon Press ²1992 [¹1990].

[19] KENNEDY, HUBERT C., *Peano – Life and Works of Giuseppe Peano*, Dordrecht [usw.]: D. Reidel Publishing Company 1980.

[20] KILMISTER, C. W., *Russell*, Brighton: The Harvester Press 1984.

[21] KLEMKE, E. D. [Hrsg], *Essays on Bertrand Russell*, Urbana [usw.]: University of Illinois Press 1970.

[22] MEIXNER, UWE, „Nominalistischer Logizismus" in: Ingolf Max, Werner Stelzner [Hrsg], *Logik und Mathematik – Frege-Kolloquium Jena 1993*, Berlin, New York: de Gruyter 1995.

[23] MIAH, SAJAHAN, „The emergence of Russell's logical construction of physical objects", in: *russell: the Journal of the Bertrand Russell Archives* 7 (new series) (1987), 11–24.

[24] PEANO, GIUSEPPE, „Definitionen der Arithmetik", übersetzt von Angelo Genocchi, in: ders., *Arbeiten zur Analysis und zur mathematischen Logik*, herausgegeben von G. Asser, Leipzig: Teuber 1990.

[25] POLLOCK, JOHN L., „On Logicism" in: [21].

[26] QUINE, WILLARD VAN ORMAN, „On What There Is", in: ders., *From A Logical Point of View – 9 Logico-Philosophical Essays*, (1953), New York: Harper & Row 1963.

[27] QUINE, WILLARD VAN ORMAN, *The Roots of Reference*, La Salle: Open Court 1974.

[28] QUINE, WILLARD VAN ORMAN, „Russell's Ontological Development", in: *Journal of Philosophy* 63 (1966), S. 657–667. Abgedruckt in [21].

[29] QUINE, WILLARD VAN ORMAN, „Two Dogmas of Empiricism", in: ders., *From A Logical Point of View – 9 Logico-Philosophical Essays*, (1953), New York: Harper & Row 1963.

[30] RAMSEY, F. P., „The Foundations of Mathematics" in: *Proceedings of the London Mathematical Society* 25 (series 2) (1925), S. 338–384. Abgedruckt in: ders., *Foundations – Essays in Philosophy, Logic, Mathematics and Economics*, herausgegeben von D. H. Mellor, London, Henley: Routledge & Kegan Paul 1978.

[31] RAMSEY, F. P., „Mathematical Logic" in: *The Mathematical Gazette* 13 / Nr. 184 (1926), S. 185–194. Abgedruckt in: ders., *Foundations – Essays in Philosophy, Logic, Mathematics and Economics*, herausgegeben von D. H. Mellor, London, Henley: Routledge & Kegan Paul 1978.

[32] REHKÄMPER, KLAUS, „Sein und Existenz – Bertrand Russells Weg zur Theorie der Kennzeichnungen", in: Jochen Lechner [Hrsg], *Analyse, Rekonstruktion, Kritik – Logisch-philosophische Abhandlungen*, Frankfurt [usw.]: Peter Lang 1997.

[33] REICHENBACH, HANS, *Bertrand Russell's Logic*, in: [64].

[34] RHEINWALD, ROSEMARIE, *Semantische Paradoxien, Typentheorie und ideale Sprache – Studien zur Sprachphilosophie Bertrand Russells*, Berlin, New York: de Gruyter 1988.

[35] RUSSELL, BERTRAND, [AMi], *The Analysis of Mind*, (1921), London, New York: Routledge ^{5}2002 [^{1}1989].

[36] RUSSELL, BERTRAND, [TABR], *The Autobiography of Bertrand Russell*, 3 Bde., London: George Allen & Unwin 1967–1969.

[37] RUSSELL, BERTRAND, „The Axiom of Infinity", in: *Hibbert Journal* 2 (1904), 809–812. Abgedruckt in [39].

[38] RUSSELL, BERTRAND, [OD], „On Denoting", in: *Mind* 14 (1905), 479–493. Abgedruckt in [LAK].

[39] RUSSELL, BERTRAND, *Essays in Analysis*, Douglas Lackey [Hrsg], New York: George Braziller 1973.

[40] RUSSELL, BERTRAND, [HWP], *History of Western Philosophy – and its Connection with Political and Social Circumstances from the Earliest Times to the Present Day*, London [usw.]: George Allen & Unwin ^{10}1983 [^{1}1946].

[41] RUSSELL, BERTRAND, [IMP], *Introduction to Mathematical Philosophy*, (1919), London, New York: Routledge ^{3}2000 [^{1}1993].

[42] RUSSELL, BERTRAND, „Introduction [to Wittgenstein's *Tractatus*]", (1922), in: Ludwig Wittgenstein: *Logisch-philosophische Abhandlung – Tractatus Logico-Philosophicus – Kritische Edition*, herausgegeben von Brian McGuinness und Joachim Schulte, Frankfurt am Main: Suhrkamp 1998.

[43] RUSSELL, BERTRAND, [KAKD], „Knowledge by Acquaintance and Knowledge by Description", in: *Proceedings of the Aristotelian Society* 11 (1910–1911). Abgedruckt in [MAL].

[44] RUSSELL, BERTRAND, [OKEW], *Our Knowledge of the External World – As a Field for Scientific Method in Philosophy*, (1914), London, New York: Routledge ^{3}1999 [^{1}1993].

[45] RUSSELL, BERTRAND, [LAK], *Logic and Knowledge: Essays 1901–1950*, herausgegeben von Robert C. Marsh, London [usw.]: Unwin Hyman ^{2}1989 [^{1}1988].

[46] RUSSELL, BERTRAND, [LA], „Logical Atomism", in: *Contemporary British Philosophy: Personal Statements*, London: George Allen & Unwin; New York: Macmillan 1924. Abgedruckt in [LAK].

[47] RUSSELL, BERTRAND, [MLT], „Mathematical Logic as based on the Theory of Types", in: *American Journal of Mathematics* 30 (1908), 222–262.

[48] RUSSELL, BERTRAND, „On Matter", in John G. Slater [Hrsg], *The Collected Papers of Bertrand Russell, Vol. 6*, London, New York: Routledge ²1994 [¹1992].

[49] RUSSELL, BERTRAND, [MD], *My Mental Development*, in: [64].

[50] RUSSELL, BERTRAND, [MAL], *Mysticism and Logic – and Other Essays*, London: Unwin Books ²1969 [¹1963].

[51] RUSSELL, BERTRAND, [ONA], „On the Nature of Acquaintance", in: *The Monist* 24 (1914). Abgedruckt in [LAK].

[52] RUSSELL, BERTRAND, [NSD], „The Nature of Sense-Data: A Reply to Dr. Dawes Hicks", in: *Mind* 22 (1913), 76–81. Abgedruckt in John G. Slater [Hrsg], *The Collected Papers of Bertrand Russell, Vol. 6*, London, New York: Routledge ²1994 [¹1992].

[53] RUSSELL, BERTRAND, [OOP], *An Outline of Philosophy*, (1927), London: George Allen & Unwin 1970.

[54] RUSSELL, BERTRAND, [MPD], *My Philosophical Development*, New York: Simon and Schuster 1959.

[55] RUSSELL, BERTRAND, [PIML], „The Philosophical Implications of Mathematical Logic", (Originalfassung: 1911), übersetzt aus dem Französischen von P. E. B. Jourdain mit Korrekturen von Russell, in: *The Monist* 22 (1913). Abgedruckt in [39].

[56] RUSSELL, BERTRAND, [PLA], „The Philosophy of Logical Atomism", in: *The Monist* 28 (1918), 29 (1919). Abgedruckt in [LAK].

[57] RUSSELL, BERTRAND, [POM], *The Principles of Mathematics*, (1903), New York, London: W. W. Norton & Company 1996.

[58] RUSSELL, BERTRAND, [POP], *The Problems of Philosophy*, (1912), Mineola, New York: Dover 1999.

[59] RUSSELL, BERTRAND, „On Propositions: What They Are and How They Mean", in: *Proceedings of the Aristotelian Society* 1919. Abgedruckt in [LAK].

[60] RUSSELL, BERTRAND, „The Regressive Method of Discovering the Premises of Mathematics", in [39]. [Vortrag gehalten vor dem *Cambridge Mathematical Club*, 9. März 1907.]

[61] RUSSELL, BERTRAND, [RSDP], „The Relation of Sense-data to Physics", in: *Scientia*, 16 (1914). Abgedruckt in [MAL].

[62] RUSSELL, BERTRAND, „On the Relation of Universals and Particulars", in: *Proceedings of the Aristotelian Society* 12 (1911–12). Abgedruckt in [LAK].

[63] RUSSELL, BERTRAND, [UCM], „The Ultimate Constituents of Matter", in: *The Monist*, 15 (1915). Abgedruckt in [MAL].

[64] SCHILPP, PAUL ARTHUR [Hrsg], *The Philosophy of Bertrand Russell*, (1944), 2 Bände, New York, Evanston [usw.]: Harper & Row 1963.

[65] SUKALE, MICHAEL, *Denken, Sprechen und Wissen – Logische Untersuchungen zu Husserl und Quine*, Tübingen: J. C. B. Mohr 1988.

[66] SUPPES, PATRICK, *Introduction to Logic*, New York [usw.]: D. van Nostrand Company 1957.

[67] THORBURN, W. M., „The Myth of Occam's Razor", in: *Mind* 27 (1918), 345–353.

[68] TULLY, ROBERT, „Russell's neutral monism", in: *russell: the Journal of the Bertrand Russell Archives* 8 (new series) (1988), 209–224.

[69] WEITZ, MORRIS, *Analysis and the Unity of Russell's Philosophy*, in: [64].

[70] WHITEHEAD, ALFRED N., BERTRAND RUSSELL, [PM], *Principia Mathematica to *56*, (1910–1913), Cambridge: Cambridge University Press ^{3}1964 [^{1}1962].

[71] WOLEŃSKI, JAN, „Logicism and the Concept of Logic" in: Ingolf Max, Werner Stelzner [Hrsg], *Logik und Mathematik – Frege-Kolloquium Jena 1993*, Berlin, New York: de Gruyter 1995.

www.ingramcontent.com/pod-product-compliance
Lightning Source LLC
Chambersburg PA
CBHW020123010526
44115CB00008B/947